현대자동차 판매 명장의 인생 이야기

이제 좀 빈둥거려 볼까

현대자동차 판매 명장의 인생 이야기

이제 좀 빈둥거려 볼까

초판 1쇄 인쇄일 2020년 05월 25일
초판 1쇄 발행일 2020년 06월 03일

지은이   강성노

펴낸이   양옥매
기 획   양미희
디자인   김현아 송다희 임흥순

펴낸곳   도서출판 책과나무
출판등록   제2012-000376
주 소   서울특별시 마포구 방울내로 79 이노빌딩 302호
대표전화   02. 372.1537 팩스 02.372.1538
이메일   booknamu2007@naver.com
홈페이지   www.booknamu.com
ISBN 979-11-5776-887-5(03190)

이 도서의 국립중앙도서관 출판예정도서목록(CIP)는 서지정보유통지원시스템 홈페이지(http://seoji.nl.go.kr)와
국가자료종합목록시스템(http://www.nl.go.kr/kolisnet)에서 이용하실 수 있습니다.(CIP제어번호: 2020019792)

이제
좀
빈둥거려
볼까

．
．
．

강성노 지음

책과나무

영업 인생을 그려내다

나는 평생을 영업인으로 살아왔다. 그렇다 보니 나를 아는 이들은 이 책을 통해 영업에 관한 비결을 엿볼 수 있기를 조금이나마 기대할지도 모르겠다. 미리 말해두지만 이 글은 영업 비법이나 기술을 정리하기 위함이 아니다. 그런 글이 있다손 치더라도 그것은 사십 년을 영업인으로 살아온 나의 일상과 나의 인생에 관한 이야기다.

판매왕이라거나 판매 명장이라는 말을 들으며 방송국을 드나들고 매스컴에 나 자신이 연일 오르내리던 때였다면 나는 아마도 판매에 관한 비결서를 쓴다고 건방을 떨었을지도 모르겠다. 판매란 것은 이런 것이다. 영업인으로 사는 것은 또 이런 것이다. 이것은 되고 저것은 안 되고 어쩌고 저쩌고를 주저리주저리 늘어놓으면서 영업 전도사 노릇을 하려고 덤벼들었을 것이 분명하다. 요즘으로 치면 자동차 판매의 비법이라거나 정석이라는 내용을 동영상으로 제작해 인터넷에 올리며 유튜버 활동을 하겠다고 나섰을지도 모를 일이다.

하지만 영업 인생 사십 년의 세월을 지내놓고 보니 영업에 특별한 비결이나 정도가 따로 있지 않다는 것을 절감한다. 영업을 한다는 것은 무조건 사람의 마음을 얻고 봐야 하는 일이다.

나는 고객의 마음을 얻기 위해 온 마음을 다해 노력했다. 또 한결같은 언행을 고수했다. 긴 세월을 그렇게 지내왔다. 쉬운 일은 분명 아니었다. 마음을 다한다고 그것이 바로 나의 실적으로 연결되는 것은 또 아니었으니 말이다.

어쨌거나 나의 영업 인생 사십 년의 버팀목이 되어준 것은 성실함과 정직함 그리고 인내심 뭐 이런 아주 기본적인 것들이었다고 나는 확신한다. 고객을 기다리는 마음으로 살았다. 기다린다고 무조건 다 되는 것도 아니다.

어떻게 기다리는가는 아주 중요하다. 고객의 마음을 얻기 위해 진심으로 다가가고 성실한 행동이 뒤따라야만 했다. 여기에 더해 자동차는 팔아도 나의 자존심까지 팔아넘기지 않기 위해 나는 상술의 정도를 지켜야 했다. 물건을 팔더라도 비굴해지지 않으려 했고 팔지 못하더라도 나의 자존심에 생채기를 내는 일만은 절대적으로 삼갔다. 나의 동료들과 나의 고객 그리고 회사의 명예를 지키기 위해서였다.

차를 팔기 위해 나의 영혼을 바치는 한이 있더라도 나의 자존심만은 꼭 지켜야 한다고 나만의 선을 그어온 영업 인생인 셈이다.

나의 물건을 팔기 위해서 수단과 방법을 가리지 않는다면 영업인으로 오랫동안 살아남기는 힘들다. 당장 눈앞의 이익에만 눈멀어 고객을 속이고 자존심마저 내어주는 일은 자신은 물론 자신의 인생까지 파탄으로 몰고 가는 지름길이다.

신뢰를 쌓기는 어려워도 한 번 금이 가고 나면 끝이다. 한 명의 고객만 잃는 것이 아니다. 그 한 명의 고객과 연결된 모든 고객과의 작별을 각오해야 한다. 자존심은 손을 쓸 수 없이 상처를 입게 될 것이다. 당장은 힘들어도 나 자신을 지키며 걸어가야 하는 길이다. 비단 영업만이 그런 것은 아닐 터다. 사람이 하는 모든 일, 모든 인생이 그럴 할 것이다.

평생을 영업인으로 살아온 나의 일상과 가족과 고객의 만남을 부족한 솜씨나마 글로 남겨야겠다고 생각은 이미 오래전부터 해왔던 일이다. 특별할 것 없는 범부의 지나온 삶에 불과할 것이다. 그러나 짧지 않은 나의 인생에 머물고 있거나 머물렀다 갔거나 잠시라도 스쳐간 기억나는 인연들을 담아본다.

나로 하여금 영업 인생의 삶을 그려낼 수 있게 해 준 모든 이들에게 고마움을 전해 본다.

이천이십 년 오월 강성노

제2부

가족이 있어 일하고 살아갈 힘을 또 얻는다_가족이란 이름

제3부

모든 것에는 양면성이 존재한다_희로애락의 일터

제4부

관계의 꽃을 가꾸며 산다는 것_사람의 향기

제5부
마음을 담는다는 것, 마음을 나눈다는 것_꽃씨 편지

제6부
추억할 수 있는 삶, 아름답지 않은가_깨달음의 삶

제7부

일상을 즐기는 삶의 여정_놀이 인간

영 업 의

세 계

제1부

딸·인은 머리보다 몸에 노하우가 쌓인다

달인은 머리보다
몸에 노하우가 쌓인다

.
.
.

영업의 세계

영업 사원이야 건달이야

영업을 해보겠다고 찾아오는 사람들이 더러 있다. 자동차 영업은 특별한 기술이 필요한 것이 아니라 누구나 할 수 있다. 반면 자칫하면 날건달로 젊음을 소비하게 될 수도 있다. 출근만 하면 특별한 간섭을 받지 않고도 종일 자기 시간을 보내기 때문이다.

이러한 자기 시간과 자신의 업무 관리를 하지 않으면 십중팔구 건달이된다. 대부분이 이러면 안 되는데 어떻게 하나, 걱정만 하다가 어느 날부터는 걱정도 안 하고 눈치만 본다. 이런 삶을 몇 년씩 하는 영업 사원들이 은근히 많다.

젊은 날의 인생이 안타깝다. 이런 영업인에게 내가 항상 하는 말이 있다. 삼 개월만 미친 듯이 뛰어봐라. 그래도 안 되면 걷어치우고 다른 일을 찾아라. 건달이 되기 전에 말이다.

하루에 여섯 시간만 신규 방문하고 명함을 정리하고 그다음에 또 만날 가능성이 보인다면 무슨 핑계를 대서라도 재방문을 시도하고 문자를 보내고 이렇게 삼 개월만 해보면 어떤 수가 보이기 시작할 것이다. 해보지도 않고 걱정만 한다고 무슨 해결책이 생기겠는가. 어떤 분야든 마찬가지겠지만 영업에 왕도는 따로 없다.

팀장 시절의 얘기다. 영업 일을 하겠다며 한 사람이 신입사원으로 새로 왔다. 이십 중반의 나이. 한창 놀고 싶을 때일 테지만 내 눈엔 거의 반은 건달 같아 보였다. 매일 술 마시고 집에도 안 들어갈 때도 있고 구겨진 양복에 때 묻은 와이셔츠는 기본이다.

아침마다 팀장인 나의 고함소리가 사무실을 들었다 놓았다 한다. 빨리 회사 그만두라고 매일 난리를 쳤다. 그러던 어느 날 정신이 번쩍 들었는지 그가 어떻게 하면 차를 잘 팔 수 있냐고 물어왔다.

이런저런 얘기 끝에 파평 윤씨 종친회를 찾아가서 연락처를 구해 오라고 했다. 그 일가들에게 보낼 편지글까지 샘플로 써줬다. 그는 내 말을 행동으로 옮겼고 그 후 양반인 윤씨 일가가 자동차 팔겠다는 그를 찾기 시작했다. 그다음은 그의 모교 경동고등학교와 경희대학교였다.

그 결과 대반전은 일어났다. 그가 영업의 말단 자리에서 관리자로 전직했고 정년까지 일할 수 있는 밑거름을 그때에 얻었다고 본다.

자동차 영업 사원이 되고 싶다면

우선 구인 구직란에서 자동차 영업 사원을 검색하고 이력서를 보내면 된다. 경력사항을 간단하게 적을 필요가 있다. 경력이 너무 화려하거나 많으면 문제의 소지가 있다. 그만큼 자주 옮겨 다녔다는 말이고 이 직장에서도 오래가지 못할 것이라는 우려를 보여주기 때문이다.

자기소개서는 간단한 게 좋다. 쏟아져 들어오는 이력서의 자기소개의 긴 글을 다 읽어주는 인사 담당자나 대표는 별로 없다. 틀에 박힌 상투적인 소개서나 인터넷 사이트에 널려 있는 소개서 또한 전혀 도움이 되지 못한다.

일 중심의 소개가 필요하다. 자신의 의지를 표현하는 것이 중요하다. 예를 들면, 저는 자동차에 관심이 많다, 꼭 이 일을 하고 싶다 등등. 면접 약속이 정해지면 약속 시간을 반드시 지켜야 한다. 지각은 일 분이라도 하지 않는 것이 좋다. 몇 분 늦는 것으로 첫인상을 안 좋게 심어주기 쉽다. 부득이한 경우라면 사전에 양해를 구해야 한다.

단정한 차림은 필수지만 면접하면서 피곤한 인상을 보이면 안 된다. 질문의 답은 간단하게 자신 있게 답해야 하고 물어보지 않는 말은 가능하면 안 하는 것이 좋다. 만약 면접을 본 곳에서 일하고 싶다면 조금은 적극적일 필요가 있다. 연락이 올 때까지 기다릴 것이 아니라 연락 올 시간이 지났다고 판단되면 전화를 해서 일을 꼭 하고 싶다. 언제까지 연락을 주실거냐 혹은 꼭 연락을 달라는 등 적극적으로 움직일 필요가 있다.

내 경우만 하더라도 면접을 하고 나면 쓸까 말까 망설여지는 때가 있다. 이때 면접자가 적극적으로 나오면 일단 출근을 시킨 경우가 더러 있다.

카 마스터

각 회사마다 영업 사원의 명칭을 달리하고 있는데 근래에 와서는 현대자동차 영업 사원의 호칭을 '카 마스터'로 바꿔 부르고 있다. 전에 부르던 주임, 대리, 과장, 차장, 부장 등의 직급이 사라졌다. 일반 관리자들의 직급도 없애고 매니저와 책임 매니저로 구분한다. 물론 팀장이라는 직급은 있고 그 상위 직급은 상무다.

판매 거점은 전에 근무하던 직영지점과 지금 내가 운영하고 있는 대리점으로 투톱 체제로 운영되고 있다. 고객 입장에서 보면 차는 어디서 구입해도 똑같은 현대자동차 제품이며 서비스 망도 같이 이용할 수 있어서 어디서 구입하든 상관이 없다.

카 마스터란 직급과 호칭도 동일하다. 그러나 차를 판매해서 받는 수당체계가 약간 다르다. 그렇다 보니 직영 카 마스터와 대리점 카 마스터의 수당도 약간 차이가 나는 건 어쩔 수 없지만 차 떼고 포 떼고 나면 결국 거기서 거기다. 그럼에도 직영 카 마스터들은 대리점 때문에 차를 못 팔겠다고 아우성이고 대리점 카 마스터들은 기본급등 신분 보장이 미약하기 때문에 늘 불만이 있다.

직영 카 마스터도 비슷한 경우지만 문제는 수입이다. 대리점의 경우는 직영 카 마스터보다는 다소 많은 수수료를 받지만 이것이 전부 카 마스터 수입이 되면 좋겠지만 그렇지가 않다. 고객 용품 서비스, 대리점 운영비, 영업 판촉비 등이 수수료에 포함되어 있으니 이를 제하고 나면 녹록치 않은 수입이 된다.

더 큰 문제는 고객들의 과다한 할인 요구와 용품 서비스 요청을 들어주고 나면 팔고 손해를 보는 경우도 생긴다.

영업 사원들끼리의 과다한 경쟁도 있지만 인터넷을 조금만 검색해 보면 할인도 해주고 서비스로 뭘 해주겠다는 등의 무책임한 광고를 더러 볼 수 있다. 이런 경우 카 마스터를 통하는 것보다 일이십만 원 싸게 구입할 수는 있겠으나 카 마스터의 고객관리 혜택은 기대할 수 없는 단점이 있다.

실적에 쪼들린 카 마스터들이 이런 요구를 다 들어주다 보면 차를 팔고도 얼굴색이 흙빛이 되어서 사무실에 들어오는 것을 종종 본다.

이런 손님에게 평생 고객으로 모셔라, 감사 편지를 보내라, 사후 관리를 잘 해드리라는 등의 관리자의 말이 잘 먹히지 않는다는 것을 모르는 것은 아니다.

카 마스터들의 인건비나 마찬가지인 판매 수수료가 적자로 가지 않고 판매가 이루어질 수 있길 바라는 마음이다. 나는 직영 영업 사원 시절에 차종별 판매수당 표를 다이어리 뒷장에 붙이고 다녔다. 왜 더 많이 할인을 안 해주며 서비스 용품을 더 달라고 하는 고객들에게 판매수당 표를 보여주면서 설득했다. 태반은 고개를 끄덕여주신다.

지금도 과다한 할인을 요구하는 고객에겐 우리 카 마스터들의 입장을 자세히 설명하고 고객을 평생 고객으로 모시는데 들어가는 내 인건비라고 애교를 부리기도 한다. 팔아서 남는 게 없다고 돌아서서 욕을 할 것이 아니라 진심으로 다가가는 설득이 필요하다.

영업 사원의 벌이

많은 사람들이 참 궁금해하기도 하지만 털어놓기도 애매한 일이다. 우리집에서는 내 월급 봉투 한번 보는 게 소원이라고 말하던 때가 있었다. 월급을 공개하고 다 줘버리면 무슨 수로 내가 영업을 한단 말인가. 월급에는 내 판촉비와 품위 유지비가 다 포함되어 있는데 말이다.

이십 년 전, 연봉 일억이면 월급쟁이 치고는 손에 꼽을 정도로 수입이 높은 편에 속했다. 요즘은 내 사무실의 직원들 중에도 일억 연봉이 몇 된다. 그러나 반은 판촉비로 나간다고 봐야 한다. 녹록지 않은 영업 사원의 수입이다.

'이주일의 투나잇 쇼'에 출연해서도 각본에 없는 내 봉급 얘기를 하게 됐다. 내 쪽에서 사회자에게 내 수입에 관한 얘기를 할 수 있게 유도 질문을 하고서였다. 사람들은 내가 한 달에 이십 대씩 팔고 있으니 한 대 당 백만 원만 남으면 한 달 수입이 이천만 원쯤 되는 걸로 알고 있었다. 현실은 그렇지 않다는 것을 알리고 싶은 마음이 있었던 모양이다.

기본급을 조금 받기는 하지만 그랜저 한 대를 팔면 십만 원 남짓의 수당을 받는다는 말에 사회자도 시청자도 모두 놀랐다. 놀라지 않는 이들은 나처럼 자동차 영업을 하는 동료들이었다. 방송 다음날 아침에 선후배들로부터 격려 전화가 쏟아졌다.

그들은 속이 다 시원하다고 했다. 영업 사원들의 속앓이를 시청률 높은 방송에서 전 국민을 상대로 대신 풀어줬다며 고마워했다. 그러나 후배나 직원들한테 내가 입버릇처럼 하는 말이 있다. 자동차 영업 사원과 치킨집 사장의 수입 비교다.

자동차 영업은 우선 자본이 없이 시작한다. 혼자 뛰는 만큼 번다. 잘만 하면 한 달에 순수익 칠백 이상에서 천만 원도 벌 수 있다. 통닭집 사장은 초기 자본금이 최소 일이억은 든다. 게다가 밤늦게까지 일을 한다. 술 마시는 손님 비위를 다 맞춰야 한다. 치킨집을 운영하자면 가족들까지 다 고생을 시킨다.

이것저것 제하고 통닭집 사장이 얼마를 벌 것 같으냐. 괜히 가족들 고생시키지 말고 열심히 뛰고 많이 팔면 통닭집 사장보다 백배 아니 천배는 낫다고 말이다.

읽히는 DM 만들기

읽히는 디엠(DM)을 만들어야 돈이 아깝지 않다. 연일 쏟아져 들어오는 광고 판촉물이 얼마나 많은가. 그 많은 홍보물 중에 읽힐 편지가 과연 몇 개나 될까? 더군다나 아는 사람도 아닌 일반 광고가 든 우편물은 뜯지도 않고 버려지는 게 부지기수다.

읽히는 디엠을 만들어야 하는 것은 만고의 진리다. 고객에게 보내는 편지 한 장일지라도 수십 번 고민해 쓰고 또 고쳐 쓰고 역지사지하면서 만들어야 한다. 내가 반복하는 얘기지만 손으로 정성스럽게 쓴 편지를 일반 봉투에 넣어서 보내야 하고 인쇄된 대량 디엠일지라도 고객이 이번에는 또 무슨 내용의 편지를 보내왔는지 궁금해서 열어볼 만큼 새롭고 유익한 내용을 담아야 한다. 해마다 보내는 꽃씨 편지며 명절 때 고향 가는 안부 편지와 계절이 바뀔 때마다 다녀온 곳의 여행 소식 등 차 하고는 관계없는 사람 냄새가 나는 소소한 얘기를 전하는 디엠이 되어야 한다.

내가 아끼는 후배 중에 박경현 부장이 있다. 완도 보길도에서 차를 팔아보겠다고 상경해서 영업을 시작할 때였다. 그에게 완도 향우회 명부를 가져오게 해서 서울 사는 고향 사람들에게 보낼 편지 초안을 잡아주고 몇 번에 걸쳐 편지를 보내도록 했다.

완도 촌놈의 감동 편지가 먹혀들어서인지 판매는 물론이고 고향 사람들의 가교 역할을 하다가 지금은 자동차 영업뿐만 아니라 완도군 향우회 사무총장을 거쳐 노아면 향우회 회장으로 왕성한 활동을 하고 있다.

차 파는 영업 사원이 맨날 차 얘기만 늘어놓으면 우편물 봉투만 봐도 던져 버린다. 대량으로 디엠 회사에서 보내는 광고용 디엠. 읽히지 않는 디엠 일지라도 안 보내는 것보다는 보내는 게 백번 낫다.

읽히는 디엠은 만 배 더 낫고 실적은 물론 인관관계까지 이어준다.

정성이 담긴 손 편지

영업의 가장 기본이 개척 방문과 디엠(편지)이다. 신규 방문과 편지가 동시에 이뤄져야 한다. 종일 방문하고 돌아오면 방문한 곳 중 몇 군데는 관심도 가져주고 명함도 받아오곤 한다. 명함을 책상 속에 넣어두면 휴지로도 사용할 수 없다. 판매 일지를 작성해 팀장에게 보여주는 용도밖에 없다.

보여주기 식의 영업은 필요 없다. 관심 고객에게는 그날 바로 손 편지를 써야 한다. 나는 하루에 무조건 열 통의 편지를 써서 다음날 출근길에 사무실 앞 우체통에 넣고 하루 일과를 시작한다. 내 책상에는 편지지와 우표가 몇 백 장 놓여있다. 옛날식의 편지를 써서 보낸다.

고객님 오늘 만나서 좋았습니다. 친절하게 맞아주셔서 감사합니다. 첫인상이 너무 좋았습니다. 평생 고객으로 모시겠습니다. 자동차에 관한 한 어떤 것이든지 모두 다 해결해 드리겠습니다. 이런 내용의 편지를 받은 손님은 재방문 시에 나를 대하는 태도가 달라진다.

앉아라. 더운 데 여기까지 또 왔냐. 시원한 거 한 잔 해라.

신입시절 천호동, 상일동, 고덕동, 풍납동에서 만난 나의 고객들과 지금까지 형님 아우 하고 지내는 것은 다 진심이 담긴 손 편지 덕분이라고 나는 여긴다.

장사꾼 말고 영업인

영업을 시작한지 오 년쯤 될 때부터 내 판매 실적은 소위 물이 오르기 시작했다. 사내 월간지와 사보 등에 내 이름이 오르내리면서 강의 요청도 자주 왔다.

초창기에는 주로 신입사원 교육 강사로 연수원을 자주 들락거렸다. 일이 바쁠 땐 판매 교육팀에서 내 동영상을 만들어서 신입사원들에게 보여주기도 했다. 강의 때 항상 하는 얘기지만 영업기술도 중요하고 많이 파는 것도 중요하다. 그러나 진짜 중요한 것은 영업 사원의 자존심이다. 이건 팔지 말고 남겨둬야 한다. 그렇다고 고객에게 자존심을 내세우라는 얘기는 아니다. 장사를 하더라도 자존심은 지켜가며 하라는 말이다.

팔기 위해 수단과 방법을 가리지 말라는 말이 아니다. 팔기는 꼭 팔되 지저분한 방법은 쓰지 않아야 한다. 금방 들통 날 거짓말을 한다거나 동료직원이 정성 들인 손님을 가로채는 등의 것들이다.

장사에는 상도덕이 있다. 몇 천만 원짜리 자동차를 팔면서 한 번 보고 말 것 같은 생각으로 팔지 말라고 듣는 사람의 귀가 아프도록 나는 말하고 다닌다. 당장 한 대가 아쉬워서 눈앞이 흐려질 수도 있지만 조금만 멀리 보면 답이 나온다.

전시장 근무를 하다 보면 며칠 전에 왔던 손님이 다시 찾아와서 며칠 전 근무자를 찾는 경우가 왕왕 있다. 이름을 정확히 기억하지 못하는 경우에 대충 인상착의를 말하는 데도 당사자를 불러다 주지 않고 잘해 주겠다며 자신과 하자고 덤빈다. 동료와도 사이가 나빠지고 '이에는 이'라서 악순환이 이어진다.

그러나 당장 차를 살 것 같은 손님이라도 그가 원하는 직원을 찾아서 챙겨주면 그 보답이 반드시 돌아오고 사무실 생활도 즐거워진다.

지금도 나를 영원한 선배라거나 판매의 신사라고 불러주는 많은 후배들이 있다. 나이가 들어감에도 위축되지 않고 내 어깨가 절로 으쓱거리는 이유다. 차야 좀 못 팔고 늦게 팔면 어떠랴. 내 자존심과 인간적 양심을 지키며 사는 것이 먼저다.

삶은 계란 배달이오

판촉 방법은 여러 가지다. 개개인의 특성과 취향에 따라 다르다. 내 경우는 아니지만 감동적인 사례를 하나 적어볼까 한다. 우리 사무실에는 주기적으로 오는 두 사람이 있다.

그중 한 분은 자동차보험 총괄대리점을 운영하는 김학순 사장이시다. 매주 목요일 아침이면 낭랑한 목소리로 "안녕하세요"를 외치면서 삶은 계란 바구니를 들고 나타난다.

보험을 팔기 위해서 계란을 들고 오는 것이다. 막 삶은 따끈한 계란은 아침 식사로 안성맞춤이다 보니 여간 반가운 것이 아니다. 계란 두 알에 직접 접은 소금 봉지까지 주고 가신다. 일이 바빠서 바로 먹지 못하고 퇴근 후에 집에 가져갈 때도 있다. 그러자면 아내가 "목요일인가 보네" 한다. 나로선 감동이다. 몇 번 하고 말겠지 했는데 몇 년을 이어가고 있으니 말이다.

처음에는 명함도 대충 치웠는데 해가 거듭 될수록 그분의 정성이 끝을 모르니 보험계약도 비례해서 늘어나고 직원들과의 친분도 두터워졌다. 목요일임에도 나타나지 않으면 감기라도 들었나, 걱정을 하게 된다.

다른 한 분은 카드 권유하는 젊은 여자분이다. 나와는 개인적인 인사를 나누는 사이도 아니다.

나는 '현대' 글자가 들어가는 현대차, 현대카드, 현대보험, 현대백화점, 현대금융 등등만을 거래하기 때문이다. 어쨌거나 나와는 거래가 없지만 그분의 꾸준한 판촉만큼은 가히 칭찬해 줄 만하다.

올 때마다 책상에 초코파이 하나라도 놓고 간다. 십 년은 된 것 같다. 외출했다가 돌아왔을 때 책상에 과자가 놓여 있으면 이분이 다녀간 줄 안다. 어떤 일이든 하려거든 꾸준해야 그 문이 열린다.

흩어져야 산다

영업 사원들이 몰려다니면 망하는 지름길이다. 자동차 영업의 달인인 미국의 조 지라드는 '판매에 불가능은 없다'는 자신의 저서를 통해 이렇게 밝혔다. "동료들이야 말로 내가 자동차를 파는 대상에서 완벽하게 제외되어야 하는 사람들이다."

다시 말해 동료들과 뭉쳐 다니면 놀기 쉽고 일에 대한 집중력도 떨어진다. 삼삼오오 모여서 신세 한탄을 할 시간에 한 군데라도 더 방문해야 한다. 모이면 우선 전략 회의를 한답시고 커피 한 잔 하면서 시작은 그럴듯하지만 결국은 당구장으로 PC방으로 영화관으로 심지어는 미사리 매운탕 집까지 가서 방 잡고 한판 벌리기도 한다.

나도 이런저런 핑계로 다 해본 일들이다. 비 오면 비 온다고 날 좋으면 날이 좋다고 놀 핑계는 얼마든지 있다. 비 오면 빌딩 계단을 밟아야지 고스톱을 하러 가면 망한다. 빌딩 계단을 밟으려면 우선 지인이나 고객이 있는 빌딩으로 가야 한다. 빌딩 입구를 지키는 경비가 우리에겐 가장 무서운 사람이다.

그러나 그분들도 한 꺼풀만 벗기고 들어가면 세상 순하고 정이 많은 사람들이란 것을 영업 사원 노릇을 제대로 해본 사람이면 다 안다.

요즘은 운동한다고 일부러 아파트 계단을 걸어서 다니는 사람이 많다. 빌딩의 계단을 오르내리면서 판촉하는 것을 운동으로 생각하면 좋다. 운동과 노동은 다르다고 하지만 그것도 마음먹기에 달렸다. 자신의 일을 기분 좋게 생각하면 운동 못지않게 근육이 즐거워한다.

뭉쳐 다니지만 않는다면 가까이 있는 동료들이 모두 나의 스승이다. 만나는 사람마다 장점 한둘은 다 갖고 있다. 유심히 보아라. 배울 점이 분명 있다. 실적이 안 좋은 동료에게도 배울 것이 하나는 꼭 있기 마련이다.

전직

현장 영업을 하다가 관리자로 옮겨 앉는 것을 우리는 전직(轉職)이라고 한다. 대리 이삼 년 차가 되면 이런 기회가 주어진다. 판매 실적과 인사고과 등이 일정 수준에 오면 일 년에 한 번씩 전직을 하게 되는데 물론 내게도 이런 기회와 유혹이 몇 년 동안 따라다녔다.

그 당시만 해도 관리자들의 파워나 영업에 대한 인식 등이 조금의 유혹이 될 수 있다. 그때의 나는 판매에 거의 미쳐 있을 때였다. 내 개인 실적으로 한 개의 작은 점포를 운영할 수 있을 정도였고 개인 비서를 구해 사무실 내에서 이루어지는 서류 업무를 대신 해결할 정도로 업무량이 어마어마했다.

종일 고객을 만나 계약서를 몇 장씩 받아 들고 늦은 밤에 사무실로 돌아와 계약대장을 정리하고 내일 만날 고객과 약속하고 그리고 또 한 잔 하자고 기다리는 동료 김병주를 만나서 사이렌 소리가 날 때까지 마시고 새벽 청소차를 타고 퇴근하고 다시 출근하는 불량 아빠 판매왕, 그게 나였다. 전직해서 착한 아빠가 되고 싶은 생각도 잠시 했지만 그렇게 하기엔 고객들이 너무 많아졌다. 나를 찾는 팬들 또한 많으니 판매에 맛이 들려있었다.

돌이켜 생각해보면 그때 내가 관리자로 전직하지 않은 것은 잘한 일 같다. 대충 회사 다니다가 중간에 그만두고 정치학 공부했다고 정치판에 뛰어들었다면 아마도 세금도둑 아니면 건달이 되었을지도 모르겠다.

달력 걸어주는 남자

해마다 십이월이 되면 달력 판촉 전쟁이 시작된다. 삼 개월 단위의 달력, 탁상용 달력, 휴대용 수첩, 다이어리 등등 종류도 많다. 예전에는 이런 달력들을 각 업체마다 홍보용으로 앞 다퉈 뿌렸다. 자동차 회사, 은행, 각 기업체, 심지어는 연탄가게, 석유 부판장도 달력을 만들어 판촉 전쟁에 참여했다. 달력 종류나 양적으로나 현대자동차가 단연 톱이었다.

새해 달력은 먼저 전달하는 것이 최고다. 달력을 먼저 걸고 새해 계획을 새 달력에 먼저 동그라미 표시를 해야 한다. 아무리 잘 만든 달력이라도 늦게 가면 휴지로도 사용 못하는 처리 곤란한 물건이 된다.

나는 회사 지급품으로는 턱없이 부족해 대량으로 추가 주문을 했고 직접 전달이 어려우면 몇 날 며칠 우편 작업을 했다. 가까운 거래처나 특히 자동차 정비소, 식당 또는 미용실, 병원 등에는 직접 찾아가 벽 달력을 직접 걸어주고 일 년 동안 그곳을 드나드는 손님들께 광고해 달라고 부탁했다.

어쨌든 달력 배달은 일찍 가든지 일찍 보내든지 해서 연 일정을 현대자동차가 찍힌 달력에 표시하게 해야 한다. 그래야 버려지지 않는다. 달력은 반짝 상품이다. 지금도 내가 보낸 달력이 와야 해가 바뀐다고 말해주는 충성 고객님이 내게는 많다.

내 달력에 한 해의 중요 일정이 표시된다는 것이니 기분 좋은 일이다. 일 년 동안 나와 함께 한다는 뜻이기도 하다.

신규 방문의 공포

처음 입사해서 제품 지식도 충분하지 않을 때다. 남의 사무실을 방문한다는 것이 쉬운 일이 아니다. 문이 꼭꼭 닫혀 있고 보안시설이 잘 되어있는 곳을 뚫고 들어가기는 더욱 쉽지 않다.

다 아는 일이다. 그렇다고 사무실에 앉아만 있다고 해결될 일이던가 말이다.

나의 신입 시절과는 세상이 달라졌지만 그래도 옛날 얘기 하나만 더 해야겠다. 카탈로그가 가득 든 서류 봉투를 들고 조용한 사무실에 들어서자면 사람들의 시선이 순간적으로 내게 쏠린다. 그리고 문가에 앉은 여직원이 긴장한 모습으로 용건을 묻는다.

"안녕하십니까? 현대자동차에서 판촉 나왔습니다"라는 말이 떨어지기 무섭게 저 뒤쪽에 앉아 있는 높은 양반이 "당장 나가요. 놀랐자나"한다. 더불어 "미스 박 뭐해? 경비실에 연락해서 잡상인 못 들어오게 해!" 지시가 대번에 날아오고 별소리를 다 한다.

자갈논 팔아서 서울 유학을 했음에도 잡상인으로 쫓겨나는 기분은 참으로 묘하다. 말끔한 검은 양복차림이니 아마도 나를 세무조사 나온 세무서 직원쯤으로 착각해서 긴장했다가 자동차를 팔러 왔다니깐 맥 빠지고 짜증이 나서 그런 것이라고 나 홀로 자위했다.

그다음부터는 방법을 바꿨다.

문에 들어설 때부터 큼지막한 자동차 카탈로그를 번쩍 들고 들어갔다. 그걸 본 사람들은 긴장하지 않았다. 나는 맨 안쪽의 부장님 앞으로 가서 먼저 인사하고 너스레를 떤다. 가끔은 먼저 "김 과장, 차 산다면서 여기와 봐"하는 마음씨 좋은 그런 분을 만나기도 한다.

눈 감으면 코 베어 간다는 서울에서도 가끔은 우군과 만나진다. 이게 신규 방문의 맛일 수도 있다.

다음에 갈 때는 콜라 큰 병 하나를 사들고 간다. 밥은 같이 못 먹을지라도 콜라 한 잔 같이 마시는 것도 친해질 수 있는 방법 중에 하나인 것은 분명하다.

멋 부리는 영업 사원

나는 가끔 누가 코디를 해주냐는 말을 듣곤 한다. 그들은 집사람이 해줄 것이라고 지레짐작한다. 그때마다 내가 직접 한다고 밝히면 놀라기도 한다.

어떤 때는 옷의 선택에 도움을 구할 때도 있지만 최종 결정은 내가 하고 스타일도 내가 직접 꾸민다. 영업 사원은 매일 새로운 사람을 만나야 하고 무엇보다 자신의 옷차림이 마음에 들어야 한다. 멋있어 보인다고 느껴야 한다.

나는 잠자기 전에 내일 만날 사람과 옷차림을 정한다. 양복, 셔츠, 넥타이, 양말, 신발 등을 머릿속으로 그려서 준비한다. 그래야 새롭고 설레는 아침을 맞이할 수 있다. 시간이 남을 때면 종종 백화점을 어슬렁거린다. 금년에 유행하는 색상이나 스타일 등을 눈여겨본다. 코디를 잘하는 방법 등의 잡지책도 찾아본다.

공부하고 노력하지 않으면 거저 얻어지는 것은 없다. 가방이나 만년필 등의 소품도 잘 챙겨야 한다.

가방 같은 것도 가끔 바꿔 들 필요가 있다. 양말 하나만 새로운 것으로 바꿔도 며칠은 기분 좋게 일할 수 있다. 따분한 영업 생활에 분위기를 새롭게 하는 것은 자신의 일에 대한 각오를 다지는 것과 다름없다.

어느 날은 신발이 너무 많아져 보관이 어렵다는 생각이 들기도 한다. 하지만 유행을 앞서가는 영업인이라야 지치지 않는다. 고객 대면을 밥 먹듯이 해야 하는 영업인에게 모델 같은 멋진 차림은 사치가 아니라 기본이다.

칼을 놓으면 장수가 아니다

영업을 몇 년 하고 나면 잘하든 못하든 건방져진다. 스스로 선임이라 여겨 실적이 없어도 자존심은 지키려고 하는 게 대부분의 선임 영업 사원들이다. 신규 방문도 안 하고 손님이 오라고 해도 계약을 할 건지 그냥 견적만 알아보려고 하는 건지를 잔머리 굴리면서 계산만 한다.

팀장 정도만 되면 전시장 당직 같은 것은 후배들에게 시키고 가방도 잘 안 들고 다니려고 한다. 이런 문화를 바꿔야겠다고 생각했다. 내가 영업 선임이 된 이후부터 사무실 분위기를 바꿔가기 시작했다.

아무리 바빠도 당직 근무를 했다. 모든 정보는 전시장에서 나온다. 요즘의 고객이 원하는 게 뭔지 팀원들이 어떤 방법으로 영업을 하는지 등등의 정보를 얻을 수 있다. 신규 개척에 있어서는 선임이라고 예외일 수 없다.

영업 부장이 된 후에도 나는 신규 방문을 수시로 했다. 날을 잡아서 하는 게 아니다. 거래처를 방문하고 난 후에 그냥 돌아서 나오는 법이 없다. "이사님, 오늘 고마웠습니다. 제가 여기 사무실 직원들한테 카탈로그와 명함 몇 개만 놓고 가겠습니다" 하고는 사무실 위아래층을 몽땅 다 훑고 나온다.

약속시간에 여유가 좀 있다 싶으면 한 정거장 앞서 내려서 명함을 돌리면서 약속 장소로 간다. 그날에 약속한 고객과의 성과가 없더라도 마음은 가볍다.

대우자동차의 최현석 상무가 있다. 아마도 그 회사의 최초 영업 사원 출신 영업 상무일 것 같다. 그는 대학 선배이기도 하고 영업도 대우자동차 전신인 새한자동차에서 나보다 먼저 시작했다. 그는 아직도 큰 가방에 각 차종의 카탈로그와 가격표 등을 넣고 다니면서 팔기도 쉽지 않은 쉐보레 자동차를 판매하고 다닌다. 장수는 잠을 잘 때에도 칼을 옆에 두고 잔다. 칼을 놓으면 더는 장수가 아니다.

박달막 식 신규 방문

1980년대 초반의 일이다. 이때만 해도 여성 영업 사원, 특히 자동차 영업 사원은 상상도 못 할 때였다. 회사에서 처음으로 대졸 신입 영업 사원을 공개 채용했다. 많은 경쟁자들을 물리치고 네 명의 여자 영업 사원이 입사했다. 그들 모두 강남의 아파트 밀집 지역을 커버하기 위해 강남 영동지점에 발령을 받았다. 그중의 두 명이 내가 팀장으로 있는 태풍팀으로 왔다.

박달막이라는 신입은 두 명 중 그 한 명이다. 박달막은 며칠의 이론교육이 끝나고 현장에 바로 투입되었다. 스물네 살의 여성이 자동차를 팔겠다고 낯선 회사 사무실을 찾아다닌다는 것은 어렵고 두려운 일이다. 팀장인 내가 해줄 수 있는 것도 별로 없었다. 할 수 있는 일이라고는 신규 방문뿐이다. 방문할 곳을 정해 줬다.

오늘부터 영동시장 사거리에서 교보생명까지 지금으로 치면 논현역에서 신논현역까지 버스 한 정거장 거리를 매일 걸어 다니면서 빌딩을 타라고 즉 계단을 오르내리라고 반 강제적으로 명을 내렸다. 달막 씨는 꾀를 부리지 않고 매일 같은 일을 반복했다.

어느 날, 내 단골 고객으로부터 전화가 걸려 왔다. 당신 팀원 중에 박달막이라는 신입사원이 아침마다 들려서 카탈로그와 명함을 주고 간다. 이번에 회사 업무용 차를 한 대 사야겠는데 부지런한 그 신입에게 구입하면 어떻겠느냐고 물어왔다.

드디어 올 것이 왔다. 현장에서 판매를 하고 있는 나를 젖히고 신입에게 사겠다 하니 당황스럽긴 하지만 한편으로 다행스럽고 달막 씨가 예쁘게 보이기까지 한다. 그렇게 시작한 달막 씨의 영업은 점차 뿌리를 내렸고 몇 년 동안 발전을 거듭했다.

판매 9단보단 7단

판매 9단. 이 말을 나는 별로 좋아하지 않는다. 바둑과 태권도에서는 9단이 승단의 마지막 관문이며 그 분야의 경지에 오른 사람이다. 그런데 정치 9단은 정치를 오래 하여 정치 감각이 뛰어나고 상황 대처에 능수능란한 한편으로 정직함이나 진실성보다는 꼼수로 일을 처리하는 정치인을 두고 하는 말 같다.

정치 9단이라고 하면 언뜻 생각나는 노회한 정치가들이 몇 있는데 그분들은 정치에 능수능란 할 뿐 결코 일등은 될 수 없는 인물들이다. 경험이 많다는 긍정적인 면은 있지만 권모술수로 일처리를 한다는 부정적인 느낌도 지울 수 없다.

영업의 고단수는 감각이나 상황 대처에 잘 적응하기는 하지만 임기응변의 처세술로 영업을 해서는 9단까지 갈 수가 없다. 그런 의미에서 나는 7단쯤에서 멈추고 싶다. 자질구레한 영업 기술이 아니라 배려의 중요성, 원칙적인 리더십, 성실한 삶, 강인한 체력, 빈틈없는 자기 관리, 원만한 인간 관계를 기본으로 삼고 싶어서다.

스스로 자존감을 높이면 일하는 자세가 달라지고 그렇게 9단으로 승급하게 된다면 나이는 상관없다.

영업은 사람의 마음을 얻는 것이다. 자동차를 팔긴 하지만 결국 배려와 신뢰를 판다고 봐야 한다. 이것이 영업과 자신의 삶에 바탕이 되어준다면 좋을 것이다.

자동차는 영업 사원과 고객을 이어주는 매개체일 뿐이다. 판매력의 능수능란함보다는 성실한 7단으로 내 영업 인생을 마감하고 싶다.

우물 안 개구리

언주로 대리점은 IMF가 한창인 1998년 말에 오픈했다. 대리점을 하면서 세 번 자리를 옮겼다. 처음 시작한 소촌빌딩에서 십 년, 바로 옆 신사빌딩으로 옮겨서 육 년, 세원빌딩에서 오 년을 일했다.

영업장을 옮긴 이유는 매년 인상되는 빌딩 임대료 때문이다. 매년 임대료로 이십일 년 동안 이십일억 원, 관리비 및 세금 칠억 원 그리고 나와 열다섯 명의 직원과 그 가족들이 이십 년 동안 먹고살며 아이들 공부를 다 시키고 했으니 적게 번 것은 아니다.

이만하면 열심히 일해서 잘 살아온 것 같기도 하다. 하지만 아쉬운 것이 전혀 없는 것은 아니다. 영업 사원으로 주임, 대리, 과장, 차장, 부장을 지내오면서 내가 할 줄 아는 거라고는 오로지 차 파는 것밖에 몰랐고 다른 데에 신경 쓸 겨를이 없었다. 대리점을 오픈해서 막상 운영이라는 것을 해보니 이것도 사업인데 좀 더 긴 안목으로 내다보지 못했다는 자책과 아쉬움이 남는다.

강남에서 영업을 시작했고 고객 대부분이 강남에 있었기 때문에 여길 떠나서는 자동차를 못 팔 줄 알고 처음부터 도산대로 외산차 밀집 거리에 비싼 임대료를 내고 겁 없이 덤벼든 것이다. 임대료 비싼 곳에 있다 보니 돈 벌어서 건물주 배 불리고 우리는 먹고 살기에 급급했던 것 같다.

분당 수지 쪽 같은 외곽 지역에 터를 잡았더라면 지금도 임대료 걱정 없이 대리점을 운영할 수 있었을 테고 직원한테도 좀 더 여유롭게 잘해

줄 수 있었을 텐데 하는 생각이 든다. 임대료 적은 대신 빌딩 하나를 더 사려고 아등바등했을지도 모르겠지만. 인간의 욕심이 끝이 없음에야.

아무튼 대리점 운영하면서 후배들에게 밥을 많이 산 것 같기는 하다. 아직 한 십 년은 더 사야 할 것 같지만 이 또한 내 욕심일지 모른다.

특별한 숫자 번호판

자동차 번호를 유별나게 잘 외우고 다니는 나는 타고난 자동차 영업인 이다. 손님 차에 번호를 달아주고 번호를 한 번 큰소리로 부르면서 폐차 할 때까지 무사고로 잘 다니라고 주문을 외운다.

때로는 나무때기 임시 번호판을 깔고 자동차 앞에다가 큰 절을 할 때도 있다. 다행인 것은 아직까지 단 한 번도 내가 판 차가 사고가 나서 내 손 님이 변을 당한 일이 없다는 사실이다. 아무리 생각해도 신기하고 행운의 자동차 영업 사원이라고 착각에 빠지기도 한다.

내 자랑은 뒤로하고 고객들 취향에 따라 요구하는 번호가 각양각색이 라는 것이다. 어떤 사람은 집 전화번호로, 어떤 이는 올라가는 번호로, 옛 날 타던 것과 같은 번호로, 쌍쌍 번호로, 장땡 번호로, 갑오로, '4'자는 죽 어도 빼 달라고, 럭키 세븐으로, 1004로, 땡땡으로, 끝자리 짝수로 등등. 이들의 요구가 다 수용되는 것은 아니나 노력하는 만큼 성과도 있기 마련 이다. 원하는 번호를 받게 되면 손님이 일단 좋아하고 재구매 시에도 절대적으로 유리하다.

차 번호를 절대적으로 중요시하는 손님은 좋은 번호를 받기 위해 주소를 지방으로 왔다 갔다 하는 경우도 있고 얼마간의 판촉비를 따로 내기도 한다. 요즘도 고급차에 번호가 1000, 7000 등이 붙은 차량을 보면 영업 사원이 애 좀 먹었겠구나 싶은 것이다.

내 고객 중에 충청도 출신의 우청 회장님이 계시다. 그분의 에쿠스 차 번호가 본의 아니게 '8282'가 나왔다. 충청도 사람이라 이런 번호를 준 거냐며 당신은 8282가 싫다고 웃으신다. 번호가 어떻든 무슨 상관인가. 무사고로 오래 잘 타면 모든 숫자가 행운의 번호인 것을.

무조건 만나

백번의 DM보다 열 번의 전화보다 한 번 만나는 게 효과적이다. 이것은 영업의 철칙이다. 밥을 같이 먹을 수 있는 기회가 온다면 더없이 좋겠지만 형편이 되지 않으면 서서 콜라나 호빵이라도 같이 먹을 수만 있어도 대 성공이다.

무조건 만나야 한다. 여러 경로를 통해서 견적이라도 받고 싶다고 연락이 오는 경우가 많다. 이메일이나 팩스 등으로 견적만 딸랑 보내면 십중팔구 들러리 서기 십상이다.

견적을 보내고 찾아가야 한다. 상대편에서 부담스러워 할 수도 있다.

지나가는 길에 들렀다고 핑계를 대면서 계란 한 판이라도 사들고 가 들이대야 한다.

손님은 지나가는 길이 아니란 것을 잘 안다. 가보면 팩스로 받은 견적이 내 것 외에 몇 개 더 있을 수도 있고 전화로 하지 못했던 요구조건도 있을 수 있고 영업 사원의 입장도 터놓고 얘기 할 수도 있다. 접점을 찾을 수 있다. 무엇보다 멀리까지 와준 성의를 고맙게 여기고 계란 한 판이 그 몇십 배로 되돌아오는 경우가 허다하다.

영업을 좀 오래 하다 보면 뭐든 앉아서 뭉개고 입으로만 다 해결하려고 하는 경우가 많다. 헛배만 부른 영업 사원의 주머니는 늘 비어있기 십상이다. 뛰는 만큼 실적이 는다.

지역 판촉

대리점을 오픈하면 먼저 동네 사람들에게 알리는 게 당연하고 중요하다. 여러 가지의 방법이 있고 그 여러 가지를 다 동원해야 한다. 내가 가장 먼저 한 것은 전 직원들이 출근길에 전시장 앞에서 긴 플래카드를 들고 서서 손을 흔들고 인사를 하는 일이었다. 지나가는 차들이 저 사람들 뭐 하는 거지 하고 쳐다보며 지나간다.

다음날에도 하고 또 그다음 날에도 하다 보면 사람들의 눈에 익숙해진다. 출근 시간이기 때문에 약간의 시차를 두고 할 필요가 있다. 출근하는 사람들은 매일 같은 시간에 지나가기 때문에 여러 사람에게 광고를 하려면 오늘은 8시, 내일은 8시 반, 모레는 9시 이런 식으로 하면 효과적이다. 버스를 타는 사람도 매일 같은 시간에 지나간다. 어떤 사람은 승용차 유리문을 열고 인사를 하기도 하고 버스 안에 있는 사람이 손을 흔들어주기도 한다.

두 번째로 한 것은 어깨띠를 두르고 비닐봉지와 집게를 들고 사무실 근처 동네를 돌아다니면서 청소 캠페인을 벌인 것이다. 동네 사람들이 반기고 아주 좋아하는 돈이 안 드는 이벤트 중의 하나다.

어느 날은 근처 곱창집 직원들이 우리와 같은 방법으로 동네를 지나다니는 것을 보니 돈 안 드는 이벤트를 벤치마킹했다는 생각이 들기도 한다. 하지만 어떤가. 내가 다니는 길이 깨끗하면 된 거 아닌가.

동네 경로당에 라면 상자를 보내기도 하고 사무실 건너에 있는 도산공원에 나가기도 한다. 공원에는 동네 사람들이 아침마다 나와서 운동을 한다. 도산공원 동호회가 있어서 모여서 운동도 하고 친목회도 연다.

여기에 부응해 우리는 일주일 한 번은 공원에 판을 펴고 따뜻한 인절미와 요구르트 혹은 생수를 준비해서 운동하는 사람들에게 대접했다. 일부는 공원에서 휴지 줍기도 한다.

반응은 아주 좋았다. 동네 사람들이 사무실 앞을 지날 때면 손을 흔들고 인사를 하는 정도까지 친해졌다. 야유회를 간다면서 음료수를 기부해달라는 전화가 오기도 했다. 십오 년 동안 터를 잡고 닦아놓았음에도 날로 상승하는 임대료에 장터를 옮겨야 하는 설움이 오죽하랴.

카 마스터의 공장 견학

오래전 신입사원 교육 시절에 울산 공장을 다녀온 적이 있다. 그때만 해도 공장 자동화가 완전치 못했고 로봇이 들어오기 전이라 거의 모든 공정이 사람의 손으로 이루어지던 때였다.

공장이 자동화되고 전부는 아니지만 어지간한 공정은 사람이 하던 일을 로봇이 하고 직원은 로봇이 일을 잘하고 있는지를 살피면 되는 수준까지 왔다. 그러다 보니 직원들이 스마트폰을 보면서 일해도 된다, 안 된다 하는 시비가 붙기도 한다.

자동차 회사에서 일하다 보니 여러 곳의 자동차 공장을 둘러볼 기회가 생겼다. 일본 나고야의 자동차 도시인 도요타시에 있는 도요타 공장이다. 우리보다는 자동차 공업이 삼십 년 정도 앞서서 세계 자동차 시장을 선도해간 일본의 대표 자동차 공장이다. 도시 전체가 도요타 자동차 공장을 위해 만들어진 느낌이다. 공장 입구의 갤러리는 관광 명소처럼 꾸며져서 많은 사람들이 모여들었다.

현대차 울산 공장에도 도요타 못지않은 갤러리 홀도 있고 공장 내부를 견학할 수 있는 프로그램이 준비되어 있다. 공장부지가 여의도의 삼분의 이 정도로 단일 공장으로는 세계 최대의 공장이다. 지어진 지 오십 년이 넘었고 3만 명의 직원과 구내식당만 삼십 개 정도다. 공장 안에 삼십 개의 셔틀버스가 다니고 우체국, 은행, 병원 등 없는 게 없다.

공장 견학은 내국인보다 외국 관광객에게 더 알려져 있고 인기도 높다.

대리점 직원들은 현지 채용으로 급한 대로 자동차 판매에 관한 교육을 마친 후 현업에 투입되는 경우가 대부분이다. 이런 점을 고려해 서울에서 가까운 아산 공장을 견학하기로 하고 사내 공문을 통해 견학 신청을 했다.

일반인도 개인, 가족, 단체, 누구라도 현대자동차 아산 공장 홈페이지를 통해서 견학 신청이 가능하다. 아산 공장은 쏘나타와 그랜저만을 생산하는 공장으로 세계에서 제일가는 최신형 자동화 공장이라 표현해도 과하지 않다.

대리점 전 직원을 데리고 공장 안내소에 도착하니 미리 연락을 받고 나온 안내 직원이 나와 있다. 직원을 따라 홍보관을 둘러보고 공장 생산라인이 있는 곳으로 들어갔다. 수신기에 이어폰을 꽂아 직원의 설명을 들으며 둘러볼 수 있다.

생산 전 공정을 둘러보다 보니 몇 해 전에 다녀온 도요타나 닛산 공장보다 더 최신식의 시스템이 갖춰져 있다는 것을 실감한다. 현대자동차는 명실 공히 세계 톱 파이브다. 물론 생산시설과 생산량만으로 평가하기엔 다소 문제가 있다는 점도 인정은 한다.

맨날 차와 함께 살고 있는 대리점 식구들에게 공장 견학을 통해 차가 생산되는 과정을 직접 눈으로 확인할 수 있게 해줬다. 이번 견학을 통해 회사에 대한 자긍심과 고객들에게 더 당당하게 다가설 수 있는 기회가 되기를 기대한다.

평일 근무 시간에 시간을 만들어서 가야 하는 어려움은 있지만 하루의 경험이 카 마스터라는 평생의 직업을 앞에 둔 이들에게는 충분히 투자할

만한 가치가 있다고 여긴다.

방학 때가 되면 아이들과 함께 온 가족이 공장 견학을 하는 것도 적극 추천하고 싶다. 견학을 마치고 인근에 있는 공세리 성당에 다녀오는 것도 좋다.

이 성당은 백이십 년의 역사를 가지고 있고 대한민국에서 가장 아름다운 성당으로 선정되기도 했다. 조선시대 충청도 서쪽 지방에서 거두어들인 조세를 보관하던 공세창(貢稅倉)이 있었던 곳이라 하여 공세리란 이름이 붙었고 이곳에 하얀 성모상과 빨간 성당 건물이 그림처럼 들어서 있다.

가을날 새우와 꽃게가 나는 철에 다녀오면 일거삼득이다.

정보가 곧 돈

좋은 정보는 지식이 되고 돈이 된다. 영업의 특성상 하루에도 새로운 사람을 수없이 만나야 하는 직업이니만큼 여러 가지 풍부한 정보나 지식이 필요하다. 틈만 나면 신문이나 잡지 등의 생활 정보와 다양한 취미생활을 통해 고객과 소통할 수 있는 것들을 준비해야 한다.

정확하고 폭넓은 상품지식은 기본 중의 기본이며 그 외에도 골프, 등산, 테니스, 음악, 그림, 영화 등등 대화의 소재가 될 만한 것들에 대한 정보가 많으면 많을수록 좋다. 다양한 고객을 마주해야 하고 그들과의 대화가 자연스러울수록 친밀감도 높아지고 비즈니스의 진도도 빨라진다. 주의해야 할 것은 종교나 정치적인 민감한 것은 상대편에서 먼저 꺼내기 전에 절대로 먼저 꺼내서는 안 된다. 얘기 중에 그런 얘기가 나오더라도 자기주장을 강하게 하지 않아야 한다.

요즘 회사에서는 대리점 대표들을 상대로 시사경제 요약이라는 문자 메시지를 하루도 빼지 않고 아침마다 보내준다. 이 한 통의 문자를 읽는 것으로 하루의 일과가 시작된다. 책이나 잡지, 신문 등에 필요한 정보가 있다 싶으면 메모하는 습관이 필요하다.

메모는 기억력에도 도움이 되고 언젠가 내 것으로 소화시킬 때가 온다. 휴대폰 카톡에 있는 나와의 채팅이나 메모장 등을 활용하면 별도의 필기구 없이도 언제 어디서나 간단하게 기록을 남길 수 있는 좋은 세상이다. 입력이 귀찮으면 음성을 글자로 입력해주는 기능도 휴대폰에는 있다.

진급 턱

고객의 사랑으로 자라는 카 마스터는 사랑을 받은 만큼 다시 돌려드려야 한다. 받은 사랑에는 여러 종류가 있다. 옆에 있는 선후배 동료들의 따뜻한 말 한마디, 궂은일을 마다하지 않는 여직원의 도움, 종일 봉투에 풀칠하고 전화받는 비서의 노동, 어려운 일들을 말끔하게 지원해주는 본사 관리자의 관심도 있다.

무엇보다 차를 구입해주거나 좋은 정보로 지인을 소개해주는 고객이 있다. 감사함을 가슴속에 깊이 담아두는 것도 좋지만 표현할 줄도 알아야 한다.

카 마스터는 어느 정도의 실적과 인사고과로 때가 되면 진급을 하게 된다. 당연히 소문을 내야 하고 사내외적으로 진급 턱도 내야 한다. 내게 이런 일이 생기면 나는 모든 고객에게 감사의 편지를 보낸다. 그간 도와주셔서 진급을 하게 되었고 앞으로도 변함없는 정성으로 하늘 같이 모시겠다는 뻔한 내용이지만 받는 입장에서는 그냥 또 고마운 것이 되기도 한다. "별로 도와준 게 없는데"라거나 "열심히 도와줬더니 이 사람이 드디어 부장이 되었구나"하면서 상대의 성장을 자신의 일처럼 여겨준다는 사실이다.

나도 진급한 후배들로부터 감사의 전화를 받는데, 오히려 미안한 생각과 더불어 앞으로 진짜 잘해줘야겠다는 생각이 종종 들 때가 있다.

회사에서 나는 두 번의 큰 상을 받았다. 하나는 판매 명장이라는 타이틀이고 또 하나는 현자인 대상이다. 명장 수여식에는 하이야트 호텔에서 회장님을 비롯하여 중역들이 참석했는데 당시 잘 나가던 MC 임성훈이 사회를 맡았다. 가수 인순이 등 연예인들이 출동하는 큰 잔치였고 그동안 나를 도와준 고객들을 잔치에 초대하기도 했다.

현자인 대상 수상식은 공장 사람들의 참석을 고려하여 경주 현대호텔에서 했다. 나의 고객과 가족 친지들과는 따로 날을 잡아 서울의 삼정호텔에서 감사의 잔치를 개최했다.

내 인생의 고마운 분들에게는 평생을 두고 갚아야 할 은혜가 남아있다.

자동차는 컬러가 생명

도시에 온통 흰색 차들뿐이다. 하네다 공항 상공에서 공항 주차장에 늘어선 차들을 내려다본 첫 느낌이다. 차 파는 사람인지라 어디를 가더라도 차가 제일 먼저 들어온다. 뭐 눈에는 뭐만 보인다고 딱 그 짝이다.

1983년경 포니 2가 나온 때다. 당시만 해도 은색, 갈색, 검은색 등 차 컬러가 단조로웠다. 그러다가 하네다 공항에 하얀 차들이 쭉 늘어선 것을 보고 여기가 자동차 선진국이구나, 싶었다.

서울로 돌아와서 나의 첫 자가용을 흰색으로 결정하고 출고했다. 하지만 색상에 과감하지 못한 나는 그 후로도 줄곧 쥐색의 스텔라, 은색과 쥐색의 쏘나타, 흰색의 마르샤, 검정의 그랜저, 검정 아토즈, 은색 아반떼, 흰색 아이오닉, 검정과 쥐색의 제네시스 등 흰색과 검정, 은색, 그레이 등으로만 색을 골랐다.

손님이 차를 사기 전에 찾아와 요즘 어떤 색이 잘 팔리는지 혹은 자동차 전문가니까 좋은 색을 추천해 달라고 하는 경우가 왕왕 있다. 이때 잘못 대응하면 일이 복잡해지고 계약이 바로 되지 않고 미적거리는 일이 생긴다.

"차의 색상은 고객님의 개성이라서 제가 딱 뭐가 좋다고 말씀드리기가 어렵습니다. 지금 타시는 차는 어떤 색인지요?"

나는 이렇듯 질문을 통해 손님이 생각하고 있는 색상에 관한 의중을 파악하려고 노력한다. 지금 흰색의 차를 타고 있다면 "늘 깔끔하게 타시고 야간 방어 운전에는 흰색이 좋죠. 관리가 좀 어렵긴 하지만."이라고 말을 던져본다.

쉬 더러워지고 관리하기가 어렵다는 반응이 나온다면 그레이로 추천을 해보는 식이다.

중요한 것은 누가 색상의 결정권을 가지고 있는지도 알아야 한다. 부인이 결정권자라면 일단 적당한 것으로 정해서 계약을 하고 부인과 상의해서 전화로 알려주면 언제든지 변경이 가능하다는 것을 알려줘야 한다.

고객이 선택을 못하고 망설이는데 영업 사원까지 덩달아 이것도 좋고 저것도 좋고 유행 색상이나 고객의 취향과는 거리가 먼 것을 추천하게 되면 계약은 미뤄진다. 그다음은 다른 선수가 계약을 따내게 된다.

신 차가 나오면 자동차 디자이너와 컬러리스트, 광고쟁이들이 머리를 싸매고 새로운 컬러를 만들어낸다. 특별한 색이 광고하기 좋을지는 몰라도 고객이 선택하는 것은 결국 편안하고 관리하기 좋은 색상이란 사실이다.

차는 옷처럼 시시때때로 갈아입는 게 아니고 한번 사면 봄여름 가을 겨울 또 몇 년을 타야 한다. 색상 결정에 골머리를 앓다가도 결국은 더러움을 잘 타지 않는 색상을 선택하게 되는 이유다.

고객 중에 최근 정년퇴직한 한영희 선생님이란 분이 계시다. 그분은 파리 한 달 살기 여행 중이었는데 광고에 나온 주황색 코나에 꽂혀서 주황색 차를 구입했다. 이처럼 자신의 취향이 확실한 분도 더러는 계시다는 걸 감안하는 것도 좋다.

시트 커버 변천사

요즘도 일본에 가면 고급 승용차나 특히 택시에 시트 커버를 하고 다니는 차를 자주 볼 수 있다. 마이카 붐이 한창일 때 자동차 시트 커버는 필수품이었다. 새 차를 출고하면 비닐도 뜯기 전에 자동차 용품점으로 가서 멀쩡한 자동차 시트에 벨벳이나 체크무늬 천으로 커버를 만들어 씌웠다. 휴지통에까지 커버를 만들어서 차 뒤에 싣고 다니는 것이 기본이었다.

그 외에도 바퀴와 휠은 물론 오디오 카세트를 교환하거나 문과 바퀴 부분에 구멍을 내 알루미늄 몰딩 작업을 하기도 하고 의자를 들어내 그곳에 비닐을 깔고 물받이를 다는 등 수백만 원어치 이상의 치장을 했다.

몇 년 타다 보면 구멍을 낸 곳으로 물이 들어가고 철판은 부식되어 구멍이 나기도 했다. 폐차 때가 되어 커버를 벗겨보면 출고 때의 시트가 그대로 있다. 지금 생각하면 이해가 잘 안 되지만 그때는 그것이 보통이었다. 상황이 이렇다 보니 시트 커버 작업을 하는 업장과 영업 사원의 관계는 또 자연스레 주고받는 사이로 이어졌다.

종로 3가 단성사에서 비원 가는 길 양쪽으로 커버 상들이 문전성시를 이뤘다. 한가한 영업 사원들은 그곳을 아지트 삼아 짓고땡을 하며 해 저무는 줄을 몰랐다.

커버 집에도 영업 사원이 있는데 이들은 아침마다 자동차 영업소로 출근해 출고증을 걷어가기 위해 혈안이었다. 출고할 기미가 보이면 자동차 영업 사원의 책상 옆을 지키고 앉아서 끝내 출고증을 받아내고야 만다.

자동차를 파는 것보다 더 치열한 경쟁이다.

요즘은 그 많던 커버 집들과 내비게이션 장착점도 문을 닫았고 블랙박스와 선팅 광택점도 서서히 사라지고 있다. 차를 구입하면 내비게이션이 기본 장착이고 블랙박스도 빌트인 캠으로 되어가고 있다. 선팅과 광택도 되어 출고되는 그날이 멀지 않은 것 같다.

할부금 받으러 다니는 영업 사원

연세가 좀 있으신 분들은 세월 좋아졌다, 라는 말을 입에 달고 다니신다. 나도 그런 연령대가 되긴 했지만 꼰대라는 소리가 듣기 싫어서 그런 얘기는 안 하는 편이다. 어쩌다 글을 쓰게 되니 옛날 얘기를 할 수밖에 없다.

어려운 그 시절, 차를 할부로 구입하는 사람이 대부분이었다. 할부금을 받으러 다니는 업무가 자동차 영업 사원의 주된 일이기도 했다. 차를 출고하고 번호를 달아주는 날에 할부금 납입 통장을 같이 준다. 매월 방문해서 할부금을 수금하고 그 통장에 도장을 찍어준다. 그리고 수금한 돈을 사무실에 입금하는 식이다.

현금이 오고 가는 일이다 보니 생활이 어려운 영업 사원들 중 극소수는 이 돈을 먼저 쓰고 돌려막기를 하다가 들통이 나서 회사를 그만두는 일도 생긴다. 혹은 회사의 할부금 독촉으로 고객보호 차원에서 대신 할부금을 내줬다가 떼이는 경우도 허다했다.

업무 평가는 판매와 연체 관리가 반반이다. 판매를 많이 해놓고도 연체 관리가 매끄럽지 못하면 사무실 벽에 걸린 현황판의 막대그래프하며 관리자의 쪼임으로 고통이 이만저만 아니다.

할부를 내던 손님이 야반도주라도 하는 날에는 잠복근무가 기본이다. 영업 사원은 형사 뺨칠 정도의 수사력으로 연체자를 끈질기게 쫓기도 한다. 나쁜 일만 있는 것은 아니다. 이삼 년 고객을 만나다 보면 미운 정보다는 고운 정이 더 쌓이게 되고 삼 년을 줄기차게 만나다 보면 소개는 물론이고 재구매도 이뤄진다.

요즘은 모든 금융이 캐피털에서 이루어지다 보니 차를 팔고 나면 고객과 대면할 일이 거의 없다. 할부금 수납 스트레스는 사라졌지만 고객과의 애증이 쌓일 틈이 없으니 관계를 유지하기 위해선 다른 접촉 방법을 생각해야 한다. 고객도 영업 사원도 차 한번 사고팔면 그걸로 끝인 경우가 많아진다. 이래서는 영업 사원의 고객이 늘지 않는다.

삼세번은 기본

토니 올란도의 '녹 쓰리 타임(Knok three time)'을 목청 높여 부르던 때가 있었다. 당신이 날 좋아한다면 천장을 세 번 두들기라는 가사가 나오는.

내가 하려는 세 번 두들기라는 말은 이 노랫말과는 뜻이 좀 다르긴 하지만 어쨌든 세 번은 두드려봐야 한다.

영업을 하다 보면 한두 번 거절당하는 일은 다반사다. 거절당했다고 해서 바로 물러서거나 포기하지 말고 최소한 세 번은 시도를 해봐야 한다. 지성이면 감천이다, 라는 말처럼 한 번 가고 두 번, 세 번 가다 보면 상대방의 마음이 움직이기 시작한다. 열 번을 가면 더 말할 나위 없이 좋다. 고 정주영 회장님의 "이봐, 해보기는 해 봤어?"는 두고두고 새겨야 할 귀한 말씀이 아닌가 말이다.

내 사무실에도 여러 스타일의 직원이 있는데 어떤 친구는 어려운 것을 결재받으러 왔다가 내가 한 번 'NO'하면 두 번 다시 안 오는 사람도 있고 어떤 직원은 다음날에 또 와서 들이밀고 그다음 날에는 조정해서 또 갖고 오기도 한다. 힘든 일일수록 끈기를 가지고 노력하는 모습을 보여주는 것이 중요하다. 고객도 결재권자도 다 그런 과정을 거쳐 온 이들이다. 노력하고 있다는 것을 다 안다. 노력만으로 모든 일이 다 된다고 할 순 없지만 간절히 하면 통하기 마련이다.

정직이 최상

카 마스터도 분명 전문직이다. 시작은 누구나 할 수 있지만 끝까지 살아남는 사람은 아무나가 아니다.

요즘은 차의 종류도 많고 차의 기능이나 금융 방법도 수 없이 다양하다. 이걸 다 외우고 다니기는 어렵지만 유능한 카 마스터라면 부단히 익혀서 손님들에게 전문가다운 모습을 보여줘야 한다. 잘 모르는 부분이라면 양해를 구하고 조사해서라도 정확한 답을 드려야 한다.

손님은 자기가 사고 싶어 하는 제품이므로 영업 사원보다 더 많은 것을 알고 있다. 판매자가 고객의 정보에 못 미치면 불신만 쌓이게 된다.

내가 처음 영업을 할 때는 지점 관리자들이나 본사 스태프들의 판매 정보가 많았다. 이유는 간단했다. 내가 특별히 가격이나 서비스 용품을 더 줘서가 아니고 정직하고 정확하게 업무처리를 하기 때문에 소개해준 사람의 불만이 없기 때문이다.

대충 얼렁뚱땅 처리해서 계산도 안 맞고 내 고객 아니라고 사후관리도 소홀히 하면 기회는 사라진다. 기회는 단 한 번 뿐이고 또 나쁜 소문은 인수인계가 된다는 사실이다. 그렇다고 영업을 하면서 정직 일변도로만 달려서도 곤란하다.

예를 들어, 손님이 15년 30만 킬로미터를 주행한 쏘나타를 팔고 새 차를 사겠다면 어떻게 해야 할까.

"이 차는 고철이기 때문에 바로 폐차장으로 보내야 합니다, 손님."

"십오 년 타신 차인데 아주 잘 사용하셨군요. 좀 많이 달리긴 했지만 폐차하기는 아까울 정도로 관리를 잘하셨네요".

"제가 여러 군데 좀 알아보고 연락드리겠습니다."

어떤 답을 해야 하는지는 명확하다. 비록 폐차가 확실한 차이지만 손님은 자기가 타던 차가 고철 취급을 받으면 짜증이 나고 그 카 마스터와는 상담하기도 싫어한다. 거래를 성사시키기 위해서는 기분 좋은 거짓말이 때론 필요하다.

오사공사 114

전기공사, 주택공사, 가스공사 뭐 이런 곳의 전화번호 같은 번호가 내 사무실 언주로 대리점의 대표 번호다. 대리점을 열기로 마음을 정하고 제일 먼저 한 것이 전화국을 찾아가 좋은 번호 구하기였다.

번호 '540-4114'를 외우기 쉽게 '5404-114'로 변형해 스티커를 만들었다. 번호를 전시장 창에도 붙이고 광고물에도 삽입해 홍보하기 시작했다.

1998년 IMF가 한창 진행 중이던 어느 가을날이었다. 평소 친하게 지내던 윤여철(지금은 부회장)님으로부터 전화가 와서 장난을 치며 대화를 나눴는데 갑자기 김수중 사장님을 바꿔주겠다며 수화기를 넘겼다.

대리점을 내기 전, 김수중 사장님으로부터 대리점을 내라는 몇 차례의 압력 같은 권유를 받기도 했다. 몇 달 후면 특진으로 이사 진급을 코앞에 두고 있었다. 영업 사원 출신으로 현자인 대상도 받았고 하니 별을 달아 보고 싶은 마음도 있어서 뭉그적대고 있던 차이기도 했다.

그때 김수중 사장님의 불같은 전화 한 통에 서둘러 대리점을 열기로 하고 준비를 서둘렀다. 대리점 거점수를 일정 수준까지 확보해야 한다는 회사 방침에 내가 선봉장의 역할을 하라는 설득 아닌 명령이었다.

나는 비장한 각오로 타던 고급 승용차도 팔았다. 그 당시 경차였던 아토스로 바꾸고 수천 명의 고객에게 새판을 벌렸다고 안내장 작업을 며칠 밤낮으로 했다.

아침 일찍 나가서 문을 열고 석유통을 나르고 차를 닦고 차를 파는 1인 5역에 허덕거리며 새해를 맞이했다.

나는 친한 후배 곽경남 부장을 초빙했고 매장 앞에 붙인 영업 사원 모집광고를 본 이들도 하나둘씩 모여들어 구성원을 꾸릴 수 있었다.

그 첫 번째가 박상훈이다. 그놈과는 이십 년을 넘게 아웅다웅하면서 지내왔다. 그뿐 아니고 지금 같이 밥 먹고 사는 가족들이 거의 십사오 년은 됐다. 구관이 명관이긴 한데 젊은 피의 수혈도 필요하다.

아무튼 되돌아보니 그때 사장님의 권유를 받아들이기 잘한 것 같다. 현대자동차에서 최장수로 차를 팔고 있는 기록의 남자가 되었으니 말이다.

고객 가까이에 연락처를

영업 사원이 되면 가장 먼저 준비하는 게 명함, 스티커, 명판 도장 이런 것들이다. 여기에 더해 나는 한 가지를 더 만들었다. 회사 로고가 들어간 파란 바탕에 전화번호와 이름을 한 줄로 새긴 흰색 스티커다. 가로 5cm, 세로 1cm의 아주 작은 스티커였다. 거래처마다 찾아다니며 전화기에 붙여주는 용도로 활용했다.

신규 방문을 여러 번하고 명함과 카탈로그를 수도 없이 주고 왔는데도 막상 일이 생겨 나를 찾으려고 하면 전화번호는 없고 114 안내를 통해 회사로 전화를 한다. 그러면 엉뚱한 사람이 받아서 차를 파는 경우가 종종 있어서 내 나름의 조치였다.

이 외에도 나를 알리는 여러 가지 판촉물을 만들었다. 달력에 전화번호를 넣어서 벽에 걸어 주기도 하지만 이런 것도 유효기간이 일 년뿐이다. 전화번호를 인쇄한 볼펜, 책상 위에 놓아두는 가죽과 도자기로 된 연필통을 수백 개씩 만들어 거래처에 뿌리기도 했다. 하지만 이런 것도 어느 정도의 시간이 지나면 다른 새로운 것들로 바뀌어 없어지고 해서 영원이 없어지지 않는 것으로 바꾸자 한 것이 한 줄짜리 스티커다.

"미스 김, 사무실에서 누가 자동차 어쩌고 하는 소리만 나오면 여기 붙여놓은 전화번호 보이지요. 부탁합니데이."

"부장님, 요기 전화통 밑에 제 휴대폰 번호 붙여놓았습니다. 부탁합니다."

"전화하시면 빛의 속도로 나타날 겁니다."

전화기에 연락처를 붙여두니 그 후로 정말 효과가 있었다. 번호를 몰라서 연락을 못했다는 말은 듣지 않아도 되었다. 내 전화번호는 '010'으로 바뀐 것 외에는 삼십육 년 동안 한 번도 바뀌지 않았다. 번호가 바로 눈앞에 있음에도 내가 마음에 안 들어서 연락을 안 한 경우도 더러는 있을 것이다.

명함의 가치를 높여라

영업 사원이 특히 자동차 영업 사원은 명함을 아끼지 말아야 한다. 회사를 방문할 때 여직원들에게 명함 주는 거에 인색하면 안 된다. 언젠가는 다 우군이 되어 돌아온다.

밥을 먹고 나오면 밥집에, 커피를 먹고 나면 카페에, 빵집, 고깃집, 세탁소, 와이셔츠 파는 백화점 점원, 화장품 가게 주인 등 언제 어디서든 사람을 만나면 명함을 준다. 때로는 전에 받았다고 사양하더라도 또 준다. 차를 사겠다는 사람이 나타나면 꼭 전해 달라는 부탁과 함께 말이다.

명함을 받은 사람이 한 번 더 기억하게 될 것이다. 최소한 내가 구매자가 되는 장소에서는 내가 무엇을 하는 사람인지 꼭 알릴 필요가 있다. 우여곡절 끝에 그가 내 고객이 되면 누이 좋고 매부 좋고 다 좋은 일이다.

요즘은 누구나 차를 살 수 있고 지금 당장 형편이 안 되더라도 곧 차를 사게 되는 일이 생긴다. 차는 다른 물건들과 달라서 면허가 있어야 하고 꼭 필요한 사람이 구입하는 것이기 때문에 부담을 주거나 강매할 수 있는 게 아니라서 명함을 주는 일은 부담 없는 영업이기도 하다.

꼭 새 차를 살 때만 필요한 명함은 아니다. 중고차를 처분한다거나 좋은 조건의 보험이 필요하다거나 사고가 나면 도움을 줄 수도 있다. 고장이 났을 경우에도 아는 정비소를 통해 저렴하고 신속하게 정비를 받을 수 있게도 한다. 이처럼 백발백중으로 통하는 아주 소중한 명함이니 잘 보관하시라는 당부를 나는 첨언한다.

한 달에 삼백 장 이상을 십 년 정도는 뿌려야 평생 팔 수 있는 밭을 가꿀 수 있다. 명함이란 회사의 얼굴이기도 하고 개인의 개성을 살리는 도구이기도 하다. 때문에 눈에 확 들어오는 디자인이나 오래 기억되는 문구, 캐릭터 등을 넣는 것도 좋다.

명함의 가치를 높이라는 것이 명함을 아끼라는 말은 아님을 알았으면 한다. 최대한 많이 돌리되 내 명함의 가치를 높여서 잘 보관토록 하라는 말이다.

두드려라, 열릴 것이다

내 물건을 팔고자 한다면 강한 욕망과 절절함이 있어야 한다. 어떻게 해서든 꼭 팔겠다, 성공하겠다는 강한 욕망이나 집념이 없다면 영업의 세계에서 성공은 만만치 않다.

나의 일은 가족을 먹이고 아이들 공부를 시킬 수 있는 것이 되어야 한다. 강한 책임감과 확실한 목표가 있다면 잠시도 시간을 헛되게 쓰지 않는다. 해보지도 않고 걱정만 늘어놓으며 동료들과 수다로 아까운 시간을 보낸다면 헝그리 정신을 아직 배우지 못한 것이다.

낮에는 발로 뛰면서 손님을 찾아다니고 저녁이면 DM을 열 통씩이라도 보내는 가장 기본적인 것도 하지 않으면서 어떻게 차를 팔겠다는 것인가. 회사에서 단체로 만들어주는 전단지가 있다면 그것을 이용하는 것도 나쁘지는 않다. 광고 전문가나 판촉팀이 머리를 써서 잘 만든 것이라 내용 면에서 충실하기 때문이다.

하지만 회사 홍보지를 접어서 회사 로고가 새겨진 봉투에 넣어 그냥 보내면 대부분의 손님은 광고 전단지라고 버려버린다. 뜯어볼 수 있게 되도록이면 자동차 선전 냄새가 안 나도록 포장해 보내는 것이 중요하다. 내용물은 중요한 부분에 붉은 펜으로 표시도 하고 홍보지 밑에 친필로 "고객님, 이거 꼭 읽어보세요. 좋은 내용입니다.", "대한민국에는 현대자동차가 있고 현대자동차에는 강성노가 있습니다. 잊지 마세요!!!" 메시지라도 적어 보낸다.

최근의 일이다. 새해도 되고 해서 고객에게 연하장을 보냈는데 많은 고객들이 새해 인사에 핸드폰 문자로 답을 해주셨다.

그중의 두 분이 계약을 하겠다고 연락을 주셨다. 한 분은 내가 잘 모르는 손님인데 회사를 그만둔 직원의 고객이었다. 내 연하장을 받고 인연이라며 찾아오셨다.

두드려야 열린다. 우는 아이에게 젖을 주는 법이다.

배가 고파서 우는 시대는 지났다지만 그렇다고 드러눕는 일은 없어야 한다. 힘들고 어려웠을 때를 기억해야 한다. 지금 드러누우면 앞으로 배고플 일이 많아질 수 있다.

DM자료 구하기

판매를 잘하기 위해서는 다음의 두 가지 방법을 동시에 해야 한다. 하나는 꾸준하고 지속적인 신규 개척과 재방문이며 다른 하나는 편지와 DM을 지속적으로 보내는 방법이다. 두 가지가 모두 중요하고 절대적이다.

조 지라드가 전화번호부 책을 찢어서 전화를 돌렸다는 글을 읽은지라 나도 그를 따라 해 봤다. 전화번호부의 인명부와 상호 편을 구해서 사무실에서 가까운 반포, 논현, 압구정동에 있는 강씨를 골라서 엽서를 보내기 시작했다. 한번 만에 반응이 바로 왔다. 논현동에 살고 계신 강기천 장군 댁의 사모님이 전화를 해온 것이다.

집을 방문해 보니 해병대 사령관과 강씨 종친회 회장을 지내신 큰 어른이 계셨다. 따뜻한 밥상을 차려주면서 격려의 말과 함께 곧 차를 바꿀 거라는 말도 하셨다. 게다가 앞으로 그 집안의 차는 모두 나를 통해 구입하겠다 하니 나로선 그저 고마울 뿐이다.

생면부지의 장군께 보낸 한 통의 엽서 효과가 250인의 법칙까지 더해져 내 영업에 큰 별이 되었다.

여기에 힘을 입어 나의 편지 쓰기와 DM 작업은 날로 발전했다. 경주 중·고 서울동창회를 발판으로 명장의 반열에 들어서게도 되었다. 동창회에 가끔 나가면 선배들에게 인사를 하게 되는데 소개해준 선배가 "이 사람이 현대자동차 판매왕 강성노다"라고 하면 그 자리에 있는 선배들은 "아, 네가 그 강성노구나" 했다. 내 얼굴은 처음 봐도 이름은 모두 알고 있었다. 몇 년 동안 내 편지를 꾸준히 받아보고 있었던 것이다.

거기에 더해 차를 못 사줘서 미안하다, 담에 꼭 팔아주겠다는 선배들의 격려를 받다 보면 내게는 수천 통의 편지를 보내게 하는 원동력이 된다.

십 년 가까이 DM 작업을 해온 것이 오랫동안 영업인으로 남을 수 있었던 비결이라면 비결이다.

편안한 손님이 계약서를 쓴다

전시장에 들어서는 손님은 단순한 구경꾼도 있지만 대부분은 어느 정도 마음의 결정을 하고 전시장을 둘러보는 쪽이다. 영업 사원이 마음에 들면 돈을 주고 갈 준비가 되어있기도 하다.

한편으로 세일즈맨에게 구매를 강요당하지 않을까 싶어 두려워한다. 세일즈맨을 통하지 않고 차를 사는 다른 방법은 없을까. 지인의 소개를 받으면 더 좋은 조건으로 살 수 있지 않을까. 손님의 이런 심적인 불안을 덜어내게 하고 기분 좋게 계약하는 일은 쉽지 않다.

전시장 문을 열고 들어서면 손님은 차를 보는 듯하지만 사실은 매장에 있는 영업 사원의 첫인상을 곁눈으로 보고 방문 목적의 반을 결정한다. 그만큼 첫인상은 중요하다. 스프링처럼 튀어나와 활짝 웃는 밝은 얼굴, 맑은 목소리로 손님을 맞이해야 한다.

핸드폰이나 컴퓨터를 보거나 옆 동료와 잡담을 하다가는 손님을 맞이

할 타이밍을 놓친다. 그때는 정중하게 용서를 구한다. 밝고 단정하고 반가운 표정이 손님의 기분을 좋게 만들고 그래야 또 진도가 잘 나간다.

계약을 하자면 우선 부동산 계약이나 위약금 이런 법적인 것 때문에 확신이 없으면 선뜻 계약을 하지 않는다. 또 가족의 동의를 구해야 결정할 수 있다는 불안감도 작용한다. 차종이나 차의 색상, 선택 사양, 할부 조건 등 결정해야 할 것들이 많은데 이런 것들을 한꺼번에 법조문 따지듯이 다 결정하고 계약하려고 하면 손님은 다시 오겠다는 말을 남기고 사라진다.

집에 가서 상의해 보겠다는 말에 돌려보내고 나면 다른 영업 사원에게 나의 계약 건을 넘겨주게 되는 일이 발생한다.

자동차는 집을 계약하는 것과는 다르다. 언제든 해약도 가능하고 선택 사양도 지불 조건도 변경할 수 있다. 해약을 하면 이자는 못 드리지만 원금은 통장으로 바로 돌려준다는 것을 알려야 한다.

계약금이 없다면 카드도 가능하고 현금이 만원 밖에 없다면 나머지를 빌려줘서라도 계약서에 사인을 받아야 내 고객이 된다. 그래야 고객도 또 와야 하는 번거로움을 줄일 수 있다.

고객은 계약을 하고 나면 갑과 을이 바뀐다고 생각할지 모르나 실은 그 반대다. 우리의 영업 사원은 계약을 하는 순간 고객을 왕으로 모신다.

고객은 항상 하늘이고 나의 왕이다.

250인의 법칙

조 지라드(Joe Girard)는 미국의 자동차 세일즈의 왕이다. 그는 시보레 자동차에서 십이 년 동안 판매왕을 차지하여 기네스북에 올라있는 자동차 판매의 전설이다.

국내에도 번역 출간된 그의 책 '판매에 불가능은 없다(How to sell anything to anyboday)'의 핵심이 바로 '250인의 법칙'이다. 이는 평범한 한 사람의 인간 관계가 250명 정도로 연결되어 있으니 고객 한 사람이라도 소중히 여겨야 하며 그 한 사람으로 인해서 250명의 고객을 얻을 수 있다는 것이다.

한 사람이 평생을 사는 동안 장례식장이나 결혼식장에 오는 사람들을 조사해보니 250명 정도는 된다는 점에 착안한 것이다.

그가 현직에 있다가 은퇴한 1978년 그 이듬해에 나는 자동차 영업을 시작했다. 얼마 후에 그의 책을 만났고 꼬박 이틀 날밤을 밑줄을 그어가면서 읽었다. 그 후에도 이 책을 가까이 두고 내 기준이 흔들리거나 의지가 약해지거나 슬럼프라고 여겨질 때마다 밑줄 친 부분을 다시 읽으며 내 마음을 다잡곤 했다.

250인의 법칙은 내 영업 인생의 기준이 되어주었다. 하루에 열 명 만나는 고객 중에 한 사람이 불만을 품으면 불만 고객이 일 년이면 삼백 명이고 거기에 250인의 법칙을 적용하면 일 년에 7천5백 명의 안티 고객이 생기는 셈이다. 10년이면 잠실 주경기장을 꽉 채울 만한 숫자다.

반대로 우호고객이라면? 이 법칙이 산술적으로 딱 맞아떨어지지 않는다 해도 고객 한 분, 한 분이 내게는 얼마나 귀한 존재인가를 실감 나게 한다. 이런 법칙을 이해하고 자기 것으로 만들 수 있을 때 진정한 영업 사원이 되는 것이다.

자동차를 판매하는 영업인에게만 적용되는 것은 아니다. 무엇이든지 고객에게 물건을 팔겠다는 사람이면 그 모두에게 적용되는 법칙이다. 조 지라드가 책에서 강조하는 것은 "세일즈에 선척적인 것은 없고 누구에게나 평등하게 열려 있으며 누구든지 성공할 수 있는 것이 세일즈"라는 것이다.

세일즈를 생각하고 있다면 일독을 권한다.

영업 사원 가방엔 책 한 권

영업 사원은 바쁘기도 하지만 손님과의 약속 시간을 잘 지켜야 한다. 십분 정도 항상 일찍 도착해서 기다려야 한다.

영업인은 평생을 약속으로 살아간다. 고객과 친구와 가족과 회사 사람들과 수도 없이 약속을 하고 그 약속을 지키기 위해 빠르게 움직인다.

약속한 시간보다 일찍 나타나는 습관은 참으로 중요하다. 기다리는 동안 우두커니 앉아 있을 게 아니라 책을 읽으면서 기다려라. 책을 읽고 있는 영업 사원을 보는 손님의 눈길이 나쁘지는 않을 것이다.

아무 페이지부터 읽고 끝내도 좋을 책 한 권쯤은 늘 손 가까운 곳에 두고 있어야 한다. 나는 만만한 책 한두 권을 항상 가방에 넣고 다닌다. 사실 그 책을 끝까지 다 읽은 적은 별로 없다.

피히테의 '독일 국민에게 고함', '일본인과 한국인', 윤동주의 시집 '하늘과 바람과 별과 시', 법정스님의 '무소유', '새들이 떠나간 숲은 적막하다', '하멜표류기', '한국과 한국인', '먼 나라 이웃나라 일본' 등의 책들이 내 가방 안에서 표지만 반질반질해졌다.

독서는 조용한 곳에서 집중해야 이뤄지는 일이다. 직업상 종일 가방을 들고 돌아다니다 밤이면 쓰러져 자야 내일 또 정처 없는 행군을 할 수 있다. 책으로 폼이라도 잡아야 마음의 위안이 된다.

책을 읽는 것도 때가 있다. 차일피일 미루면 눈이 침침해지고 머리가 아파서 서너 장을 넘기기가 힘든 시기가 온다. 그래도 책을 보던 사람이 나이가 들어도 책을 읽는다는 사실이다.

계약 출고대장

컴퓨터가 갑이다. 그러나 만능은 아니다. 내가 말하는 계약 출고대장은 한마디로 말해서 장부다. 치부책 같은 것이기도 하다. 금전 출납부 같은 두꺼운 장부책에 줄을 그은 다음 고객 이름과 차 종류, 컬러, 계약 출고일자, 계약번호, 전화번호, 주소, 차량번호 등을 기록해 둔다. 비고란에는 기억할만한 특이 사항도 꼼꼼하게 적는다.

나는 몇십 년을 이렇게 수기로 계약 출고대장을 관리해 왔고 지금도 마찬가지다. 컴퓨터에 저장된 고객 명단이 있긴 하지만 이렇듯 수기로 작성하면 기억을 더듬기도 좋을 뿐 아니라 어느 날 갑자기 컴퓨터에 문제가 생기더라도 걱정이 없다. 그리고 또 몇십 년 된 고객은 컴퓨터에 저장된 명단에 자료가 없기도 하다.

내가 중요하게 여기는 특이 사항, 내 손으로 직접 쓴 것들이 더 정확하고 오래 기억하기도 좋아서 수기를 사용한다. 영업 후배가 생기거나 신입 직원이 입사할 때면 내 장부를 보여주고 필요하니 꼭 준비하라고 신신당부한다.

그러나 요즘 젊은 친구들은 뭘 쓰는 걸 귀찮게 여긴다. 태블릿 PC나 스마트폰만 믿고 있다가 기계의 분실 혹은 고장 등으로 낭패를 보는 일이 종종 있다. 수기 출고대장은 자동차 영업을 오래 하기 위해서는 필수일 뿐만 아니라 비록 자동차 영업을 하지 않더라도 비즈니스를 하는 이들에겐 아날로그적인 기록을 해두는 것이 좋다.

손으로 작성한 나의 계약 출고대장은 살아있는 생생한 나의 역사다. 나의 땀과 애환이 담겨있는 내 인생이라고 자랑하기도 한다.

다음 계약 출고가 6천9백89번째다. 앞으로 얼마까지 더 출고대장을 기록하게 될지 알 수 없으나 은퇴하는 그날까지 줄기차게 쓸 듯싶다.

흰 봉투와 검은 넥타이

영업 사원의 차 안에 이 정도는 필수품이다. 그래야 언제든지 무슨 일이 생기든지 달려갈 수 있는 준비된 영업 사원이라 할 수 있다.

나는 자동차 대시보드 안에 검은 넥타이와 조의금 봉투를 항상 넣어가지고 다닌다. 고객 관리 차원을 떠나 인간 관계를 우선으로 하니 경조사를 챙기는 일은 내 입장에서 아주 중요한 일이다. 상갓집에 오면 어김없이 강성노를 보게 된다고 선배 한 분이 말씀하셨다.

사람은 누구에게나 어렵고 힘들 때가 있다. 부모님을 잃었을 때는 특히 그렇다. 이때 와주는 조문객은 평생의 기억으로 남는다.

한창 자동차 판매 왕으로 주가를 올릴 때다. 내게는 큰 거래처인 우성건설에서 차량 구매를 담당하던 최 과장의 업무가 새로운 담당자에게 넘어갔다. 회사 회장의 먼 친척이던 최 과장이 구매 담당을 평생 할 것으로 알고 주변은 돌보지 않았던 내 오만함이 내 발등을 찍고 말았다.

새로 바뀐 담당자는 작심하고 나를 외면했다. 기회만 되면 거래처를 바꿀 생각에 다른 영업 사원의 명함을 자신의 책상 위에 버젓이 두고 다녔다. 그러던 중에 그 친구가 모친상을 당했다. 그가 순천으로 내려갔다는 소문을 듣고 나는 밤새 달려 상가에 도착했다.

그 후로 그와 나는 아주 돈독한 사이가 되었다. 그때 그런 기회가 없었더라면 나는 거래처 하나를 그냥 날렸을 것이다. 일을 키우기 전에 평소에 거래처를 잘 관리해 둬야 한다. 거래처를 방문하면 담당자보다는 그 옆에 있는 동료들에게 한 번 더 눈길을 주고 볼펜 하나라도 똑같이 줘야 한다. 점심때라서 밥 먹으러 갈 일이 생기면 같이 가자고 꼭 잡아끌어야 한다.

가까운 곳에 적이 있다. 평소에 두루두루 잘해야 한다.

출고 연기, 어쩐다

요즘도 차종에 따라서는 한 달, 길게는 육 개월 정도를 기다려야 하는 잘 팔리는 차종이 있다. 출고 일자가 확정되면 어긋나는 경우는 거의 없다. 전산 오류가 거의 없기 때문이다.

예전에는 출고 배정이 요즘처럼 전산 배정이 아니고 다 수배정이다. 다시 말해 출고 번호를 전화로 받아서 고객을 출고센터로 보내 차를 받게 한다. 상황이 이렇다 보니 중복 배정이 나오기도 하고 목소리 큰 사람이 먼저 가져가기도 했다.

공장에서 나오기로 한 차가 오늘 갑자기 최종 점검에서 불합격되는 일도 있다. 그러면 차를 못 찾고 그냥 돌아오거나 울산 공장 근처의 여관에서 하룻밤을 자고 다음날에 차를 찾아오는 일이 많았다.

계약 욕심에 무리하게 출고일을 잡는 일도 있어서 매일 아침 전화통에 불이 났다. 추석이나 설날에는 명절 특수가 상당하다. 추석 한두 달 전부터 고향 갈 때 타고 가려고 새 차를 주문하는 고객들은 출고일만을 손꼽아 기다린다.

내 손님 중에도 한 분이 추석날에 새 차를 타고 고향에 가겠다며 계약을 했다. 출고 날짜만 학수고대했다. 매일 아침마다 사무실로 독촉 전화를 했지만 추석 전날까지 출고 번호를 받지 못했다.

추석 전날 어린 아들딸과 아내 그리고 큰 가방 두 개를 들고 내 사무실에 나타났다. 버스표도 없다며 내게 실력 행사를 가했다.

추석빔을 입고 자가용 타고 할머니 집에 간다고 나선 애들을 보자니 내 마음이 천근만근이다. 손님의 마음이 이해가 되는지라 나는 도망도 못 갔다.

요즘처럼 렌터카를 쉽게 구할 수 있지 않던 때라 할 수 없이 나의 애마 포니 2를 내드렸다. 나도 퇴근하면 아이들과 일박이일의 고향길에 올라야 하는데 말이다.

한숨만 나오는 상황이지만 어쩌겠는가. 내 고객이 힘든 고비를 넘겼으니 그걸로 위안 삼는 수 밖에.

미래의 고객 육성하기

고객을 잡아서 판매를 하는 것이 아니라 고객을 키워 차를 판매하는 방식으로 확대해야 영업 사원의 미래가 보인다.

어린이를 대상으로 하는 광고 판촉이 기르는 판매라고 생각한다. 해마다 여름이 되면 회사 로고와 예쁜 그림이 찍힌 어린이용 반팔 티셔츠를 전국 각 거점에 배포한다. 한정된 양이라 나는 별도 주문을 통해 더 많은 내 고객의 자녀들에게 보내준다. 이렇게 뿌려진 티셔츠를 동네는 물론 유원지나 해수욕장 등지에서 보게 된다.

어릴 때부터 현대자동차에 대한 고마움과 사랑으로 키워지길 바라는 마음에서 이런 행사가 한동안 이뤄졌는데 요즘은 뜸해진 감이 있다. 어린이 자동차 교실 운영과 공장 견학 외에도 어린이 사생대회나 스케치북과 연필 등을 나눠주는 판촉 행사는 꾸준히 이뤄졌으면 하는 바람이다.

세계적인 기업인만큼 현대자동차가 미래의 고객을 키우는 일에 과감하게 투자해야 한다. 당장의 판촉도 좋지만 미래의 고객을 키운다는 마음으로 백년대계의 판촉을 수립해 단계적으로 이뤄나갈 필요성이 있다.

특히 어린이용 판촉물은 연필 한 자루, 물티슈 한 장이라도 친환경적인 고품질의 것으로 해야 한다. 품질이 좋지 않아 불량품이라는 이미지를 심어주게 되면 기업에 대한 아이들의 실망만 커질 것이 분명하다.

반팔 티셔츠지만 좋은 재질에 디자인이 예쁘고 사이즈도 다양하면 더 많은 아이들이 입고 다닌다. 그것이 바로 움직이는 광고판이다. 이렇게 현대자동차를 일상에서 접하고 자란 아이들이 커서도 현대자동차에서 일하고 싶어 할 뿐만 아니라 현대자동차에 우호적인 고객이 될 것이다.

세계적인 기업은 어떤 경우에라도 미래 고객인 어린이를 기르는 것에 힘써야 한다.

명함 돌려막기

판매일지를 작성해서 팀장에게 제출해야 퇴근을 할 수가 있다. 어디서 누구를 만나고 어떤 상담을 했다는 일일 활동 내용을 시간대 별로 자세히 적은 후에 오늘 만난 사람들의 명함을 첨부해 결재를 받는 일이다.

일지의 포인트는 아침에 나가 종일 어디서 무엇을 했는지를 다 보겠다는 것이다. 신규 방문을 많이 했거나 계약 출고가 있는 날은 일지 쓰기가 쉽고 빠르지만 놀다가 들어온 날에는 빛바랜 옛날 명함을 뒤적여 지역별로 꿰맞추기가 여간 어렵지 않다.

하나는 남대문 명함인데 다른 건 잠실 명함이면 팀장은 귀신같이 알아챈다. 같은 명함을 두 번은 못 쓰게 도장을 찍어 내주기도 한다. 그러면 영업 사원들은 한술 더 떠서 동네별로 명함을 바꾸기도 하고 빌려주기도 하는 것이다.

나는 항상 명함이 남아돌기 때문에 동기들이 내 책상을 뒤지는 일이 있기도 했다.

명함을 가장 쉽게 많이 받을 수 있는 곳이 부동산 사무실 또는 가구점이다. 이곳에는 판매사원들이 명함을 나란히 놓아두기 때문에 한꺼번에 몇 장씩 가져와서 빌려주고 나눠 갖기도 한다.

팀장쯤 되면 영업 사원들의 꼼수를 다 안다. 한번쯤은 자신들도 다 해본 짓이다. 이렇게 명함 꼼수를 부리는 친구들은 일이 년 건달처럼 다니다가 철새처럼 떠나간다.

건들거리며 시간이나 때우거나 눈치나 면해 보자는 식의 영업은 절대로 오래가지 않는다. 아까운 청춘을 그렇게 보내는 것은 낭비다. 지나간 청춘은 되돌릴 수도 없다.

무역센터 기사 대기실

코엑스 몰에 가면 영화를 보거나 쇼핑을 할 수도 있다. 어떤 때는 결혼식도 있고 해서 자주 드나드는 곳이다. 이곳 주차장은 나 자신이 주차를 어디에 했는지 찾기 힘들 만큼 차가 많다. 그러자면 이 많은 차들은 누가 다 팔았을까, 싶은 것이다. 무역센터에서 사용하는 업무용 차들은 또 누가 파는지 궁금했다.

빌딩을 올라가 보려니 '잡상인 금지' 표시에 또 겁이 덜컥 났다. 지하 주차장 한쪽에 마련된 기사 대기실로 먼저 갔다.

아침 시간은 다들 바쁘고 점심에는 배가 고파 누굴 만나서 대화하는 게 또 부담이다. 그래서 식사 후 나른한 오후 두 시가 가장 적당할 듯싶었다. 음료수 한 상자를 사들고 무역센터 기사 대기실을 방문했다. 예상한 대로 바둑, 장기, 화투 등으로 많은 기사님들이 모여 있었다.

단정한 양복차림에 한 손에 가방을 다른 한 손에는 마실 것을 들고 나타난 나를 보고는 자동차 판매원 아니면 보험사원이겠지, 싶은 눈치들이다. 목청 크게 "안녕하세요. 현대자동차 강성노입니다", 인사를 했더니 미친놈이라는 표정으로 나를 다시 한번 쳐다봤다.

명함과 카탈로그 그리고 음료수를 모두의 앞에 일일이 놓아주고 문 앞에 떡 버티고 서있었다. 그랬더니 한 분이 옆에 앉으라고 자리를 내준다. 그분이 무역협회 회장을 모시는 두목(대장) 기사님이었다. 어디를 가든 내 편은 있기 마련이다.

나는 그분 덕분에 잡상인 금지구역을 통과했다. 총무 과장을 만났고 협회 업무용 차에 관한 것은 나 외에 다른 사람은 접근 금지 명령이 내려졌다.

다음 방문에는 점심시간을 이용해 찾아갔다. 기사 대기실에 있는 모든 분과 함께 짜장면 파티를 열었다. 거기 모인 기사 분은 협회 소속도 있지만 무역센터에 입주해 있는 다른 회사의 기사 분도 있었기 때문에 코엑스에 들락거리는 일이 많아지고 실적도 부쩍 늘기 시작했다.

마음이 편해진다면 고사쯤이야

손 없는 날에 차를 받겠다는 손님들이 더러 있다. 전에는 아주 많았는데 요즘은 뜸하다. 그래도 종종 그런 손님이 있다. 문제는 좋은 날과 출고일이 맞지 않은 경우가 허다하다는 것이다.

때로는 차를 미리 출고해서 주차장에 보관하고 있다가 손 없는 날에 가지고 가서 고사를 지내기도 한다. 고사(告祀)라는 것은 집안의 안녕을 위해서 가신(家神)에게 올리는 신고 의례와 같은 것이다. 비슷한 것으로 고수레가 있고 건이 크면 굿판을 벌이기도 하지만 고사는 고수레와 굿의 중간이라고 보면 될 듯싶다.

언젠가 한번은 출고일을 사전에 알렸다. 손님은 그날에 맞춰 고사 준비를 이미 끝냈다. 당일이 되어 차에 문제가 생겼다며 출고장에서 출고 불가라는 통보를 내게 보내온 것이다. 손님이 주문한 시루떡이며 일찍 퇴근해서 기다릴 그의 가족이며 모든 것이 하나씩 다 떠올랐다. 어떻게 수습해야 할지 머릿속이 하얗게 되었다.

모든 것은 지나간다는 마음으로 그날을 보내고 좋은 날을 다시 잡았다. 이번에는 내가 시루떡과 포, 술을 준비해서 차에 싣고 그 댁으로 방문했다. 아파트 앞에 자리를 펴고 큰절을 세 번하고 구경 나온 동네 사람들과 아파트 옆 동 경비 아저씨들까지 불러서 떡과 술을 권하고 거하게 고사를 지냈다.

대기업이나 국가기관에서도 건물을 새로 짓거나 회사를 옮길 때는 직원들과 함께 돼지머리를 놓고 고사를 지내는 게 보통이다. 차를 사고 지내는 고사는 정해진 법도 규칙도 없다. 해도 좋고 안 해도 좋다. 그러나 집안의 어른이 하고 싶다고 하거나 본인이 하고 싶으면 하는 게 좋다.

남의 눈치를 보다가 고사를 지내지 않고 넘기면 찜찜하다. 그 후로도 고사를 지내지 않았다는 것 때문에 신경이 쓰이고 마음에 남게 된다. 나는 새 차를 인도한 후에 바닥에 넙죽 엎드려 큰절을 올린다. 폐차 때까지 안전하게 잘 타시라고 기원한다. 싫어할 고객은 없다.

판매현황 판에 커튼을

영업을 하는 곳이라 일 년 내내 목표와 실적이 꼬리표처럼 따라다닌다. 사무실 벽에다가 매월 포스터 두 장 정도 크기로 실적표를 만들어서 붙여 놓고 저녁의 마감 시간마다 막대그래프에 색칠을 해나간다. 달마다 기름을 짜내듯이 올라가는 이 그래프가 영업 사원을 춤추게도 하고 주눅 들게도 한다.

실적표에는 인격 같은 것은 없고 오직 실적만이 있을 뿐이다. 살벌한 전쟁터다. 어떤 지점장은 모조지로 실적표를 그리지 않고 알루미늄 판으로 고정식 현황판을 멀리서도 보일 수 있도록 크게 만들어서 벽에다 건다.

실적표는 실적이 좋은 사람에게는 경쟁 의식을 고취시키고 더 잘할 수 있도록 용기를 주는 응원이 된다. 그 반대라면 쥐구멍이라도 찾게 하는 쥐약이 될 수 있다. 행여 손님이라도 사무실에 찾아오는 날이면 그래프가 우뚝한 사원은 손님을 그래프가 잘 보이는 곳에 앉히고 상담을 하지만 그렇지 못한 경우는 황급히 돌려세우고 근처 다방이나 전시장 구석에서 상담을 하게 된다.

세월이 흘러 이제는 실적도 중요하지만 인격이 더 중요한 시대가 되었다. 그래서 현황판에다 커튼을 달았다. 손님이 다니는 낮 시간에는 커튼으로 가리고 아침저녁 판매 회의 때만 활짝 열어 각성토록 한다. 이제는 이런 현황판도 사라진 지 오래다.

프로들만 모여 있는 우리 사무실은 아직도 A4용지에 별을 붙여놓기는 하는데 이름 대신 별명을 사용하기도 한다. 경쟁을 해야 하는 영업의 특성상 자극제가 되길 바라는 마음에서다. 이런 것도 타성에 젖어버리면 기대하는 만큼의 효과를 얻기 어렵다.

내 경험을 이야기한다는 것

방송으로 얼굴이 알려진 후로 여러 기업체로부터의 강의 요청이 빈번했다. 이런 것도 다 근무 시간 외에만 가능하다. 근무 중에는 고객을 만나고 계약하고 출고 고객 관리만으로도 턱없이 시간이 모자란다.

강의가 주로 서울 근교의 연수원 등지에서 이루어지지만 오가는 시간이 있으니 또한 만만치가 않다. 그럼에도 내게는 여간 매력이 있는 일이 아니다.

우선 재밌다. 변변한 파워포인트도 없이 백이십 분 강의하는 일이 쉽지는 않다. 그러나 영업을 하면서 있었던 고객 관리 요령, 성공 스토리, 방송 출연, 스트레스, 슬럼프 극복 방법 등등의 이야기를 하자면 두 시간이 금방 지나간다.

강사료는 다소 차이가 있지만 보통 시간당 오십만 원 정도다. 이 시간에 차를 한 대 더 판매한다면 비교할 수 없는 수입 금액이다. 먼 훗날 세일즈 아카데미나 후배 양성을 기대하는 나로서는 돈이 적다고 마다할 수 있는 일이 아니다. 강의로 인해 더 많은 고객을 만났고 내 영업 노하우 또한 일취월장 했다.

두 시간 동안 떠들고 나면 내 몸의 진액이 다 빠져나가고 다리가 휘청거릴 때도 있다. 증권사 지점장들을 대상으로 강의를 한 적이 있는데 나를 안경 밑으로 보는 것이 이상한 나라의 엘리스를 보듯 쳐다봤다. 저런 영업도 있나, 하는 표정들이다. 그들도 다 영업을 하는 사람들이기 때문이었다. 하지만 한두 시간의 강의가 다 끝나고 나면 내 명함을 받기 위해 줄을 서서 기다리기도 했다.

사람은 저마다의 방식으로 자신의 영역을 넓혀간다. 나 또한 그랬고 남들에게는 다소 이상한 놈으로 비쳤을 수도 있다.

장점 많은 동네 판촉

나는 개포동과 대치동에서 쭈욱 살았다. 퇴근길에 강남역까지 걸어가면서 판촉 전단지를 뿌리고 다시 버스를 타고 집으로 간다. 때로는 집 근처까지 버스 타고 가서 동네 판촉을 위해 인근 아파트 단지까지 전단지를 돌리는 시간 외 근무를 한다.

자신이 사는 동네에서의 판촉은 효과적이다. 경비 아저씨께도 당당하고 배가 고프면 집으로 바로 뛰어갈 수도 있다. 어떤 때는 아파트 입구 게시판에 전단지를 붙이기도 한다. 이때는 물론 정식으로 관리사무소의 허락과 얼마간의 광고료도 지불해야 한다.

또 반드시 몇 동 몇 호에 사는 누구라고 적어야 한다. 전단지를 본 주민이 같은 아파트에 사는 영업 사원을 믿고 찾을 수 있기 때문이다.

나는 내가 사는 아파트의 동 대표와 입주자 대표 회장을 몇 년 한 적이 있다.

봉사직이지만 영업에는 많은 도움이 되기도 한다. 영업 사원에게 카탈로그와 명함을 돌리는 일은 평생 해야 되는 일이다. 계속해서 새로운 고객을 만들어내지 않으면 안 된다.

노량진 수산시장의 새벽 판촉 활동

판촉 활동 중에도 새벽 판촉은 으뜸이다. 여러 가지가 있는데 아파트 판촉, 전철역 판촉, 회사 입구 출근길 판촉 등등이다. 이 중에서도 가장 내 기억에 남는 건 노량진 수상시장으로 판촉을 나갔을 때다. 새벽 네 시부터 시작되는 판촉 활동이다.

한자 '現代自動車'가 새겨진 특유의 감색 점퍼를 꼭 입고 가야 한다. 그래야 용달차 사장님들이 만만하게 봐주고 그들의 얘기에 나를 끼워 준다. 서울 각지에서 온 그분들은 각자의 동네로 돌아가면 그곳 주차장에 여러 대의 용달차가 있기도 하다. 그 정보가 노량진 수산시장 모닥불 앞에서 오고 간다.

매일 아침 그들과 같은 시간에 나가니 안 나오면 궁금하고 동업자처럼 온갖 얘기를 자연스럽게 주고받는다. 따뜻한 고구마에 호빵 한 줄이면 더 없이 친한 사람들이 된다. 한 차씩 짐을 싣고 떠날 때는 낮에 독산동 주차장에서 다시 만나기로 약속한다. 주차장에 같이 있는 홍씨를 소개받기 위해서다.

이런 일이 매일 아침 벌어진다. 홍제동도 오라 하고 기름시장에도 오라 하고 이렇게 시작된 나의 용달 판매는 고구마 줄기처럼 줄줄이 이어졌다. 내 영업 인생에 참으로 많은 도움을 주고받았던 분들이다.

신규 방문 육 개월이 영업 인생을 가른다

항상 하는 말이지만 신규 개척 방문은 자동차 영업을 하려는 사람에게는 성경 구절과도 같은 말이다. 신규 방문 육 개월을 하면 육 년을 버틸 수 있고 일 년을 하면 십 년을 버틸 수 있다.

산술적으로 단순히 계산해서 하루에 오십 곳을 방문해서 가망 고객 두 명을 만난다면 한 달이면 오십 명이고 육 개월을 하면 삼백 명의 고객이 내게 생기는 것이다. 일 년을 하면 육백 명이 된다.

경쟁사나 외국산 차의 정비는 어디서 하는 게 좋냐거나 헌 차를 팔아 달라거나 헌 차를 하나 사 달라거나 신형이 언제 출시 돼냐거나 물어오는 고객도 차츰 늘어나기 마련이다. 고객의 질문에 대한 정보들을 수첩에 차곡차곡 적어놓고 매일 점검한다. 안부 문자나 손편지 등으로 정성을 보이고 가꾸면 반드시 성공의 열매를 얻을 수 있다.

신규 개척은 농부가 씨앗을 뿌리는 일과 같다. 씨를 안 뿌리고 걷을 생각을 하면 도둑이나 다름없다. 씨 뿌리는 것을 잠시만 게을리하면 가난한 농부가 되고 만다. 신규와 재방문을 반복해 가면서 꾸준히 가망 고객을 곳간에 곡식 채우듯이 차곡차곡 채워야 새 달이 와도 걱정이 없다.

이러한 준비가 없는 영업 사원은 매번 마감을 걱정해야 한다. 어쩌다 당직 운이 좋아서 몇 대 판매를 했다 하더라도 그다음 달에 실적 없는 일이 반복된다. 결국 스트레스 많은 영업 인생을 살게 된다. 스트레스가 쌓이다 보면 허송세월을 보내면서 조직에 불만만 커지고 결국은 회사를 관두게 된다.

어디 가서 어떤 일을 해도 이런 사람은 성공할 확률이 낮다. 처음 시작 몇 개월이 중요하다.

상대방의 입장이 되어

자신의 일에 대한 철학이 없다면 오래 버티기 힘들다. 역지사지(易地思之). 이는 나의 영업 철학이다. 역지사지하는 마음이 없었다면 나는 사십 년 동안 이 일을 견뎌내지 못했을 지도 모른다.

손님이 새 차를 뽑았다. 손님에게 그 차는 인생의 첫 차일 수 있다. 마이카 적금을 타고 그래도 모자라서 할부까지 해서 산 차다. 새 차의 라디오가 찍찍거리거나 먹통이면 화가 나는 게 당연하다. 새 차가 뭐 이러냐고 따지는 것도 당연하다.

"네, 그건 자동차 고장이 아니니까 오디오 센터에 가시면 간단히 수리받으실 수 있습니다. 서비스 받으실 곳 주소를 알려 드릴까요?"

이러면 손님이 "그래 좋다" 할 것인가. 아니다. 자신이 새 차를 산 상대방의 입장이라고 생각해 보라. 답은 간단하다. 어떻게 해야 고객의 목소리가 낮아질 수 있는지 영업인이라면 다 안다.

실천해야 한다. 당장 달려가서 고객의 입장에서 같이 안타까워하고 안심시켜야 한다. 퓨즈 하나만 갈아도 되는 간단한 고장일 수 있는 걸 가지고 고객을 빈정 상하게 만들어서는 안 된다.

이 한 명의 고객이 조 지라드의 법칙에 따르면 250명으로 불어날 수도 있다. 불만 고객이 느는 것보다야 긍정적인 고객이 250명으로 늘어나는 것이 좋지 않겠는가 말이다.

세상사 모든 것이 입장을 바꿔놓고 보면 싸우고 화를 낼 일이 없다. 역지사지는 내게 긍정적인 생각의 출발점이다.

오랜 세월 동안 내가 실행하는 것이 또 하나 있다. 아줌마 떡은 비싸도 사 먹는다는 것이다. 영업인으로 평생을 살아온 내 입장에서 보면 이해 못할 말이 아니다. 언젠가 내게 도움을 준 사람이고 도움을 받을 인간 관계인 것이다.

만남의 광장, 전시장

자동차 전시장인 현대자동차 모타 스튜디오가 몇 군데 있다. 회사에서 직영으로 운영하는데 도산대로, 하남, 고양 등지에 있다. 자동차 전시장이라기보다는 자동차 문화 테마파크라고 하는 것이 더 어울리는 곳이다.

이곳에는 자동차 전시는 물론 문화예술 전시관과 자동차 관련 도서실, 어린이 자동차 교실 같은 휴게실, 판매와 시승이 동시에 가능한 공간도 있다.

고양 모타 스튜디오는 문화 행사관, 브랜드숍, 레스토랑 등이 갖춰진 완벽한 문화 공간으로 자동차를 구매하는 고객이 아니더라도 자동차에 관심 있는 아이들과 시간 보내기 좋은 곳으로 입소문이 나있기도 하다.

모타 스튜디오에서의 일반적인 안내는 그리터(Greeter)라는 여직원이 하고 자동차 안내는 자동차 전문 지식인인 구루(Guru)가 한다.

나도 가끔 새 차가 나오면 구루들의 설명을 통해 상품 지식을 얻기도 한다. 이런 대형 전시장은 소규모 대리점을 운영하는 나로서는 그림의 떡이다.

몇 해 전, 동경 모타쇼 가는 길에 신주쿠에 있는 자동차 전시장을 가본 적이 있다. 전철과 바로 연결된 번화가에 출입문이 두 개인 전시장이 위치해 있었다. 차 한 대 전시에 안내 여직원 둘, 벽 쪽으로 음료수대와 자동차 관련 잡지와 카탈로그 거치대, 그리고 작은 의자들이 놓여 있었다.

누가 봐도 자동차를 판매하는 곳이라기보다는 자동차 회사 홍보 겸 시민의 휴식 및 만남의 공간으로 만들어놓은 것 같아서 인상 깊게 봤다. 우리 회사에서도 커피숍 브랜드와 콜라보로 전시장을 오픈한 곳이 있기도 한데 수익을 창출해야 하는 앞선 과제가 있기 때문에 크게 효과를 보지는 못하는 아쉬움이 있다.

열악한 대리점의 현실을 돌아보면 임대료 인상 걱정 없이 한자리에서 오랫동안 영업할 수 있는 것이 더 시급한 과제다.

정비 잘하는 카 마스터

쏘나타가 처음 나왔을 때 일이다. 그 당시는 쏘나타뿐만 아니라 국산화된 차들이 아직은 덜 숙련된 탓인지 한여름에 시동이 꺼지는 차들이 종종 있었다. 엔진에 열이 오르면 연료 펌프에 휘발유가 증발하여 시동이 꺼지는 현상이 나타나는 것이다.

이때, 열을 식히기 위해서 보닛을 열고 찬물을 붓거나 연료 펌프 위에 아이스크림을 놓아두기도 한다. 이런 차를 보면 나는 얼른 막대 아이스크림 몇 개를 사들고 뛰어가 응급조치를 해준다. 당황한 운전자에게 영업사원의 기사도 정신은 깊은 감동으로 남는다.

카 마스터로 입사를 하면 기본적으로 받는 정비 교육과정이 있다. 공장에 가서 2박 3일 동안 생산라인에 있는 공장 사람들과 조립공정을 같이하기도 한다.

잊어버릴 만하면 정비센터에서 며칠간 정비교육을 받으라는 명령이 떨어지기도 한다. 신뢰받는 카 마스터가 되기 위해서는 긴급 정비 정도는 할 줄 알아야 한다. 말로만 하는 영업이 아니라 몸으로 행동으로 하는 영업이 되어야 한다.

밀리는 도로나 고속도로 더욱이 터널 안에서 자동차가 고장 났을 경우를 떠올려 보라. 역지사지가 아니더라도 자동차의 모든 것을 꿰뚫고 있는 카 마스터가 비상등을 켜고 나타나 긴급한 상황을 해결해 준다면 이 얼마나 멋지고 감동적인 상황인가 말이다.

응급조치를 해서 차가 움직이면 더할 나위 없이 좋을 것이고 그렇지 못할 경우에라도 빨리봉사(02-404-8204)나 080-600-6000으로 전화해 긴급 출동이 이뤄지도록 도와줘야 한다.

사람이 당황하면 생각이 멈춘다. 햇빛 가리개를 내리면 긴급 연락처가 그곳에 있음에도 활용하지 못할 때가 있다.

정비사 자격증을 따지 못하고 서당개 삼 년으로 영업을 하게 되어 부끄럽지만 영화의 한 장면처럼 상상을 해본다. 터널 안에서 멈춰버린 차량을 홍길동처럼 나타나 정비해주는 나 자신의 모습을 말이다.

가
족
이
란

이
름

제2부

가족이 있어 일하고 살아갈 힘을 또 얻는다

가족이 있어 일하고
살아갈 힘을 또 얻는다

∴

가족이란 이름

아내의 힘은 위대하다

위인의 곁에는 묵묵히 따라주고 격려해주는 아내가 있다. 남자들에게 아내는 희망과 용기를 주며 자신의 자존심을 지켜주기도 하는 존재다. 세상 사람이 모두 인정해주지 않아도 아내가 인정해주면 남자는 신나고 행복하다.

다시 말해 모든 사람이 인정하더라도 아내가 인정해주지 않으면 행복하지 않다는 뜻이기도 하다. 아내로부터 인정을 받는 남자는 무엇이든 해

낼 수 있을 것 같은 용기를 갖는다.

나무꾼으로 살던 온달이 똑똑하고 현명한 평강 공주를 만나 훗날 장수가 되어 여진족을 무찔렀다는 얘기가 있다. 가끔은 이 얘기가 내 얘기 같기도 하다. 일에 지쳐 슬럼프에 빠졌던 적이 있다. 나는 회사를 관두고 좀 쉬고 싶다고 아내에게 말했다.

잠시 놀라기는 했으나 아내는 곧 담담하게 "그래요. 내가 뭐든 해볼 테니까"했다. 이상하게도 그 말에 나는 정신이 번쩍 들었다. 다음날, 신발 끈을 졸라매고 아무 일도 없었다는 듯이 출근을 서둘렀다. 아내의 말 한마디에 슬럼프로부터 벗어난 기분이었다. 나는 전보다 더 강한 책임감을 갖고 나의 일에 열중했다.

부부는 가위와 같은 것이다. 두 개의 날이 함께 움직여야 제 기능을 다할 수 있다. 남편이 힘들어 할수록 등 떠밀어 내보낼 것이 아니라 호응해 주면 남편은 힘든 것도 잊는다. 남자는 어린아이와 같아서 작은 위로에도 마음이 크게 움직이는 듯하다.

차 파는 가족

명일동에 새 아파트를 분양받았다. 새로운 곳으로 이사를 하면 나는 무조건 전단지를 만든다. 새로 이사 온 현대자동차 누구라는 말로 시작해 동네 주민을 가족처럼 모시겠다, 라는 말로 마무리된 판촉 전단지를 새벽에 아파트 우체통에다가 꽂아둔다.

그런데 등굣길에 초등생 아들놈이 바닥에 떨어져 뒹구는 전단지와 명함을 모두 주워 집으로 다시 가지고 온 것이다. 영문을 모르는 아들은 아빠 명함이 왜 여기저기 떨어져 있냐고 난리 법석이다. 아빠의 영업에 관한 전후 사정을 알게 된 아들은 이때부터 아빠의 명함을 선생님에게도 전달하는 나의 도우미가 됐다.

일을 만들고 다니는 아들에 비해 딸은 다소 내성적이다. 그럼에도 대치동에서 대치초등, 숙명여중, 경기여고를 다닌 딸은 동네 친구가 많다. 처음에는 친구 아빠를 모시고 오더니 좀 더 크니까 친구들과 친구의 남자 친구까지 차를 구입한다고 하면 선뜻 중개에 나섰다.

내게는 일급 정보원들이다. 그리고 대치동 터줏대감인 아내는 나의 일급 참모다. 에어로빅, 수영장, 골프 연습장, 학교 어머니 모임, 통반장 모임, 봉은사 모임 등 내가 침투하기 어려운 곳에서 아내의 활약은 그야말로 가뭄의 단비가 따로 없다.

차에 대해 아내는 아무것도 모른다. 아는 것이라고는 오직 현대자동차가 있고 그곳에 세구 아빠인 나 강성노가 있을 뿐이다.

한창 때는 어중간한 영업 사원보다 더 많이 팔 때도 있었다. 그러나 공짜는 없다. 건건이 내게서 판촉비를 받아 챙겼고 나 또한 챙겨 준다.

돈이 오가는 곳에 고급 정보도 있기 마련이다. 영업을 하려면 밥이라도 사야 하니 열어둘 주머니가 있어야 한다. 아내는 마산에서 성장기를 보냈는데 아내의 초등학교와 여고 동창들은 나를 모르는 사람이 없다. 아내의 친구는 모두 나의 고객 명단에 오른 지 오래다.

현대자동차에서 차를 안 사면 아내의 동창회가 매우 시끄러워지는 모양이다.

갑갑한 남자

아들은 아빠인 나를 닮지 않기를 바랐는데 하는 짓이 영 심상치가 않다. 어릴 때 보고 자란 것이 그 사람의 인생 틀을 만든다고 한다. 나의 언행이 아들에게 영향을 끼칠 수밖에 없을 것이다.

시골에서 생활한 우리 시대의 아버지들은 내 아버지와 비슷할 것이다. 아버지는 사랑방에서 혼자 계시는 시간이 많았고 외출이라도 할라치면 도포에 망건과 갓을 챙기셨다. 어릴 때의 나는 아버지가 관청의 벼슬을 지내시는 줄 알았다. 식사도 밥상을 따로 차려서 사랑방으로 가져다 드렸는데 마당의 돌부리에 걸려서 밥상을 엎는 일도 있었다.

우리의 조상님이 무엇을 하셨냐고 물어보면 조선시대에 줄을 잘못 서서 산골로 피신해 와 지금까지 눌러 살았다고만 말씀하신다. 이런 갑갑한 아버지를 보고 자란 덕에 나는 어린 시절은 물론 객지에서 자취생활을 할 때에도 작은 밥상 앞에 양반다리를 하고 앉아서 밥을 먹었다. 그렇게 살아오다가 결혼해 식탁 생활을 하려니 익숙지 않았다.

아내는 오랫동안 내 밥상을 따로 차렸다. 조선시대 양반도 아닌 것이 양반다리를 하고 앉지 않으면 밥맛이 없고 소화도 잘 안 되는 것 같았다. 이런 나를 보고 아내는 무던히도 속을 끓였을 것이다.

사위까지 있는 식탁에서 옛날 너희 아버지가 말이야, 하면서 옛날 얘기를 꺼내면 딸은 다 아는 얘기라 조용한데 사위는 돌아가신 옛날 시골 할아버지 얘기에 신기해 한다.

참다 못한 아내가 "옛날 얘기 아니고 그 장본인이 네 앞에 있는 이 사람이야"하면 사위는 나와 아내를 번갈아 보며 어이없는 표정을 짓는다. 그 모습에 우리는 또 한바탕 웃음이 터진다.

지금은 그 누구보다도 현대적인 장인어른으로 알고 있었는데 잘 믿어지지 않을 것이다. 오랜만에 얘기 들어줄 사람이 생겼다고 아내는 있는 말에 더 보태가면서 은근슬쩍 내 흉을 본다.

한번은 예비군 훈련이 일찍 끝나 옷을 갈아입고 회사를 가겠다며 에어로빅 운동을 하러 간 아내를 내가 집에서 기다리고 있었단다. 기다려도 오지 않으니 화가 난 내가 장미 홈세튼가 뭔가를 깨트렸다나 어쨌다나. 아무튼 나는 기억에도 없는 얘기들을 아내는 사위 앞에서 늘어놓는다. 듣고 있자면 나도 그때의 나를 이해할 수가 없다. 그러니 다른 사람들은 전설 따라 삼천리 식으로 듣고 나를 이상한 눈으로 바라보니 참 난감하다.

그 당시의 나는 집 열쇠를 갖고 다니지 않았다. 집에는 아내가 마땅히 있어야 되고 없으면 안 들어간다고 똥고집을 부렸다. 여자와 사기그릇은 내돌리면 깨진다는 터무니없는 그 말을 진리처럼 믿고 있었다.

같은 이유로 남녀가 모이는 초등학교 동창회도 금지령을 내렸고 마흔이 넘으면 그때 해방시켜 주겠다고 억지를 부렸다. 동기생이자 사촌 오빠인 처남이 내게 전화해서 동창회에 데려가겠다고 하길래 내가 당장 반품 처리하겠다고 소리소리 질렀던 적이 있다.

결혼 생활 42년 중에 한 10년은 완전 독재자로 살았던 것 같다. 차츰 갓을 쓰고 다니시던 아버지의 울타리에서 벗어나 시대에 어울리는 인물로 거듭나기 시작해서 지금은 아내를 동창 모임에 데려다주고 끝나면 모시고 오는 착한 남편이 됐다.

아내가 집에 없어도 혼자 조용히 국수 삶아 먹고 텔레비전을 보면서 기다린다. 쫓겨나지 않으려고 솔선수범하며 독재 시절의 내 행동을 반성하며 산다. 그래도 가끔씩 성질을 부리긴 하는데 아내의 말 한마디에 금방 꼬랑지를 내리고 만다.

지난날을 떠올리면 그동안 잘 참고 견디어준 아내가 고맙기만 하다.

끝도 없는 자식 뒷바라지

막내 처제 영란이 흥분된 목소리로 맏언니인 나의 아내에게 둘째의 합격소식을 전해 왔다. 큰딸 도연은 공부를 아주 잘해 서울대학에 다니는데 둘째 이진은 공부는 보통이다. 둘째 딸이 중학교 때부터 메이크업에 소질을 보였는데 자신이 원하던 서경대학교 미용 예술대에 합격했다는 소식이다.

요즘 세상에 공부 잘해서 의사 변호사 되는 것도 좋지만 본인이 하고 싶은 것 잘하면 그보다 좋은 것이 어디 있을까. 그 대학이 미용 예술계에선 서울대학 급이라나.

영란은 어릴 때부터 나의 아내인 언니 곁에서 자라고 학교도 다니고 결혼을 해서도 우리 집 인근을 빙빙 돌면서 살고 있다. 잘 나가는 오빠도 셋이나 있지만 언니가 제일 편한가 보다. 그래서 나도 자연스럽게 막내 처제의 보호자를 자처하며 산다.

그때는 애들이 원하는 대학에 합격하는 것만큼 절실한 게 없었다. 그것으로 끝일 줄 알았다. 살아보니 해도 해도 끝이 없는 것이 자식 뒷바라지인 것 같다.

대학만 가면 뒷바라지가 끝날 줄 알았던 자식들이 군대를 가고 유학을 간다고 한다. 아들은 군에 입대하고 딸은 유학 가서 비어 있는 아이들의 방을 아내가 수시로 들여다본다. 아이들과 함께 있지 않지만 부모로서의 뒷바라지는 현재 진행형이다. 이런 과정들이 지나고 나니 이번엔 또 아이들의 취업문제로 골머리를 앓았다.

어찌어찌하여 취업이 되어 마음 놓고 살자 하니 이번엔 결혼문제가 또 앞에 놓여있는 것이다. 그래도 이때까지가 가장 행복한 시절이었던 것 같다. 걱정을 하네 마네 해도 내 품에 있는 내 자식들과 같이 살 때가 좋았다.

자녀들을 출가시키고 나니 인생살이가 두 배로 복잡해졌다. 가풍이 서로 다른 둘이 모여 가족을 이루고 그 가족을 중심으로 새로운 가정이 생겨났다. 이쯤 되니 우리 가족끼리 오붓하게 여행을 가는 일도 쉽지 않다.

잔가지 많은 나무에 바람 잘 날 없으니 우리네 인생이 만만치 않다. 그래도 열심히 살다 보면 하루처럼 다 지나간다.

아무튼 김수진과 차영란의 딸 김이진의 합격을 진심으로 축하한다.

이진아, 이모부의 이마에 주름이나 어떻게 좀 해결을 해다오.

아르바이트를 시작한 아들 세구에게

만두가게에서의 아르바이트는 어떻게 할 만하니? 돈을 버는 일도 중요하겠지만 일본의 다양한 경험을 한다고 여기면서 한국 사나이답게 열심히 해보아라. 그 과정 안에서 일본인의 생활습관이나 사고 등 네가 새롭게 안 것들을 기록하면서 느끼고 배웠으면 싶구나.

내가 알기로 그들은 겉으로는 상냥하고 예의도 바르고 남에게 피해를 주지 않지만 마음을 잘 드러내지 않는다는데 네 성격에 잘 어울려 지낼지 걱정이다. 힘들더라도 지금의 경험이 훗날에 네가 어디서 무슨 일을 하게 되더라도 직간접적으로 많은 도움이 될 것이다.

방학을 했으니 친구들과 몰려다니며 카페나 주막에서 소일하지 말고 틈나면 골목 구석구석을 다니면서 그 사람들의 뒷면도 유심히 눈여겨 보길 바란다. 버스를 타고 시골 사람들이 사는 곳에도 가보고 가난한 사람들이 어떻게 생활하는 지도 잘 봐둬라.

길지 않은 유학생활에 좋은 친구들도 많이 만나고 여행도 많이 하면서 알차게 보내면 좋을 듯싶구나.

아버지가 하고 싶었던 것을 아들인 네게 해보라고 욕심내는 것이니 잔소리라 여기지 말고 깊이 새겨주면 좋겠구나. 날이 더워지고 있으니 건강 잘 챙겨라. 건강보다 중요한 것은 없다.

아들입니다, 아버지

필리핀 골프는 어떻게 즐거우셨어요? 도쿄 출장에서 돌아온지 삼 주가 되었는데 카요에 대한 제 마음이 하나도 변한 게 없습니다. 이렇게 누군가를 좋아할 수 있다는 것만으로도 기쁘고 카요한테 고맙다는 생각이 들기도 합니다.

그 친구와 진지하게 미래를 생각해 보고 있습니다. 그 친구는 제가 그토록 강조하던 몸매 좋고 예쁜 여자는 아니지만 항상 아껴주고 싶은 사랑스러운 면을 많이 가지고 있습니다. 무엇보다 엄마랑 많이 닮았습니다. 그래서 더 끌리는 지도 모르겠습니다.

카요가 다음 주 금요일에 저를 만나러 도쿄에서 서울에 옵니다. 벌써부터 설렙니다. 보고 싶은 그 친구를 제 홈그라운드에서 볼 수 있게 되어서 더욱 기다려집니다.

아버지께 부탁드릴 게 있습니다. 카요를 만나게 되면 그냥 편하게 반갑게 맞아 주셨으면 좋겠어요. 며느릿감 선 보듯이 보실 게 아니라 아들이 좋아하는 여자 친구가 서울로 놀러 온다고 생각하고 맞아 주셨으면 합니다. 우리 가족의 온화하고 따뜻한 느낌을 전달해 주고 싶습니다.

다음 주 주말에 일정이 어떻게 되세요? 집에서 함께 밥을 먹는 게 어떨까요? 아니면 밖에서 식사를 하고 집에 와서 차를 한 잔 해도 좋아요. 집에 초대를 한 번은 하고 싶습니다. 이런 얘기를 드릴 수 있는 나의 아버지여서 너무 고맙고 행복합니다.

카요와 찍은 사진을 첨부합니다.

서울에 갑니다

아버지 생신 때쯤이면 시원한 바람이 불어옵니다. 여름의 끝자락이고 곧 가을이 오려는 바람입니다. 여기 일본에는 어제부터 큰 태풍이 몰려와 다음 주 내내 날씨가 안 좋을 것 같습니다. 일본은 태풍도 많고 지진도 많은 나라지만 자연재해를 일상 생활처럼 여기고 적응하는 것이 놀라워요.

지진이 오면 예보를 하는데 탁자 밑으로 숨어서 지나가기를 기다리다가 끝나면 아무 일도 없었다는 듯이 일상 생활로 돌아가곤 합니다. 저도 그 생활에 익숙해져 가고 있습니다.

저의 일본 생활과 공부를 스스로 평가한다면 한 75점 정도 되는 것 같습니다. 일본어에 대한 부담은 어느 정도 벗어난 것 같고, 주변 생활도 제가 생각하는 대로 잘 되어가고 있습니다.

이제부터는 내년에 있을 방송국 시험 준비에 신경을 쓰면서 생활하려고 합니다. 아버지 말씀대로 짬짬이 시간을 내어 일본의 구석구석을 돌아다니며 견문을 넓히는 일도 게을리하지 않을 생각입니다.

며칠 후에 서울에 가려고 합니다. 일본 TBS 방송국에서 서울 취재를 가는데 한국에서 취재하는 팀의 연락과 통역을 맡기로 했습니다. 물론 일본에서도 서울과의 연락책을 맡고 있긴 하지만 이번에는 제가 직접 동행하기로 했습니다.

4일 정도 예상하는데 비행기 표는 제공되고 저는 집에서 자면 되니까 방송국 쪽의 경비가 절감되겠지요. 제 생일 때쯤 가게 될 것 같은데 가족들과 생일을 보낼 수 있게 되어서 좋습니다. 한국 경기가 안 좋아서 고생이 많으신 아버지 항상 건강하십시오.

곧 뵙겠습니다.

뜻대로 안 되는 것이 남녀 애정사

오늘은 아침부터 장대비가 쏟아졌다. 장마의 시작이구나. 간밤에 네 메일을 보았다. 일본에서의 활동이 대단하구나. 믿음직스럽다. 상봉 선생님의 스케줄에도 차질이 없는 것 같고 짧은 기간에 많은 사람들을 만나서 제법 성과도 있어 보이니 마무리를 잘하면 좋겠구나.

여자 친구와의 일은 안타깝게 되었구나. 서른 넘어 모처럼 마음에 드는 이성을 만났는데 일이 순조롭지는 않은 모양이구나. 하지만 세상사 뜻대로 제일 안 되는 것이 남녀 사이의 일이다.

늘씬한 미녀만 찾던 네 마음을 뺏어간 그 아가씨가 정말 궁금하구나. 어쨌거나 여자가 원하는 대로 해주는 것도 사랑이라고 본다. 어떤 것이든 무리를 하게 되면 힘이 들고 아픔도 커지는 법이지. 헤어지더라도 좋은 인상을 남기는 게 좋다.

네 구미에 딱 맞는 사람을 찾기가 쉽지는 않겠지만 마음을 열고 보면 서울에도 좋은 사람이 많이 있을 거야. 서로 살아온 나라와 문화가 다르다. 그 벽을 한번에 허물고 해결될 거라는 기대는 안 하는 게 좋을 듯싶구나.

인연이란 게 있어서 죽도록 사랑함에도 헤어져 평생을 그리워하기도 하고 함께 살면서 또 미워하기도 하는 게 남녀 사이란다. 일본 생활을 하는 동안 멋진 추억으로 남겨도 좋을 것이다.

만약에 여자 친구가 모든 것을 포기하고 너를 선택한다면 아빠는 찬성이다. 서울에 한 번 다녀가라 해라. 그렇게 되면 네게 승산이 있을 것도 같다. 절대로 무리는 하지 말고.

이상봉 선생님 오시면 잘 대접하고 일본통인 네 실력도 잘 보여드리면 좋겠구나. 그렇다고 너무 티를 내거나 오버하지는 말기를 바란다. 어려운 일이 생기면 언제든 내게 상의해라.

다문화 가정을 꾸릴 아들에게

오랜만에 글을 쓰는구나. 어제 많은 얘기를 했지만 아버지의 일방적인 얘기만 늘어놓은 것 같아 신경이 쓰인다. 그래도 그 정도라도 얘기를 털어내고 나니까 내 속이 좀 편안하다.

결혼은 네가 하는 것이고 네가 평생 책임지고 사는 것이긴 하지만 그래도 우린 가족이잖니. 너의 불행과 행복을 함께 짊어지고 갈 운명 공동체 같은 것이다. 네 입장에서 보면 새로운 가족을 맞이한다는 기대와 두려움이 이만저만 아닐 것이라는 것을 짐작은 한다. 그러나 산다는 것이 어디 혼자서 가는 길이더냐. 명분과 체면이 전부는 아니지만 이 땅에 뿌리내리고 살아온 우리가 어찌 현실을 외면하고 살 수 있겠니.

요즘에는 다문화 가정이 흔하다고는 하지만 말로만 듣다가 막상 우리의 일이 되고 보니 여간 당황스럽고 걱정되는 게 하나둘이 아니구나. 이런 일들을 어렵지만 우리 가족이 지혜를 모아 하나씩 풀어 나갔으면 싶구나.

세상의 어떤 부모든 자식이 편한 길을 가기를 바라고 소망한단다. 너를 보물처럼 키워온 엄마의 상심은 태산이 수백 번 무너져 내리고도 남았을 것이다. 일본의 카요 부모님도 얼마나 힘들었으면 그런 결정을 내렸을지 생각해보면 충분히 이해가 가고도 남는다. 애지중지 키운 하나뿐인 딸을 연고도 없는 한국으로 시집을 보내야 하는데 선뜻 좋다 할 부모가 어디 있겠니.

아들아, 모든 것이 운명이다. 사람에게는 인연이란 게 있다. 그렇게 생각하면 다소라도 위안이 될 것이다. 너무 성급하게 결론을 내리지 말고 심사숙고하여라. 사랑도 중요하지만 현실을 냉정하게 보는 혜안도 중요하다.

살다 보면 사람의 감정이란 게 조금씩 움직이고 사랑도 움직인다고 생각한다. 카요가 좋은 아이인 것은 아버지도 인정하지만 살아온 환경이 너무 다른 너희가 평생을 살아가기에는 사랑만으로는 한계가 있을 수도 있단다.

무엇보다 힘들어하는 엄마를 좀 위로해 드렸으면 좋겠구나. 인생 길게 보면 일이 년 결혼이 늦어진다고 대세가 바뀌진 않는다. 우리 함께 좋은 방법을 모색해 보자꾸나.

장가가는 아들에게

결혼식이 며칠 앞으로 다가오니 여러 가지로 생각이 많을 것 같구나. 네 복잡한 표정을 보고 있으니 삼십삼 년 전 내가 결혼하던 때가 생각난다. 맨땅에 머리 박듯 불알 두 쪽만 갖고 장가를 간 것 같다.

그 시절의 결혼이란 것이 다 비슷하긴 했다. 고향에 계신 연로하신 부모님은 내 결혼을 걱정만 했을 뿐이었다. 혼자서 모든 것을 결정하고 실행하고 그 결과도 나 혼자 책임져야 했지.

그때의 내 나이가 스물여덟이니 너보다 다섯 살이나 더 어렸구나. 물론 내 곁에는 네 엄마가 있어서 이것저것 다 챙겨주고 시키는 대로 따라 주었다. 가진 것도 없이 성질머리만 살아서 성질을 부린 적이 많구나.

결혼을 앞두면 너나 할 거 없이 이런저런 일로 다투기 마련이지만 카요가 네 아이를 임신하고 있다는 것을 항상 염두에 두길 바란다. 어지간하면 참고 인내하며 카요의 마음에 상처를 주지 않도록 해라.

네가 선택한 사랑이고 임신을 하면 신경이 날카로워지기도 한다니 잘 해야 한다. 국적도 다르고 살아온 문화적 차이도 있으니 서로 이해하고 잘 살아주길 바라는 마음으로 간절히 기도한다.

결혼 예물이나 신접살림 집은 우리 분수에 맞게 엄마가 잘 알아서 할 것이니 너는 지켜보기만 해라. 결혼을 앞두고 큰소리를 내거나 험한 말로 상처를 주면 절대로 안 된다. 자기 사람은 누구보다 자기가 존중해줘야 한다. 일본에서 오는 손님은 내가 알아서 준비할 테니 너는 카요와 회사 일에 집중하여 빈틈없이 하길 바라는 마음이다.

꽃을 좋아하던 누이

제게는 육순이 넘은 누이 한 분이 계십니다. 스무 살에 고향에서 그리 멀지 않은 화북면으로 시집가서 과수원과 농사로 흙속에 묻혀 지냅니다. 어려운 시집살이 가운데도 늘 꽃을 끼고 살아 누이의 집 안팎으로는 온갖 꽃들이 서로 앞 다퉈 피고 지는 것이 여간 난리가 아닙니다.

처녀시절부터 꽃을 유난히 좋아했던 누이는 온 동네에 꽃씨를 뿌리고 가꾸느라 어머니로부터 숱하게 야단도 맞으며 컸습니다.

"누이, 배가 아주 많이 열렸네요. 잘 익어가고 있어요."

"배 먹으려고 심은 게 아니고 배꽃(梨花)을 보려고 심은 거야. 봄에 피는 배꽃이 얼마나 아름다운지 한철 보려고 심었지."

그랬습니다. 농사일에 힘들고 바쁜데도 배꽃을 보겠다고 배나무를 심어둔 초로의 누이는 마냥 행복해 보였습니다.

보라색 도라지 꽃밭에 앉아서 끼니때가 지나가는 것도 모르고 놀던 그 시절이 마냥 그리운 요즘입니다. 올해도 변함없이 고객님께 꽃씨를 보내드립니다. 시골의 제 누이처럼 잘 가꾸어 보시길 바랍니다. * '고객들께 보내는 봄 편지' 중에서

패랭이꽃을 밟고 간 상두꾼

지난해 봄 어머니의 꽃상여를 지고 패랭이꽃을 무심히 밟고 지나던 상두꾼들의 흥얼거림이 채 가시기도 전에 봄같이 따뜻한 날에 아버지마저 고향집 앞산 어머니 곁에 묻어두고 왔습니다.

팔순의 부모님이 하얀 비둘기처럼 고향집을 지킨다고 늘 자랑스러워했던 제게 이제는 내놓을 게 하나도 없게 되었습니다. 어머니가 돌아가신 지난해와 아버지를 어머니 곁에 묻고 온 금년의 봄은 제 인생에 있어서

영원히 잊지 못할 어느 봄날이 되었습니다.

부모를 여의고 한층 성숙해진 기분이 들기도 합니다. 열심히 일하고 어려운 이웃들을 생각하며 감사하는 마음으로 살아야겠다는 다짐을 합니다.

제게 슬픔을 나눠 주신 많은 고객님, 선후배, 친구들 모두에게 다시 한번 고개 숙여 감사의 마음을 전합니다.

지난해 유월 뜨거운 아스팔트 위에서 2002 월드컵의 기쁨과 승리의 눈물을 흘렸던 일들을 떠올리며 슬픔을 잠시 내려놓고 멋진 새해를 다시 설계할 작정입니다.

올 새해에는 무조건 건강하시길 빕니다. * 2003년 봄, 아버지를 어머니 곁에 모시고 고객에게 쓴 편지

가족 여행을 가다

신혼여행을 충남 아산에 있는 도고온천과 현충사에 1박 2일로 갔다. 돈도 시간도 넉넉지 못했던 시절이다. 더군다나 고향에서 올라오신 부모님과 일가친척들이 신혼여행에서 돌아오는 우리를 보고 가겠다며 신혼집에서 기다리고 계시니 멀리도 못 가고 서둘러 돌아왔다. 아내에게 평생을 두고 미안한 신혼여행이었다.

그로부터 십 년 동안 죽어라 뛰면서 정신없이 살았다. 아들 세구와 딸 희정이 태어났고 주공아파트를 분양받아 입주하고 애들이 학교에 입학

한 무렵에야 서울 생활에 어느 정도 익숙해졌다.

결혼 10주년 기념으로 봄날에 아이들과 함께 제주여행을 갔다. 당시 유행하던 오리털 점퍼를 커플로 입고 처음으로 비행기를 타보는 아이들과 신혼여행처럼 꿈같은 시간을 보내다 왔다. 나는 새로운 십 년에 다시 도전했고 또 다른 변화가 찾아왔다.

회사 출장이며 포상 여행이며 나는 이런저런 핑계로 해외를 들락거렸지만 가족이 함께 해외로 나갈 기회는 좀처럼 없었다. 무엇보다 자식 공부가 인생의 전부인 것처럼 아내는 밤낮으로 소문난 학원을 찾아다니며 아이들을 데려다주고 데려왔다.

여행은 꿈도 꿀 수 없던 날들이 그렇게 지나갔다. 아들이 대학에 진학하고 딸도 고등학생이 된 무렵에야 싱가포르와 그 주변국으로 여행을 다녀올 수 있었다. 아내와 나는 빈탄에서 골프를 하고 아이들은 영어 테스트를 할 겸 남매 둘이서 싱가포르 시내를 돌아다니게 했다.

해외 여행을 맛본 아이들은 호시탐탐 나갈 일이 생기기를 기다렸다. 딸이 대학에 입학하고 우리는 마카오와 홍콩으로 가족 여행을 떠났다.

회사일이 바빠서 삼일만에 나는 돌아왔지만 아내와 아이들은 홍콩에서 일주일 정도 자유 여행을 더 하다가 귀국했다. 가족 모두가 함께하는 여행은 그것이 마지막이었다. 돌아보니, 우리 가족이 좋았던 시절은 아이들이 대학에 다닐 때였던 것 같다.

기회만 되면 나는 직원들에게 자녀들과 함께 가족 여행 다녀오라고 종종 등 떠민다. 일만 잘하면 돈도 주고 휴가도 막 준다.

빈 둥지

신혼살림을 안양역 철길 옆에서 시작했다. 기차 소리에 잠들고 새벽 첫 기차소리에 출근을 서두르곤 했다. 아들 돌잔치를 이곳에서 했는데 고향에서 온 어른들과 서울의 처갓집 가족, 회사 동료, 그 많던 친구들이 십오 평 남짓의 공간에 어떻게 다 들어왔는지 지금의 셈법으로는 도저히 풀리지 않는 미스터리 같다.

신발을 벗어놓을 곳이 없어서 복도에다가 이리저리 벗어놓고 방이고 부엌이고 마루고 따질 것 없이 구석구석 끼어 앉아 어떻게 밥이나 제대로 먹었는지도 모를 일이다. 그렇게 시작한 살림이 잠실로 구의동으로 서초동으로 방 한 칸에서 두칸짜리로 늘었다가 줄었다 하는 사이에 세월이 갔다. 팍팍한 서울 생활에 이사는 연중 행사나 다름없었다.

두 명의 자녀가 생겼고 열심히 일하고 아끼며 산 덕에 내 집도 장만하게 되었다. 평수도 차츰 늘리고 학군 좋은 곳으로 비집고 이사를 가기도 했다. 손때 묻은 이삿짐들이 늘고 온갖 잡동사니가 집 안 구석구석 가득했다.

아들딸도 성인이 되어 나가게 되자 재테크 삼아 후배 장기욱과 김정중의 추천으로 공기 좋고 한적한 남한산성 인근의 위례 신도시 아파트로 이사를 하기로 했다. 육십이 넘으면 가지고 있던 사진도 정리한다는데 이사를 하자니 정리할 것이 한둘이 아니다.

세탁해서 비닐커버를 씌워놓은 깃 넓은 옛날 양복, 고무줄 늘어진 팬

티, 목이 누런 와이셔츠, 이극찬의 '정치학개론'과 잡다한 수필, '보바리 부인', '젊은 베르테르의 슬픔', '죄와 벌', 평생 들춰볼 일 없는 '진주 강씨 대동보', 몇 십년 정기 구독한 '月刊 山' 잡지 등등 먼지 가득한 책들도 모두 정리하고 가기로 했다.

늙어서 시간 많을 때 읽으려고 쌓아둔 것들인데 막상 그때가 오니 눈이 침침해지고 천년 만년 살 것 같은 인생이 아니란 것을 깨닫는다. 이제 차곡차곡 정리정돈을 하고 필요한 짐만 챙겨야겠다.

이사 갈 생각을 하니 버릴 게 정말 많다. 영자 씨는 버릴 게 나뿐이라는데…. 봄이 되니 순서 정해 피어나는 꽃들이 예쁘기만 하다. 어서 이사하고 여행이나 떠나야겠다.

아들 세구의 결혼식

한 가정을 이루고 살다가 아들이든 딸이든 첫 잔치를 하는 것을 개혼이라 한다. 누구나 이 첫 잔치가 여간 두렵고 심장 뛰는 일이 아닐 것이다.

장성한 아들이 막상 장가를 가겠다고 하니 반가우면서도 걱정이 태산이다.

나야 걱정만 하면 되지만 아내는 몸도 마음도 더 정신이 없는 것 같다. 예식장이며, 신혼집이며, 혼수며, 하객들 초청 등등 주위 사람의 잔치를 남의 일로 쉽게만 봐왔던 터라 닥치니 신경 쓸 일이 한둘이 아니다.

일본인 사돈집과 의견 교환 등에 어려운 건 없다지만 내 쪽에서 보면 서울로 오시는 사돈네를 대접하는 상황이다. 결혼식 당일이 되니 하객 모시고 배웅하고 무엇을 어떻게 했는지 정신이 정말 하나도 없다.

첫 잔치라고 와준 하객에겐 식장 좌석이 부족해 호텔 구석구석도 모자라 12층 뷔페식당까지 흩어져 식사해야 했고 사진은 또 왜 그렇게 많이 찍는지 식순대로 오가다 보니 귀한 손님 배웅도 제대로 못했다.

아들 세구의 결혼식은 디자이너 이상봉 선생의 주례와 아들의 후배인 MBC 허일후 아나운서의 사회로 이뤄졌다. MBC '9시뉴스' 앵커인 배현진 아나운서도 와 있었고 GOD 멤버 손호영이 축가를 불러주었다. 화려한 드레스를 입고 나타난 카요의 일본 친구들까지 무슨 연예인 결혼식인양 분주한 결혼식이었다.

방명록을 살펴봐도 누가 다녀갔는지 헷갈릴 정도로 경황없이 치른 잔치였다. 개혼(開婚)은 정신없다는 선배들의 말이 진실로 실감났다.

시집을 안 갈 것 같던 딸 희정이 서른여덟에 결혼을 하겠다 하여 이번에는 좀 여유롭게 치를 수 있으려나 싶었지만 정신없는 건 첫 번째나 두 번째나 마찬가지였다.

아무튼 큰 행사를 두 번이나 치르고 나니 이제야 철든 어른이 된 것 같다. 철들면 죽는다는데 나는 그냥 철부지로 살고 싶다.

영국에 간 딸 희정에게

영국에서도 남서쪽 시골인 데번 카운티의 엑스터 대학으로 영어를 배우러 간 딸이 보내는 편지는 우리 부부에게는 항상 기쁨의 비둘기에 다름 아니다.

우리 곁을 떠난 적이 없던 딸이 연고도 없는 영국에 그것도 듣도 보도 못한 엑스터라는 소도시로 간다 하니 걱정이 태산이다.

런던에 가면 한국 학생들이 많아서 없는 곳으로 간다고 딸이 정한 곳이다.

인천공항에 딸을 데려다주고 나와 아내는 걱정으로 며칠을 보냈다.

비행기는 잘 타고 갔는지 런던에서 시골 엑스터로 가는 버스는 잘 탔는지, 하숙집은 잘 들어갔는지, 요즘처럼 카카오 톡 무료전화도 없던 시절이라 전화가 오기만을 벌렁거리는 가슴으로 기다렸다.

지난해 유럽 배낭여행을 다녀오긴 했지만 그래도 혼자 다니는 딸에 마음 졸이는 게 부모다.

희정이 잘 도착했다며 연락을 해왔다. 학교 기숙사에 입주할 때까지는 하숙집에서 지낼 것이고 햄버거 가게에서 아르바이트를 하고 있다 하니 딸이 갑자기 대견하게 여겨진다.

결혼 기념일의 여행

삼월인데 서울은 아직 춥다. 봄은 쉽게 오지 않는구나. 꽃샘추위가 며칠은 더 갈 것 같다. 영국의 날씨는 어때? 거긴 맨날 흐리고 춥고 그렇겠지.

희정아, 엄마 아빠는 결혼 기념으로 1박 2일 여행을 다녀왔다. 첫날은 중부 고속도로를 달리다가 길도 막히고 배도 고프고 해서 중간에 이천으로 잠시 빠졌다. 청목이라는 쌀밥집에서 점심을 거하게 먹고 다시 고속도로로 들어갔다. 주말이라 좀 막혔지만 여행 가는 기분이니 급할 것도 없고 해서 여유로운 마음으로 운전했다.

원래 목적지는 평창과 오대산 근처를 둘러볼 생각이었는데 중앙 고속도로로 방향을 바꿔 시골 할아버지 할머니 산소에도 가보자고 엄마와 의견 일치를 봤단다.

한참 달려 영주쯤에 갔는데 부석사라는 표지판을 보고 영주로 내려갔다. 학교 때 배운 기억이 나니? 우리나라 목조건물 중에 가장 오래된 부석사 무량수전 말이다. 그곳에 가기로 한 거야. 가는 길에 소수서원이 있는데 시간이 없어서 그냥 지나쳤다.

경치도 수려하고 국보급 보물도 많은 정말 좋은 절이더구나. 당간지주며 삼층 석탑, 대웅전 앞 석등, 삼존 마애불 등이 모두 신라시대에 만들어진 것이라고 생각하니 조상의 지혜와 장인정신이 대단도 하지.

최순우 님이 쓴 '무량수전 배흘림기둥에 서서'라는 책을 읽은 적은 있다만 대웅전 법당 안의 배흘림기둥을 직접 보니 그 아름다움이 대단하더구나. 무량수전은 멀리서 봐도 가까이서 쓰다듬어 봐도 너그러운 자태에 아름다운 귀태가 흐르더구나.

서서히 어둠이 내리는 산사를 뒤로하고 엄마가 좋아하는 소백산 밑의 온천으로 갔다. 풍기온천이라고 영주시에서 운영을 하는 곳인데 유황온천이라 물도 매끄럽고 특히 피부에 좋다고 하니 엄마가 매우 만족해 했다.

밤이 늦어서 잠자리를 찾아야 했는데 관광호텔도 있긴 했지만 비싸다고 안동역 앞에 있는 여관에 들어갔는데 추워서 혼났다. 엄마는 희정이 네가 객지 추운 데서 자는 건 아닌지 또 걱정을 하더구나.

추운 밤을 보내고 아침 일찍 출발해 고향 앞산 할아버지와 할머니가 모셔져 있는 산소에 갔다. 두 분은 포근한 양지에서 서로의 팔을 나란히 베고 정겹게 잘 계시더라. 엄마와 나는 이런저런 얘기를 하면서 따뜻한 봄날을 즐겼다.

그러고는 바다를 보기 위해 또 부지런히 차를 달려 포항으로 갔다. 희정아, 기억나니? 시골에 갔다가 서울 가는 길에 가끔 국도를 타고 가던 그 길 말이다. 푸른 봄 바다, 파도 넘실거리는 해변의 하얀 모래사장이 있는.

영덕게 철이라 게 한 마리에 싱싱한 회와 매운탕으로 실컷 먹고 다시 길을 나섰다. 지난여름의 홍수로 보수가 덜된 무시무시한 불령 계곡을 돌고 돌아 몇 시간을 달려 다시 중앙 고속도로로 들어왔다.

밤이 깊어지니 진눈깨비가 퍼붓고 고속도로는 귀경하는 차들로 주차장이 따로 없더구나. 새벽 세 시쯤에서야 여행이 드디어 끝이 났단다.

희정아, 세구 오빠는 어제 파리에서 출발했고 오늘쯤 일본에 도착한다고 연락이 왔다. 그럼 이만 총총.

저는 잘 지내고 있어요

편히들 계신가요? 수업 끝나고 학교에서 메일을 보냅니다. 저는 아주 잘 지내고 있답니다.

여기 온지 십일쯤 된 것 같은데 벌써 외국에 있는 것 같지도 않고 불편한 것도 없이 잘 지내고 있어요. 보름쯤 지나면 기숙사 배정이 될 듯해요. 통장도 만들었고 카드가 나오려면 한 보름쯤 걸리는데 카드가 나오면 핸드폰도 만들 수 있어요.

기숙사 들어가면 방에 전화가 있으니까 별다른 애로 사항도 없습니다. 오빠는 파리에 있다고 메일이 왔는데 친구 집에 있나 봐요.

곧 봄방학이라 시간도 많은데 특별하게 갈 데도 없고 가고 싶은 곳도 없는데 시간은 금방 잘도 갑니다. 밥 해 먹고 텔레비전도 보고 공부도 하고 시장을 보러 나가고 그러면서 지냅니다.

타운까지 십오 분 정도 걸리는데 거기 한번 다녀오면 하루가 후딱 간다니까요. 여기 날씨가 생각보다 비가 안 오고 서늘하기는 한데 햇빛 나면 진짜 뜨거워 죽어요. 그늘에 가면 또 서늘해요.

어제는 학교 스포츠 홀에 가 봤는데 뭐 그리 좋지는 않지만 다녀볼 만한 것 같아서 등록할까 합니다.

여기도 골프 연습장이 있는데 채와 공 서른 개 치는데 삼천 원이래요. 허름하긴 하지만 풀밭에다 그냥 치는 거라서 이것도 한번 해볼 생각이에요.

오늘 점심은 볶음밥, 저녁은 라면을 먹을까 합니다. 담주까지는 마지막 수업이라 시험 같은 것도 보고 해서 좀 바쁩니다. 방학하면 런던에 가서 좀 돌아다녀 볼까 하는데 그때까지는 영어가 좀 될 것 같긴 합니다.

또 쓸게요.

우리는 네 걱정뿐이구나

네 이메일이 오면 프린트해서 엄마에게 건넨다. 엄마는 그걸 또 신줏단지 모시듯이 보관하고 있단다. 엄마는 네 편지를 보고는 서울과 똑같네, 볶음밥이랑 라면도 먹고 김치도 있다네, 한다. 이번 주에 기숙사에 들어간다는데 짐은 누가 실어다 주는지 또 한 걱정을 하는구나.

멀리 있으니 엄마와 나는 걱정만 할 뿐 속수무책이다. 어쨌든 네가 잘 알아서 야무지게 하길 바란다.

네 골프 이야기에 엄마 눈이 번쩍하는구나. 그곳의 골프 연습 비용이 무지 싼 편이라서.

이번 기회에 부지런히 배워라. 레슨이 필요하다면 받는 것도 좋겠지.

맨날 공부한다고 방에만 있지 말고 골프를 배울 수 있는 기회가 되면 시간과 돈을 투자해야 한다. 다음에 가족끼리 라운딩을 한번 해보자. 멋지고 재미있을 것 같구나. 기회가 되면 동남아 골프 여행도 생각해 봐야겠다.

네 엄마가 이번 기회에 네가 골프를 배우면 좋겠다고 하는구나.

어제는 종일 비가 와서 산에 못 가고 엄마랑 골프 연습장에 들렸다가 저녁에 '갱스 오브 뉴욕' 영화를 봤다. 디카프리오가 나오는 뉴욕의 갱들 이야기더라. 아일랜드인의 미국 이민사 이야기인데 미국의 흑역사를 잘 보여주는 것 같더라. 세 시간에 가까운 긴 영화지만 지루한 줄 모르고 몰입해서 봤다. 끝나고는 우리가 종종 가던 청담 순두부집에서 맛있는 저녁을 먹었다.

희정아, 운동도 열심히 하고 맛있는 것도 잘 챙겨 먹어야 한다. 우울한 영국 날씨에 집 안에만 틀어박혀 있으면 우울해지기 십상이다.

보고 싶은 딸, 희정아

우리는 막 여행에서 돌아왔단다. 땅끝 마을 해남에서 배를 타고 한 시간쯤 가면 보길도라는 곳이 있다. 조선시대 '어부사시사'를 지은 시인 윤선도가 오랫동안 귀양살이 하던 곳이지. 이곳에 고향인 아빠 후배가 있어서 후배들 몇 명이서 함께 보길도를 다녀왔단다.

집에 도착하니 네가 보낸 반가운 소포와 엽서가 와 있더구나. 네 편지를 받고 엄마는 또 울었다.

전자 우편보다는 펜으로 또박또박 눌러 쓴 손 편지를 보니 네가 더 보고 싶어졌나 보다. 엽서에 붙어있는 캐러멜은 엄마가 두 개 먹고 아빠와 오빠가 하나씩 먹었다. 맛은 별로였지만 기발한 아이디어다. 소포를 뜯어보니 폴로 티가 있더구나. 약간 헐렁한 사이즈지만 색상이 너무 마음에 든다. 잘 입을 것이니 자주 보내라.

소풍 가서 찍은 사진은 잘 보았다. 고슴도치도 자기 새끼는 예쁘다 한다지. 아무튼 내 딸이라서 더욱 예쁘구나. 네 노트북 보낼 때 네가 말한 화장품이랑 우리가 봄에 찍은 가족 사진을 같이 보내 마.

네가 스페인 여행을 다녀온 후에는 받아볼 수 있을 것 같구나. 여행 다닐 때 조심하여라. 넌 모든 일에 조심성이 있고 침착하니까 특별히 걱정은 안 되지만 그래도 아빠는 자나 깨나 네 걱정뿐이다. 사랑한다, 딸!

할아버지 마음은 할아버지가 되어야

아들이 자식을 낳아 할아버지가 되고 보니 내 부모의 마음을 이제야 알 것 같다. 손자 손녀는 오면 반갑고 가면 더 반갑다는 말이 있긴 하다. 하지만 애들이 먼 곳에 살아 잘 오지 못하니 나로서는 못 보는 안타까움이 더 크다.

내가 직접 일본에 가기도 하지만 방학이 되면 아이들이 한국으로 오기도 한다. 만나면 반갑고 헤어지는 것은 늘 아쉬운 마음뿐이다. 비행기에 태워 보내자면 애절한 마음이 앞선다. 또 오겠다는 말에 위안을 얻으며 공항에서의 이별과 만남을 반복한다.

다 큰 손자 손녀를 둔 선배들의 말에 의하면 애들이 학교에 다니기 시작하면 할아버지와 놀아 주지도 않는다고 한다. 그 진실을 빨리 받아들여야 하는데 나는 아닐 것이라고 우겨 본다. 결국은 나도 할아버지가 된 후배들에게 같은 말을 하게 될 것이다.

내가 자랄 때에 명절 때나 방학 때 할아버지 집에 가면 손자 손녀 왔다고 있는 거 없는 거 다 챙겨가면서 무슨 금덩어리 보물처럼 애지중지하셨다. 요즘처럼 시골 어른이 애들 한번 보고 싶다고 서울 나들이를 하는 것도 어려웠던 시절이다.

전화는 물론 요즘처럼 카카오 톡으로 화상 통화를 할 수 있는 시절도 아니어서 언제 손자 손녀가 오나 기다렸던 내 부모의 마음을 그때는 미처 알지 못했다.

방학에도 애들 학원을 운운하며 서둘러 보따리를 싸고 상경을 재촉하던 것을 떠올리니 후회가 막급이다. 할아버지가 된 내 아버지의 입장은 고려의 대상이 아니었다. 오로지 애들 공부가 인생의 절대 기준인 양 여겼다.

내가 왜 그랬을까. 인생을 살아보니 그 공부라는 것이 필요하긴 하지만 분초를 다툴 만큼 절대적인 것은 아니라는 생각이다. 육십이 넘어 할아버지가 되고 보니 손자를 본 내 아버지의 마음을 이제야 알 것 같다. 하지만 어쩌랴. 내 부모는 이미 돌아가시고 없는 것을……

아빠가 된 아들에게

삼십삼 년 전 내가 너를 처음 만났을 때 그 기분이겠지. 아빠가 된 기분 말이다. 그때 나는 정말로 기쁘고 뿌듯했다.

책임 같은 것도 느꼈고 어떻게 해서든 내 아들을 잘 키워야겠다는 생각이었지. 정신없는 인생이 지나갔다. 그래도 네가 잘 자라주고 예쁜 딸까지 낳았으니 나는 대충 성공한 셈이다.

간혹 선배들이 아들 딸보다 손자 손녀가 더 사랑스럽고 보고 싶다는 말을 한다. 처음엔 잘 이해되지 않았는데 할아버지가 되고 보니 주옥 같은 말들이더구나. 우리 강나리가 시시때때로 보고 싶은 걸 보니 나도 평범한 할아버지인 모양이다.

'나리(奈李)'라고 이름을 지어주신 정재 스님께 나리가 무슨 뜻인가 여쭈었다. 한자음으로 특별한 뜻은 없고 그냥 꽃 이름 '나리'라고 하시더구나. 사주로 이름을 풀면 평생 길운이 따르고 예능에 두각을 보일 이름이라고 하더구나.

확인해보니 나리꽃은 백합과로 '진실'이란 뜻을 지녔다. 무엇보다 일본 사람들이 부르기 쉬운 발음이라 마음에 드는구나.

요즘 네가 회사일 때문에 걱정을 좀 하고 있다고 카요가 귀띔을 해줬다. 세상 일이 그 어느 것 하나도 쉽게 되는 것은 없다. 특히 이익을 창출해야 하고 조직을 관리하는 입장에선 항상 고민과 걱정이 따르기 마련이란다. 앞으로 네가 살아가면서 몇 번이고 겪고 넘어야 할 운명 같은 것이라고 생각해라.

혼자서 힘들면 나와 상의하고 최선은 다하되 비굴하지 굴지 말고 마지막 자존심은 잘 지키며 살길 바란다. 카요한테도 잘하고. 세상에 가족보다 더 소중한 것은 없다.

카요는 네가 사랑했던 사람이고 사랑하는 사람이고 사랑할 사람이다. 평생 함께할 가족이니 상처 주는 일 없이 지켜주길 바란다. 나를 닮은 네게 할 말은 아니다만 버럭 하는 네 성질머리로 주위 사람들이 불편해할 수 있다. 우리 함께 자중 하자구나.

'나리'란 이름 참 좋아요

아버지, 자꾸 불러보니까 '나리' 좋은 것 같습니다. 어렵지 않아서 좋고 카요가 부르기에도 좋다고 합니다. 예능에 두각을 보일 이름이라니 제가 이루지 못한 꿈을 기대해 봐야겠군요.

나리가 응아를 자주 하고 오줌도 자주 싸네요. 저도 그랬나요? 새삼스레 부모님 생각이 납니다.

회사일은 별문제없습니다. 마케팅을 공부하는 신입도 왔고 제가 해외 출장이 많아서 제 일을 좀 나눠주고 있습니다. 제가 이직하게 되더라도 업무 공백은 없어야 하니까요. 이상봉 선생님도 그런 생각을 하신 것이겠지요.

얼마 전, 현대자동차 쏘나타 출시 기념 발표 때 이상봉 선생님이 제작한 의상들로 패션쇼 무대를 열었습니다. 몇 세대를 걸쳐서 변신하고 발전해 온 쏘나타의 획기적인 디자인과 선생님의 한글 소나무 한복의 이미지가 한국적으로 잘 조화가 이뤄졌어요.

젊고 역동적인 쏘나타의 테크놀로지와 동양적인 오브제로 포인트를 준 선생님의 작품으로 이루어진 쏘나타 출시 이벤트가 잘 되었다고 봅니다.

그래서 제 대원외고 동창들에게 이상봉 선생님이 만든 옷을 입고 쏘나타를 배경으로 찍은 모델 사진을 보냈습니다. 혹시, 이상봉 선생님의 의류 한 점이나 쏘나타가 필요하시면 제게 연락을 주면 가장 좋은 조건으로 동창 여러분의 품에 안겨 드리겠다는 내용과 함께 말이죠.

차를 좋은 조건으로 싸게 살 수 있는지를 다들 문의합니다. 아버지, 잘 부탁합니다.

할아버지는 손녀 바보

영국에서 유학한 딸을 앞세우고 아내와 셋이서 유럽 나들이를 떠났다. 유럽 여행은 처음인데 딸의 말만 믿고 21일 간의 자유 여행길에 올랐다.

동남아 통인 나는 유럽에서도 내 영어가 통할지 궁금했고 순 토종 된장과 국수를 좋아하는 내가 그 긴 기간 동안 먹는 것에 아무 문제없이 지낼 수 있을까 걱정이 되기도 했다.

누구보다 나를 잘 아는 딸은 인스턴트 음식으로 큰 가방 하나를 가득 채웠다.

우리는 파리와 런던, 로마, 이스탄불 이렇게 몇 군데만 쉬엄쉬엄 다녔다. 로마에서는 기차역에서 손가방을 잃어버리기도 하고 이스탄불에서는 한국 식당을 운영하는 이영희 씨를 만나기도 했다. 그들 부부와는 지금도 친하게 지낸다.

유럽 여행을 끝내고 서울에 돌아오니 손녀 강나리가 제일로 보고 싶다. 이제 막 두 돌이 지났다. 이놈이 너무 보고 싶어서 비행기 안에서도 파리에서도 영국으로 가는 기차 안에서도 창밖을 내다보며 홀로 눈물을 찍어냈다.

손녀딸을 보기 위해 나는 대치동의 내 집에서 버스 두 정거장 거리에 있는 아들 집까지 백 미터 달리기 선수처럼 달려갔다. 그때는 아들 내외가 한국에 있어서 그나마 보고 싶으면 달려갈 수 있었다.

오사카 신시바시 길을 가다가 어느 가게 앞에 놓여 있는 토끼 인형을 보더니 나리는 토끼가 눈부시다며 내 선글라스를 토끼 인형에게 씌워주었다. 그러고는 그 앞에 쪼그려 앉아 또 뭐라 뭐라 토끼 인형과 얘기를 나눈다.

꼼지락거리던 손녀딸 나리가 보고 싶다.

그들이 집에 다녀가고 빈 방 옷걸이에 대롱대롱 매달려 있는 아이들의 옷을 보면 이 할아버지는 더더욱 손주들이 보고 싶어진다.

세구와 희정을 낳아 키울 때는 예뻐할 틈이 없었다. 낮에는 죽어라 일하고 밤이 되면 밤새도록 마시고 노느라 나의 아이들의 크는 것도 몰랐다.

아홉 살 나리는 일곱 살의 동생 나나를 뒀다. 내 아들 세구는 딸만 둘이다. 아들 가족은 지금 도쿄에 있다.

나의 딸 희정은 옻칠공예 작가 활동을 하다가 뒤늦게 결혼해 외손녀를 안겨줬다. 지우다. 지우는 제 아빠의 출근길에 손을 흔들 정도로 컸다.

희
로
애
락
의

일
터

제3부

모든 것에는 양면성이 존재한다

모든 것에는
양면성이 존재한다

∶

희로애락의 일터

슬럼프는 온다

일을 하다 보면 슬럼프가 올 때가 있다. 어떻게 극복하는가가 문제다. 한창 매스컴에 이름을 올리던 시절, 방송기자든 신문과 잡지사의 기자든 인터뷰 말미에 이르면 꼭 이 질문을 한다.

오랜 세월 그 많은 고객들에게 차를 판매했으면 이런저런 일들로 스트레스를 많이 받았겠다. 슬럼프가 오기도 했을 텐데 그걸 어떻게 해결했느냐고 말이다.

슬럼프를 극복하는 각자의 방법은 다르지만 내게도 나만의 방법이 있다.

골프 선수들은 샷 난조가 오거나 슬럼프에 빠지게 되면 우선 기본을 점검한다고 한다. 골프 선수 타이거 우즈는 해외 경기 중이라도 시합이 흔들리거나 슬럼프가 온다 싶으면 레슨 프로에게 전화를 걸어서 골프의 기본을 점검받는 것이다.

영업도 마찬가지다.

슬럼프가 오면 나 자신의 기본을 점검해 볼 필요가 있다. 동료나 선배, 팀장과 대화를 나누며 여러 가지 방법을 활용한다. 우선 기존의 친한 고객을 만나러 간다. 나의 슬럼프를 상대에게 보여주지는 않는다. 부담을 주기 때문이다.

그러나 친한 사람과 이런저런 얘기를 하다 보면 스트레스도 풀리고 일에 자신감도 생긴다. 찾아간 친한 고객으로부터 고급 정보라도 하나 얻으면 용기 백배다.

때로는 백화점에 가서 그간에 입고 싶었던 양복과 셔츠, 넥타이 등을 색깔별로 잔뜩 지른다. 멋지게 차려 입으면 자신감도 붙어서 더 열심히 일하게 되고 카드 값도 자연 갚게 된다.

명동거리에 나갈 때도 있다. 사람들과 어깨를 부딪치며 걷다 보면 뭔가 이겨내야겠다는 각오가 생기기도 한다.

밥 잘 사는 사람

나는 밥을 잘 사는 편이긴 하다. 후배에게는 물론이고 선배에게도 늘 하는 말이 "밥 한번 하시죠?"다. 좋은 일이라도 있냐고 물으면 이달에 동경 모터쇼 캠페인에서 일등을 했다거나 올해 내가 판매왕이 됐다거나 이유는 수도 없이 많다.

동료들 또는 상사에게는 오늘 중고차 소개를 하나 했는데 수입이 좀 났다고 둘러댄다. 하다못해 내가 사는 동네 아파트 값이 올랐다며 밥을 사기도 한다. 무슨 핑계를 대서라도 밥 살 구실을 만든다.

같이 밥 먹는 영업이야말로 그 어떤 것보다 훨씬 좋다. 백번 감사하다고 말하는 것보다도 더.

누구랑 점심을 먹나

점심시간이 되면 밥 먹을 사람을 먼저 찾는다. 무조건 내가 사줄 사람을 찾는다. 영업 사원이 얻어먹을 사람을 찾으면 실패다.

맨날 직원들끼리 삼삼오오 모여 다니면서 점심시간을 보내는 것은 비생산적이다.

어떤 친구는 혼자서 몰래 먹고 다니는 친구도 있다. 영업 사원 안 하고 공무원이나 했으면 딱 좋았을 법하기도 하다.

나는 대부분의 점심을 고객들과 하고 약속이 없는 날은 사무실 근처에서 해결한다. 인근의 은행 직원들과 할 때도 있다. 창구에 있는 여직원들과는 약속 잡기가 쉽지 않다. 그래서 뒷줄에 있는 차장이나 지점장과 점심을 하자고 약속하고 창구의 여직원들과도 동행하자고 한다.

밥 한번 먹고 나면 은행일 보기가 순조롭다. 시간을 다투는 마감시간이나 수표로 입금된 돈을 바로 인출해야 하는 번거로움 등을 가뿐히 해결할 수 있게 된다.

가끔은 주차장 관리인과도 밥을 같이 먹는다. 처음 밥 먹자고 해서 바로 따라나서는 사람은 별로 없다. 평소에 친하게 지내다가 자연스럽게 밥을 같이 하고 나면 그 어려운 주차가 다 해결된다.

손님이 오면 제일 먼저 만나게 되는 게 주차 관리인이다. 여기서 내 영업의 반은 결정된다. 자주 가는 목욕탕의 이발사와도 식사를 한다. 사무실 인근의 영동시장 안에 있는 목욕탕은 동네 사람들의 사랑방이다. 나는 여기에 자주 간다.

밥때가 돼서 짜장면 다섯 그릇 정도는 선뜻 산다. 온 동네 사람들이 내 팬이 되고 멀지 않아 곧 고객이 된다.

이발사 아저씨가 제일 먼저 차를 샀고 그다음은 시장의 가게 사장들이 앞 다퉈 내 고객이 되었다.

육전칠기에 면허 취득

자동차 회사에 입사하고 나니 운전면허증은 필수다. 학원도 다니지 않고 면허시험에 도전했다. 여섯 번 떨어지고 일곱 번째에 붙었다. 너무 쉽게 생각했다.

어쨌거나 힘들게 면허를 취득하고 중고로 포니를 샀다.

아파트 분양 중도금이랑 애 둘 키우기도 벅찬 시절이라 자동차 영업 사원이지만 새 차는 엄두도 안 났다.

신규 방문 중에 만난 이정근 사장님의 포니를 내가 인수했다. 내 인생의 첫 중고차이자 마지막이었다.

그 후로 이정근 사장님과는 호형호제하면서 사십 년 넘도록 친하게 지내고 있다. 정근 형이 부회장으로 계신 세경건설은 물론이고 그분의 친구와 가족들 모두 내 단골 고객이 되었다.

나의 첫 차 포니는 은색으로 번호가 4946이었던 것으로 기억한다.

요즘은 십 년 이상 사용한 차도 철판이 부식되는 일이 없지만 그때는 철판이나 페인트의 질 때문인지 차의 철판이 부식되어 구멍 나기 일쑤였다.

포니 차를 사고 자랑삼아 아들 딸 데리고 고향 방문길에 올랐다. 구멍 난 곳에 청 테이프를 붙이고 그 위에 은색 페인트를 칠했다.

차를 본 아버지의 걱정이 대단하셨던 기억이 난다. 그래도 나의 첫 차 포니는 개포동 주공아파트에 흔하지 않은 자가용 중의 하나였다. 경적을

울리면 아들이 아빠 차 소리를 제일 먼저 듣고 달려 나오던 그 시절의 명
차였다.

영업인으로서의 첫걸음

1979년 봄이었다. 문득 국회의원에 출마하고 싶었다. 정치학을 전공한
학도답게 정치를 해야겠다는 당찬 생각을 했다. 두 가지의 방법이 있다.
의원 보좌관으로 가방부터 들고 뛰는 방법과 돈을 많이 벌어서 고향으로
내려가 지역 활동을 열심히 하면서 인지도를 높이는 방법.

어림 턱도 없는 그런 생각을 하며 맨주먹으로 시작할 수 있는 일을 찾
았다. 그것이 차를 판매하는 일이었다. 내가 차 영업을 시작할 초창기만
해도 3개월은 기다려야 포니를 받을 수 있고 빨리 받기 위해서는 어느 정
도의 웃돈을 얹어줘야 했다. 잘 다니던 회사를 정리하고 자동차 회사의
사원이 되었다.

내 영업 인생의 출발은 현대자동차 영동영업소에서였다. 국회의원 출
마는 기한도 없이 후일로 미뤄졌고 평생을 자동차 영업 사원으로 살았다.
그 시절, 판매거점이 중부, 남부, 동부 이렇게 나뉘어 있었는데 나는 동쪽
지역 관할 동부사업소 소속 영동출장소로 배치를 받았다.

한 달여의 교육을 받고 영동영업소로 출근해 보니 쟁쟁한 선배들이 기
다리고 있었다. 연세대 출신의 조현철, 서울대의 심상진, 충남대의 윤석

철 등등이 버티고 있었고 영동영업소는 그 후 한강 이남지역의 중심 거점이 되었다.

얼마 전까지만 해도 각 거점에 영동 출신들이 근무하기도 했는데 지금은 거점이 잘게 쪼개지고 퇴사와 정년퇴직 등으로 몇 명이 남지 않았다. 그래도 영파회 멤버들은 강남지역 요소요소에서 노익장을 과시하고 있지만 이제 곧 파고다 공원에서 다시 만나게 되지 않을까 싶다.

'영동영업소에서 파고다공원까지'가 우리 영파회의 슬로건이기도 하다.

당구에 미치다

대학시절, 휴강이면 과 친구들과 어울려 당구장에 가곤 했다. 빡빡한 향토 장학금 등으로 동행은 해도 큐대를 잡는 일은 없었다. 공짜 커피를 마시거나 겜돌이를 하는 것이 다였다.

어깨너머로만 봐온 당구지만 영업인이 돼서 150을 치는 수준이 되었다. 영업 사원이 되어서는 동료들과 자연스럽게 당구장을 들락거렸다.

비가 오는 날이면 전 직원들이 당구장에 모이고 거기서 점심을 짜장면으로 해결했다.

때로는 당구장 주인이 연탄난로에 솥을 얹고 거기에 생닭을 두어 마리 삶았다. 소금에 찍어 먹으면 그 맛이 기막히게 좋았다.

이렇게 당구장만 들락거리다가는 망하는 영업인이 되기 십상이었다. 알면서도 그 당구란 것이 묘한 마력 같은 것이 있어서 좀처럼 유혹을 뿌리치기 쉽지 않다.

비가 추적거리는 그날도 예외 없이 누가 먼저랄 것도 속속 당구장으로 모여들었다.

편을 나눠 열심히 치고 있는데 판매 과장이 정보를 입수하고 당구장에 나타났다. 동료들은 당구대 밑으로 숨기도 하고 화장실로 도망을 가기도 했다.

나는 초크 칠을 하다가 잡혀 나갔다. 그날 저녁 옥상으로 집합했고 한순간 초상집이 되었다. 또 한번은 석회 시간에 임박해서 숨 가쁘게 들어서는 나를 담당 과장이 불러 세웠다.

"어디 갔다 왔어? 신규 방문하고 오는 길입니다."

그리고 내 자리에서 재킷을 벗는 순간 과장의 결재판이 비행접시처럼 날아왔다. 당구장에서 착용한 토시를 벗지 못한 채로 허둥지둥 사무실에 온 것이다. 옷을 벗다가 그대로 나의 과오가 들통이 나버렸다.

이렇게 미친 듯이 치던 당구 실력이 150이 되던 그때에 나는 정신을 차렸다. 그날 이후로 삼십 년 동안 큐대를 다시는 잡지 않았다.

그러나 일을 그만두고 나면 친구들이 즐겨 찾는 당구장을 나 또한 다시 찾아갈 듯싶다.

연하장 만들기

해마다 성탄과 새해가 되면 연하장을 보내는 게 일 년 중 가장 큰 일이다. 본사에서 연하장을 각 지점으로 보내 오면 그것을 직원들에게 일정량씩 나눠준다.

나는 보통 3천 장 씩 보내니 턱없이 부족하기도 할뿐더러 획일화된 연하장으론 고객의 감동을 얻을 수 없어 이때가 되면 머리를 싸매고 고민을 한다.

아이디어가 떠오르지 않으면 릴케의 시 한 편을 적어 보내기도 하고 어떤 때는 조지훈 시인의 '사모'나 유치환 시인의 '행복', 모윤숙 시인의 '목마와 숙녀' 등을 해를 바꿔가며 보내기도 했다.

그것도 식상해지면 내 글씨체로 '새해 복 많이 받으세요'라고 써서 인쇄해 보내기도 했는데 좀 성의 없어 보여서 그 여백에 파란 잉크가 든 파카 만년필로 '건강하셔야 합니다'를 첨언해 보내기도 했다.

카드 제작비에 우표 값, 아르바이트 비용 등 나가는 돈은 만만치 않지만 내 딴에는 진심과 정성이 담긴 새해 인사장이니 만큼 고객님의 책상이나 식탁 유리 밑에 오래도록 자리 잡고 있어 줄 것을 상상하면 은근 힘이 났다. 이런 나의 작업에는 인쇄쟁이인 후배 조용희 사장이 있어서 가능했다.

때가 되면 먼저 알아서 "형, 올해는 어떤 걸로 준비해요?"라고 물어온다. 나의 정성과 그의 도움이 가득 담긴 연하장이 12월이 되면 나의 이름을 달고 고객에게 전달이 되는 것이다.

등 돌린 고객들

방송에 얼굴이 자주 나오고 나의 인기가 높아지면서 차를 사겠다는 단골 고객들의 연락이 뜸해졌다. 텔레비전에 나온 나를 보면서 가족들에게 나와의 친분을 자랑하면서도 전처럼 쉽게 전화를 해오지 않았다.

나로서는 이상한 일이다. 차를 사겠다는 전화가 여기저기서 올 만도 한데 엉뚱한 전화만 걸려왔다. 같이 일해보자는 다단계 회사, 사기꾼 냄새를 풍기는 사람, 무슨무슨 단체인데 기부 좀 하라는 등의 전화만 수시로 걸려오니 받기도 조심스러운 것이다.

한편으로 고객의 연락이 뚝 끊긴 게 이상하여 모니터링도 할 겸 먼저 전화를 걸었다. 가족들이 모여 텔레비전을 자주 보고 있다. 대단하다. 열심히 하는 걸 보고 언젠가는 일낼 줄 알았다는 등 모두 칭찬 일색이다. 그리고 문제는 그다음부터였다. 돈도 많이 벌고 방송에도 자주 나가고 하니 이제 천호동까지 오실 시간이 없을 것 같고 해서 작은 차는 근처에서 그냥 사겠다는 것이다. 돈 벌어서 큰 차를 살 때 연락하겠다고 하니 기절초풍할 노릇이다.

이게 무슨 소린가 말이다. 판매에 큰 차, 작은 차가 따로 있단 말인가. 정신이 번쩍 들었다. 나는 매스컴으로 인한 시건방진 생각들을 털고 멀어져 가는 고객들을 향해 다시 다가가야 했다. 전처럼 전화도 자주 하고 호떡을 사들고서라도 찾아 나서야 했다. 방송 후유증으로 공백이 생긴 고객들에게 내 마음을 전하기 위해 초심으로 돌아갔다. 밤낮없이 다시 뛰기 시작했다. 나는 방송인이 아니고 현대자동차 영업 사원이다.

좀스런 사기꾼

신입사원 시절의 얘기다. 신규 방문을 한바탕 하고 나니 실탄이 다 떨어졌다. 실탄을 충전하기 위해 사무실에 잠깐 들렀다. 전화벨 소리에 얼른 뛰어가서 받아보니 여의도 쪽인데 차를 계약하겠다는 꿀 같은 전화다.

행여 옆의 선배들이 들을까 내 목소리가 낮아진다. 대충 장소를 받아 적고 주위를 한번 둘러보고는 여의도로 총알같이 날아갔다. 자가용도 없고 전철도 없던 시절이라 택시를 이용하는데 회사 앞에서 현대차가 아닌 타 브랜드의 택시를 타고 가는 걸 들키면 혼이 나기도 한다.

약속시간에 맞춰 여의도 큰 빌딩 아래 멋진 레스토랑에 도착해 보니 반갑게 손짓하는 말쑥한 젊은 친구가 있었다. 감색 양복에 서류봉투를 든 내가 한눈에 보기에도 그의 눈에는 영업 사원으로 보였을 것이다.

반갑게 나를 맞아준 그는 식사를 안 했다면서 식사를 같이 하잔다. 여기는 자기 단골 레스토랑이고 자기 사무실은 같은 건물 12층에 있단다. 멀리까지 왔으니 밥을 사겠단다. 점심도 못 먹고 달려온 허기진 영업 사원에게 밥을 사주겠다니 이 얼마나 기쁜 일인가.

그는 고급 담배까지 두 개를 주문해서 하나를 내게 건넸다. 맛있는 밥도 먹고 담배도 한 대씩 피우고 나자 그가 사무실에 가서 지갑을 갖고 오겠다며 나갔다. 그러고는 나타나지 않았다.

기다려도 오지 않아 식당 주인에게 물으니 처음 온 사람이란다. 아들에게 맛있는 걸 사주겠다고 모아둔 돈을 교통비로 다 날린 다음이었다. 그의 사무실이 있다는 12층을 확인하려는데 그 건물은 9층이 전부였다.

좀스런 그 사기꾼은 지금쯤 대도가 되었을까. 가끔 궁금하다.

사기꾼에 큰 도둑놈

영업 사원이 30명쯤 되는 영동영업소에는 매일 새로운 뉴스들이 쏟아져 나온다. 울산 출고 사무소까지 찾아가 하룻밤 여관 신세를 지고도 차를 받지 못한 고객이 영업소로 찾아와 책상 위를 뛰어다니면서 소리소리 지르는가 하면 영업 사원끼리 서로 자기 고객이라고 싸우기도 하고 실적이 부진하다고 호통 치는 관리자의 목소리도 한몫을 하니 하루도 바람 잘 날 없다.

그러던 와중에 단연 최고의 뉴스는 임시번호를 가지고 도망친 사기꾼에 관한 것이다. 내가 팀장으로 있던 시절이다. 팀원 하나가 전시장에 있는 차를 손님에게 잠시 보여주고 시승을 한 후에 마음에 들어하면 현금으로 차값을 받아오겠다고 했다. 내가 안 된다고 하니까 고향 선배라며 절대 걱정 없다고 자신했다.

사기꾼은 이미 전시장에 한두 번 다녀간 후였고 어떤 직원의 고향이 어디고 학교는 어디 나왔는지 등의 정보를 가지고 접근했다. 그날도 이 사기꾼은 사전 정보를 가지고 고향 선배인 척하고 접근해 왔다. 신입인 이 모 군은 일면식도 없는 사기꾼의 고향 선배란 말에 차를 한 대 팔 욕심으로 관리자에게 잘 아는 고향 형이라고 둘러대고 고급차 한 대를 약속 장소인 타워호텔로 가지고 갔다.

돈 받고 차를 내주면 되는 거니까 별 문제는 없다. 돈을 안 주면 차를 안 주면 되니까. 그러나 함정은 어디에나 있기 마련이다. 하이에나는 늘 초짜들을 노린다.

타워호텔 커피숍에서 만난 고향 선배란 이는 시승을 한번 해보자고 차에 탔고 영업 사원 이군은 그 옆자리에 앉았다. 호텔 주차장 한 바퀴를 돌고는 타워호텔 입구 내리막길에서 갑자기 차 뒤에서 이상한 소리가 난다며 뒤에서 소리가 왜 나는지 봐달라고 하니 아무 의심 없이 내렸다. 조수석에서 내려 뒤로 가는 순간 차는 내리막길을 쏜살같이 달려서 자취도 없이 사라졌다.

당황한 영업 사원은 사무실로 전화해 자초지종을 얘기했고 전 직원들이 타워호텔로 달려갔지만 바퀴 자국도 남아있지 않았다.

사기꾼은 훔쳐간 차에다가 또다른 훔친 차의 번호판으로 바꿔 달고 2년을 타고 다니다가 사고가 나서 동부사업소에 정비를 받으러 왔다. 차대

조회로 도난 차량임이 발각되어 우리 사무실로 차를 찾았다는 연락이 왔다. 사기당한 차 대금을 그 사원은 2년 동안 할부로 매달 변제하고 있었다. 그야말로 통탄할 일이 아닌가 말이다.

차 없어 못 팔아요

재고가 많아도 걱정이고 팔 물건이 없어도 걱정이다. 수요와 공급이 적당하게 이뤄진다면 얼마나 좋겠는가마는 세상일이 어디 다 마음대로 되는 일이던가.

차를 팔다 보면 차가 없어서 못 팔고 몇 달씩 고객을 기다리게 만드는 적체 현상을 겪기도 한다. 신차 효과일 수도 있고 공장의 노사관계로 인한 생산량 부족인 경우도 있다. 한때는 나도 쏘나타 단일 차종으로 육 개월 이상 칠십 대의 미출고 분을 갖고 있었다.

아침에 출근하면 전화통에 불이 났다. 죄송합니다, 미안합니다로 오전 나절을 다 보내기도 했다. 전화를 받느라 오는 전화를 보류시켜 음악만 실컷 들려주다 보면 전화는 끊어지기 일쑤였다.

특별한 해결 방법도 없다. 나름 본사 관련부서나 공장 등 인맥을 총동원하여 보지만 배정 물량은 한정이 되어있고 그것을 나 혼자 독식할 수도 없으니 고객을 설득하고 양해를 구하는 것 외에는 달리 방법이 없다. 양해를 구하자면 고객이 화가 나서 전화를 할 때까지 기다리면 안 된다. 공장 돌아가는 사정과 가능한 날짜를 미리미리 얘기해 드리고 또 그날이 와도 해결될 기미가 보이지 않으면 또다시 양해를 구해야 한다.

계약만 해놓고 약속한 날까지 한 번도 연락이 없으면 영업 사원의 말만 믿고 헌 차를 처분한 고객은 화가 나기 마련이다. 차가 필요한 때에 차를 받지 못하면 화가 안 날래야 안 날 수가 없다.

나의 판매 철학은 역지사지다. 피한다고 해결될 일이 아니다. 매도 먼저 맞는 것이 낫다는 것은 고통의 시간을 덜 수 있기 때문이다.

빈둥거리기

일하기 싫은 날은 과감하게 하루쯤 빈둥거려 볼 일이다. 영업으로 평생을 살아온 사람들은 늘 사람을 만나야 하고 목표관리에 쌓이는 스트레스가 이만저만이 아니다.

기분이 좋지 않은 날에 손님을 만나면 오히려 관계가 어긋날 수도 있다. 주말에 쉬면 되겠지 할 수 있으나 주말은 주말대로 또 바쁘다. 교회에 가거나 지인의 결혼식이 있거나 온전한 휴식을 취하기 어렵다.

특히 애들이 어리거나 맞벌이를 하는 가정은 주말이 더 힘들고 바쁘기도 하다. 평일에 그냥 일을 제치고 놀아야 놀았다고 할 수 있다. 빈둥거리며 하루를 보내다 보면 그간에 미루어 놓았던 무엇인가를 깨닫게 된다. 열심히 일했다면 평일에 하루쯤은 빈둥거릴 자격이 충분히 있다.

직원이 하루쯤 빈둥거리고 싶다고 말하면 나는 백번 찬성이다. 그 하루 동안 친구와 종일 수다를 떨든 북촌길을 다리 아프도록 다니든 책방에서 종일 책을 읽든 당구를 치든 공원 벤치에 누워 낮잠을 자든 상관없다. 휴식에 관한 거창한 계획도 필요 없다. 의무감을 잠시 내려놓고 하고 싶은 것을 하면서 완벽한 자유를 누리면 된다.

내게도 무작정 떠나고 싶은 날이 있었다. 고속도로로 차를 몰았다. 잠깐 갔다가 돌아와야지 했던 길이 고창 선운사까지 갔다. 하루를 온전히 빈둥거리기 위해 나선 길이지만 집에선 걱정스러운 전화가 이어졌다. 자초지종을 말하니 아내가 선뜻 내 마음을 이해했다. 평생을 영업 사원의 아내로 살아왔으니 그 마음도 조금은 단련이 된 듯하여 고마웠다.

빈둥거린 하루가 우울하게 열흘을 일하는 것보다 훨씬 더 가치 있는 날이 있다. 은퇴가 가까운 요즘은 집을 떠나 한 달 살이나 나아가 해외에서 일 년 살기 등을 꿈꿔 보기도 한다. 너무 이기적인 생각일까.

맨손체조도 운동이 될까

신입사원이 되어 출근해보니 다시 군대에 입대한 분위기였다. 사무실에 들어서자마자 큰소리로 하는 인사며 선임의 거들먹거림이며 그들의 고성을 못 본 척 눈감아 주는 관리자들을 보면서 그 지긋지긋했던 군대 생활을 여기서 다시 시작하는구나 싶어 숨이 턱 막혔다.

한 사람이 국군 도수체조의 구령을 부르고 나머지는 책상 옆에 서서 체조를 하는 게 군 연병장이 아니라는 것만 달랐다.

체조가 끝나고 나면 또 다른 사람이 나와서 구호를 선창하고 나머지는 목이 터져라 외쳤다.

구호는 "때려잡자, 김일성! 무찌르자, 공산당!"이 아니고 "하나, 우리는 판매 목표 삼백 대를 기필코 달성한다. 하나, 어쩌고 저쩌고⋯⋯"다. 내무반 시절과 달라진 것이 하나도 없다.

어떤 때는 "보아라, 하늘 높이 치솟는 꿈을⋯⋯" 하면서 사가(社歌)를 부르기도 한다.

그때는 이런 체조가 정말 하기 싫기도 했었는데 세월이 흐르면서 국군 도수체조가 국민 보건체조로 요즘은 다시 생활체조로 바뀌었으니 감개무량하다.

이제는 구령도 없어지고 구호도 없어지고 화면에 나오는 예쁜 체조 모델을 보면서 흔들흔들 잘만 따라 한다.

이렇게 몇십 년 운동을 하다 보면 죽음 앞에 이르러 한 달쯤 수명을 연장해주지 않을까 싶은 기대도 해본다. 돈을 준다고 아침 체조를 그 오랜 세월 동안 할 수 있을까를 생각하면 새삼 별게 다 고맙게 느껴진다.

모르긴 몰라도 운동은 확실히 되었을 것이다.

고마움은 표현해야지

고마움을 마음속에 담아두는 것도 중요하지만 표현도 할 줄 알아야 한다. 영업을 하다 보면 감사한 일이 수도 없이 일어난다. 차를 산 사람. 소개를 해준 사람. 할부 보증을 서준 사람. 정비를 해준 정비사. 사무실에서 업무를 챙겨주는 여직원까지 돌아보면 다 고마운 이들뿐이다.

「영미 님의 소개로 그 많은 영업 사원들 중에 선생님을 만난 것은 저에게는 둘도 없는 행운이었습니다. 뭐라 감사의 말을 전해야 할지요. 소개해주신 김준우 님의 차는 어제 잘 인도해 드렸고요. 모든 게 다 만족하시다 했습니다.

인도 기간이 생각보다 좀 늦어지긴 했지만 노사협의 중이라는 회사의 사정을 말씀드렸고 충분히 이해해 주셨습니다. 용품 선물도 좋은 걸로 잘해 드렸습니다.

영희 님과 준우 님의 스토리도 듣고 저와 영미 님과의 스토리도 전해드렸어요. 셋이서 밥 한번 같이 해요. 제가 밥도 사고 커피도 사겠습니다. 파전에 동동주도 한잔 하십시다. 곧 연락 주십시오. 기다릴게요.

그리고 이번의 인연을 감사하게 생각하며 제 평생 고객으로 모시겠습니다. 앞으로 자동차에 관한 것은 뭐든지 저에게 맡겨 주십시오.」

마음을 담은 편지는 관계를 특히 영업 사원과 고객과의 관계를 끈끈하게 오래도록 이어주는 끈이 된다. 전화 또는 문자 한 통도 나쁘진 않지만 그중에 으뜸은 손으로 쓴 편지가 아닐까 한다.

'이주일의 투나잇 쇼' 출연

1996년, 지금은 고인이 되신 이주일 코미디언이 진행하는 '이주일의 투나잇 쇼'가 장안의 화제였다. 당시 인기 있던 '목욕탕집 남자들' 38.1%의 시청률을 뛰어넘는 최고의 프로였다.

그 무렵, 회사 홍보실을 거처 프로그램 담당 피디였던 배철호 씨로부터 출연 교섭이 왔다. 나는 연예인도 아니고 유명 기업인도 아니기 때문에 당황스러웠지만 피디와 작가들을 만나고 나서 출연을 결정했다.

최고의 명사들을 초대해서 이주일 씨와 단독 토크쇼를 이십 분 정도 하는 코너가 투나잇 쇼에 있었다. 씨에 프랑스 지길호 회장을 비롯해 쟁쟁한 회장님들이 출연한 단골 코너 5회 차에 내가 출연하게 된 것이다.

그전에 배 PD와 작가들, 연출진들과 미팅을 가졌다. 그들은 내가 말만 하면 연방 폭소를 터트렸다. 자동차 영업 사원의 애환과 그들이 잘 모르는 나의 이야기에 신기해하고 놀라워했다. 분위기는 좋아서 사전회의 만으로 방송은 실수 없이 잘 될듯 했다.

무엇보다 이주일 진행자가 대화를 잘 풀어갈 테니 걱정하지 말라는 격려도 해주었다. 이미 몇 번의 방송 경험이 있던 터라 크게 걱정하진 않았다. EBS의 '직업의 세계'와 주말 밤에 방송되었던 SBS의 '남자를 위하여'에 고정 패널로 출연했던 경험이 있었다. 진행자 오숙희 씨와 몇 차례 방송한 바도 있고 나의 말에 사전 회의이긴 하나 폭소가 터져 나오니 자신감이 없을 수가 있나.

그러나 '이주일의 투나잇 쇼'는 워낙 유명하고 전국 1위의 시청률을 기록하는 프로였다. 거기에 리허설 때에 이주일 선생님을 보지 못한 터라 초긴장 상태로 카메라 앞에 앉아 있었다. 막상 녹화를 다 끝내고 나니 이 선생님이 나를 안아주면서 "제기랄, 니가 다 해먹어라"하시면서 격려해줬고 연출진들도 대 성공이라고 했다.

낮에 녹화하고 그날 밤에 바로 방송되었는데 집에 가서 텔레비전을 보니 한 장면도 편집 없이 그대로 다 나왔다.

그때부터 나는 차 파는 영업 사원인지 방송인인지 헷갈릴 정도로 각 방송사에서 섭외 요청이 끊이질 않았다.

'이주일의 투나잇 쇼' 출연 이후 각 지상파 방송사에서 이런저런 프로에 출연해 달라는 요청으로 여의도 방송가를 들락거리기 시작했다. 방청객이 필요하다면 후배들을 대동하기도 하면서. 심지어는 구성애 씨가 진행을 보는 '아름다운 성'이란 프로에 고정 출연진이 되기도 했다.

교육방송에는 아들과 같이 출연하고 KBS '아침방송'에도 나갔다. 잡지사의 인터뷰 요청과 기업체 강의 등으로 몸값이 높아가자 허세가 늘었다.

방송 출연료는 삼십만 원 정도인데 출연 준비는 한 이틀이 걸리니 실속이 있는 일도 아니었다. 하지만 방송에 나가고는 백화점이든 시장이든 식당이든 나서기만 하면 나를 모르는 사람이 없었다. 그럼에도 자동차 판매는 줄어드는 기현상이 발생했다.

실속 없는 유명세에 너무 시건방진 행동을 하고 다닌 까닭이다. 인기로 밥 먹고 사는 사람이 아니다 보니 유명세가 슬쩍 불편해지기 시작했다.

물건을 살 때 흥정도 어렵고 밥을 먹고 잔돈을 달라고 하기도 어렵다. 친구들과 큰소리로 떠들고 욕 섞인 대화를 할 때에도 눈치가 보였다.

한 십 년간은 방송에서 간간이 연락도 오고는 해서 일 년에 한두 번은 방송에 얼굴을 내밀기도 했다. 하지만 모든 것이 한때였다. 그때 이후로 십오 년이 지나는 지금까지 한 번도 섭외 요청을 받아본 적이 없다.

방송국 관계자들의 수첩에서 내 이름은 완전히 지워졌다. 전문 연기자들도 어느 날 갑자기 브라운관에서 사라지면 통 보기가 힘들다. 그런 연기자들이 어디 한둘인가. 인기는 한순간에 사라지는 거품이다.

영업인에겐 내복이 필수

요즘 시절에 좀 생뚱맞은 얘기일 수도 있으나 내가 항상 하는 말이 있다. 한겨울 영업 사원에게는 내복이 필수라고. 내복 안 입은 군인이 있나. 전쟁을 해야 하는데, 영업을 나가야 하는데 추우면 자꾸 움츠려 든다.

팀장님 눈치 때문에라도 사무실을 나서긴 해야 하는데 칼바람에 홑바지 차림으로 어디를 갈 수 있겠나 말이다. 결국 가는 곳이 당구장 아니면 피시방, 다방 등이다. 이래서야 영업을 할 수가 없다.

오래전 옛날 얘기이긴 하지만 그때 팀장이 바짓단을 올려보라며 내복 검사를 하기도 했다. 요즘이야 그런 일을 하면 시비가 붙을 수도 있겠으나 지금 돌이켜 생각해 보면 일견 타당한 일 같기도 하다.

여행은 포상으로

여행 중에 포상 여행이 최고인 듯싶다. 부부동반으로 보내주니 금상첨화다. 영업 사원 시절에 부부동반 포상이란 기회가 주어지면 있는 힘을 다해 포상권에 들기 위해 밤낮없이 뛰었다. 집사람에게는 최상의 선물이고 애사심도 생기고 특히 회사와 남편의 직업을 이해하고 긍지를 갖게 되는 기회도 되니 좋을 수밖에.

요즘도 아내는 어려운 시절에 함께 했던 포상 여행을 들먹이면서 그때가 좋았다고 얘기한다. 나 자신이 대리점을 운영하게 되면서 매년 부부동반 포상 여행을 걸어놓고 직원들을 전쟁터에 내보내는 이유다. 지금은 일 년에 네 팀 정도 보내고 있는데 반응이 아주 뜨겁다.

함께 다녀온 가족들의 반응도 좋다. 가족이 가장의 직업을 이해해 주고 응원해줄 때 일하는 보람을 느끼는 것 아닐까.

나는 일 년에 한 번 전 직원의 가족과 함께 호텔에서 식사하는 일을 20년 동안 해왔다. 직원들의 가족을 한자리에서 모두 볼 수 있는 날이기도 하다. 형편이 좀 풀리면 전 직원이 가족 포상 여행을 함께 가는 날도 있지 않을까 싶어 구상도 해보는 것이다.

사
람
의

향
기

제4부

관계의 꽃을 가꾸며 산다는 것

관계의 꽃을
가꾸며 산다는 것

·
·
·

사람의 향기

조영희와의 청춘에서 노년까지

우리의 만남은 장충동에서다. 한창 꿈 많던 이십 대를 이곳에서 보낸 까닭도 있다. 장충동에 가면 그냥 편안하다. 요람에서 무덤까지는 아니지만 아무튼 조영희와 나는 이십대부터 육십이 넘은 지금까지 함께하고 있다.

환갑을 넘긴 초로지만 우리의 대화는 태산을 무너뜨릴 것 같은 기개가 아직도 넘친다. 이야기의 끝은 항상 우리의 인생을 어떻게 해야 잘 마무

리할 수 있을까. 나의 영업 인생 사십 년을 어떻게 하면 좋을지를 상의
한다.

서서히 정리할 나이가 되었다고 여긴다. 상황이 그러하기도 하고 앞으
로 무엇을 해야 할지도 고민이다. 우선은 그동안 살아온 내 이야기를 쓰
기로 했다. 항상 가슴속에 있던 얘기지만 어떻게 글로 풀어낼 수 있을까
를 떠올리면 막막하기도 하다.

조 사장과 여러 가지 대화를 나누던 중에 나름의 정리가 되었다. 아무
리 백세시대라지만 시간이 그리 많지 않다는 쪽으로 결론이 났다.

미루지 말자. 오늘부터 시작하자. 시작이 반이 아니고 완성이다. 그동
안 짬짬이 적어둔 메모와 사진들을 들춰보며 내 영업 인생 사십 년을 정
리하고 새로운 인생의 출발점을 만들어 나가야겠다는 생각을 해본다.

천호시장 황씨에게 사업을 제안하다

내 영업 인생에 첫 밭갈이를 했던 천호동 시장통은 지금도 기억이 생생
하다. 카탈로그와 판촉물 등을 가방 가득 담아 영동시장에서 천호동행 버
스를 탔다. 천호 사거리에 내려서 천호시장으로 들어가는 것이 하루 일과
의 시작이었다.

시장에서 계란을 팔고 있는 황씨 부부에게 포터를 팔아보겠다고 매일
찾아갔다. 이런 나를 황씨 부부는 당치도 않는 일이니 아까운 시간 버리

지 말라며 거리를 뒀다. 한 며칠 얼굴을 마주하니 라면도 같이 먹으면서 차츰 대화가 길어졌다.

시장에서 계란을 팔아 언제 돈을 벌어 집을 사겠느냐부터 시작해서 부인은 여기서 계란 팔고 황씨는 포터를 하나 사서 계란을 도매로 떼다 식당이나 동네 슈퍼 등에 납품을 좀 해보면 어떻겠냐고 나는 사업 계획서를 만들어서 설득을 했다.

얼마 후, 나는 차를 인도했고 매달 할부금을 수금하기 위해 천호동 시장을 또 들락거렸다. 황씨 부부가 자동차 할부금을 벌기 위해 아등바등하는 것이 안쓰러웠지만 그들은 훗날 파이롯트 공장 근처에 계란 도매상을 차리고 절반의 성공을 거두었다.

한번은 앰뷸런스를 팔기 위해 천호동 황보 산부인과를 드나들었다. 원장을 볼 수도 없고 간호사만 보고 돌아오기를 몇 달간 반복했다. 간호사가 그런 나를 측은하게 쳐다보는 눈치다.

원장님과 면담을 할 수 있게 해달라고 나는 또 간절하게 요청했다. 분과 초를 다투는 산부인과에 앰뷸런스가 필요할 것 같다면서 원장과의 만남을 기다리던 어느 날이다.

간호사가 원장님과 연결해 주겠다며 전화를 걸어왔다. 신입 영업 사원이었던 나는 의외의 상황에 적잖이 당황했지만 침착하게 전화를 받았다.

"황 원장님, 안녕하세요?"

하지만 나의 인사가 끝나기 무섭게 "황 원장 아닙니다. 나는 황보요"한다.

그때까지 나는 '황보'라는 성씨가 있는 줄도 몰랐다. 황보 산부인과이니 성이 '황'씨인 줄로만 알았던 것이다. 아차, 싶었다. 그다음 날에 나는 병원을 바로 찾아갔다. 세 시간을 기다린 끝에 황보 원장님을 만나 용서를 청했다.

흔쾌히 나를 용서해 주었고 앰뷸런스 구매 계약도 해줬다. 산부인과를 드나든지 석 달만의 결실이었다.

사실, 천호동 시절의 얘기를 하자면 날밤을 새 가며 해도 끝이 없을 듯하다.

미소로 말을 때우던 재홍의 첫 기일

재홍의 딸 윤정으로부터 문자가 왔다. 아버지 제사를 9월 19일에 대치동 집에서 모시기로 했단다. 재홍의 첫 기일이었다.

친구 몇몇이 모여서 밥을 먹다가 49제 때처럼 봉은사에서 지낼지 모르니 한번 가보면 어떻겠느냐는 말이 오가던 터였다. 윤정에게 전화를 걸어 집으로 가겠다고 하니 좋다는 답이 왔다.

시간이 되는 친구 몇몇이 모여서 함께 가기로 했다. 당일에 대구에서 소병진이 고속버스를 타고 올라왔고 영등포에서 영환이가 헐레벌떡 약속 장소에 도착해서 나와 함께 셋이서 참석했다.

재홍의 처남들과 누님, 조카들이 참석해 우리를 반겼다. 재홍의 부인과 아들 범석, 딸 윤정이 너무나도 좋아했다. 아버지 친구 분들이 첫 제사에 와준 것이 고맙고 자랑스러워 했던 것도 같다. 아버지가 그간 좋은 분들과 교류하며 사셨구나 하는 마음에.

집으로 돌아와 재홍의 제사에 다녀왔다고 하니까 아내는 어찌 그런 생각을 했냐며 모처럼 인간다운 일을 했다며 칭찬한다. 이어 빈손으로 갔다 왔다고 하니까, 그럼 그렇지, 몹시 실망한 눈치다.

꽃바구니라도 준비해 갔어야 했는데 경황없이 가다 보니 그리 되었다. 미안하다, 재홍아. 그리고 또 미안하다.

먼저 간 너를 가슴에 묻고 남은 우리끼리라도 잘 먹고 잘 살자고 다짐해서.

재홍은 나와는 대학 동창이다. 그는 대학을 졸업하자마자 장인과 삼정호텔을 건립하고 떠나기 전까지 호텔리어로 살아왔다. 아프다는 소식을 듣고 서울대 병원으로 병문안을 갔을 때는 병이 깊어진 후였다.

적은 말수에도 넉넉한 인품을 지녀 각별한 우정을 나눠오던 터였다. 그런 친구를 먼저 보내고 손수건이 젖도록 울기도 했지만 해가 가고 달이 가고 시간이 흘렀다.

좋아, 울리려무나. 세월은 흐르고 나는 취한다.

시카고로 이민 간 시카고 박

시카고 박이 시카고로 이민을 간 지가 40년쯤 된 것 같다. 이민 초기에는 카센터를 하면서 애들 키우느라 지퍼 채울 시간도 부족했을 것이다.

아내는 간호사로 일을 하며 생활을 돌보고 아들 딸도 잘 커주니 이제 한숨 돌릴 만한 여유가 생긴 모양이다. 고향도 친구도 아플 만큼 그립다 말하는 것을 보면.

상황이 이렇다 보니 박성기는 매일 시카고에서의 일들을 친구들이 볼 수 있는 게시판에 올렸다.

댓글로 대화를 나누며 서로의 그리움을 달래는 일이 일상이 되었다. 카센터를 찾아온 손님 얘기며, 시카고 교민 얘기며, 결혼한 아들 며느리 얘기며, 마누라에게 혼난 얘기며, 취미로 모은 음반 얘기로 연일 끝도 없이 이어졌다. 글을 적는 말투 또한 학창 시절의 사투리 그대로다. 읽다 보면 학창 시절로 돌아간 것 같은 착각마저 든다. 밤늦게까지 자신의 집 지하에 만들어 놓은 녹음실에서 친구들의 입에 맞게 옛날 노래를 CD에 구워서 한국 친구들에게 보내준다.

박성기는 중고등학교 동창으로 경주에서도 더 들어간 아화 촌놈이다. 공부는 잘해서 경주로 유학을 했는데 매일 기차로 통학했다. 경북대학을 졸업하고 어찌어찌하다가 처갓집을 따라 시카고로 가서 자동차 정비를 배웠다. 지금은 시카고에서 자리를 잡은 이민 1세대다.

"니는 누구 노래 좋아하냐?" 하길래, 나는 "노래하면 이미자지"라고 했다. 그랬더니 이미자 노래가 가득 담긴 CD와 함께 스타벅스 일회용 커피를 친구 권택열 편에 보내왔다. 사실 이미자 노래는 아내가 더 많이 좋아한다. 하지만 나는 친구가 밤새 구웠을 CD를 차에 갖고 다니면서 여행길이든 어디든 틀어놓고 다닌다.

동창인 권택열은 대한항공의 항공기 기장이다. 가끔 스케줄을 시카고로 잡아서 다녀오곤 하는데 시카고 박은 권 기장이 오는 날을 손꼽아 기다린다.

나도 택열 편에 미국에서는 쉽게 구할 수 없는 있다고 해도 품질이 다른 '오구락지'를 보냈다.

오구락지는 경주에서 쓰는 말로 양념된 무말랭이를 뜻한다. 시카고 박은 그곳에도 파는 게 있기는 하지만 씹으면 흐물흐물해서 내가 보낸 오구락지를 좋아했다. 씹으면 뽀도독 소리가 나는 것이 옛날에 엄마가 해준 맛과 같다면서.

미국에 간지 40년이 넘어도 그곳 살이가 만만치는 않는가 보다. 한국에 한번 다녀가려면 경비도 경비지만 가게를 한동안 비워야 하니 그 또한 쉽지 않은 모양이다. 한국에 오면 찾아볼 사람도 많을 것임에도 오지 못한다.

고향을 떠나 시카고로 간 시카고 박은 한국과 이곳에 남아있는 친구들과 생활을 그리워만 한다.

늦은 나이에 알리의 팬이 되다

살다 보니 별일이 다 생긴다. 내게 좋아하는 젊은 가수가 생겼다. 몇 해 전 '불후의 명곡' 이미자 편을 보다가 알리가 '울어라 열풍아'를 부르는 것을 보다가 가슴을 찌르는 듯한 충격을 받은 바 있다.

인터넷으로 찾아 다시 듣고 또 들어도 너무 잘 부른다. 편곡이 되긴 했지만 원곡과는 또 다른 깊숙한 맛에 아내도 나도 흠뻑 빠져 들었다. 그다음으로 나는 알리를 찾아 나섰다. '알리 사랑'이라는 팬 카페에 가입했다. 벌써 육 년 전의 일이다.

그때부터 나는 알리의 열렬한 팬이 되었다. 홍대, 대학로, 이대, 강남의 공연장 등 장소 불문하고 단독 콘서트를 찾아다녔다. 처음에는 망설이던 아내도 나중엔 열심히 따라다녔다.

영하 15도의 겨울밤, 신촌 거리에서의 버스킹도 찾아갈 정도로 열정적이었다. 뮤지컬 '투란도트'에서도 알리는 유감없는 실력을 보여줬다. 알리는 독특한 음성에 풍부한 성량을 지녔는데 알앤비 소울에 적합한 목소리를 가졌다. 중저음의 한이 서린 듯한 약간 갈라진 목소리가 발라드에도 잘 어울리는 것 같다.

알리는 판소리도 하고 재즈도 곧잘 부르며 직접 작사와 작곡, 편곡까지 하는 싱어 송 라이터다. 공연이 끝나면 가끔 팬 카페 회원들이 모여서 파티도 하고 생일 파티도 열곤 하는데 주책이라 할까 봐 거기까지 끼지는 못했다. 그냥 찬조금만 내고 바람처럼 사라져 줬다.

나이에 상관없이 소위 덕후가 되고 활동을 하고 싶지만 좀 뻘쭘했다. 어쨌거나 알리의 숨은 팬으로 한동안 그의 공연이나 행사에 쫓아다닌 적도 있지만 이제는 당당하게 '알리 사랑' 카페 가족이라고 말하고 다닌다.

그 사이 알리가 결혼을 해서 아들을 키우고 있다. 언제쯤 단독 콘서트를 다시 하게 될지 그날을 기다리고 있는 나는 알리의 팬이다.

통장 부자 최순호의 재테크

사람마다 돈을 모으는 방법이 다르다. 실명을 밝히기가 좀 그렇지만 양해를 구하며 내 후배이기도 한 최순호의 재테크 방법을 얘기해 볼까 한다. 그는 어려운 시절에 일도 열심히 했고 알뜰하게 살아온 모범적인 후배다.

우리 팀에 신입으로 들어온 최순호는 덩치는 산만 한데 예의는 바르고 행동도 빨라 영업에 자질을 보였다. 그런데 점심때가 되면 혼자 밥을 먹고 퇴근 후에도 동료들과 어울리지도 않고 어디론가 사라지곤 했다.

시간이 좀 지나고 나서야 그 이유를 알았다. 성격이 원만해 직원들과 대화도 잘하고 팀장 심부름도 잘하는 그가 항상 혼자 다니는 것이 이상했다. 하루는 얘기 좀 들어보려고 그를 불렀다. 그랬더니 통장을 몇 개 가지고 내게 왔다.

스물다섯의 총각인 그는 부모를 부양하는 한 가정의 가장이었다. 신입

사원인지라 실적이 신통치 않으니 수당이 없고 기본급으로 생활하기가 어려워 그는 매일 지급되는 교통비로 점심을 라면으로 때우며 남은 돈을 예금했다.

정비공장에서 받은 소개비 통장, 자동차 용품점 수입 통장, 손님 팁, 중고차 소개로 생긴 수입 통장 등을 각각 따로 예금해 통장의 종류도 다양했다. 더불어 퇴근한 시간엔 신사면옥 냉면집에서 주차관리 아르바이트를 해 돈이 생기면 은행에 바로바로 예금을 하고 집으로 간단다.

대부분의 영업 사원들에겐 이와 비슷한 수입이 있긴 하다. 하지만 주머니에 넣고 다니다가 술 마시고 당구치고 택시 타고 이런 용도로 쓰고 만다. 나는 그가 가져온 통장의 잔고를 보고 만만치 않은 액수에 깜짝 놀랐다.

하나 더 얘기하자면, 새 차를 출고하게 되면 고객이 광택을 원하는 경우가 있는데 광택 업체에 맡겨 서비스 하는 게 보통이다. 최순호는 차에 광택을 낼 수 있는 재료와 장비를 직접 챙겨갖고 다니면서 고객의 집이나 고객이 보는 앞에서 땀을 뻘뻘 흘리면서 꼼꼼하게 작업을 한다. 그렇다 보니 고객의 신뢰를 얻는 것은 물론이요, 때로는 식사를 하라고 주는 밥값을 받을 때도 있었다.

고객이 차 사고가 나면 보험회사보다 먼저 달려가서 보험 절차 등 고객이 해야 할 번거로운 일들을 빠르게 처리했다. 수리는 물론이고 새 차처럼 깨끗하게 해서 고객이 있는 곳으로 빠르게 차를 인도했다. 이토록 고객을 위해 최선을 다하니 갈 때 택시비 하라며 비용을 주는 것은 물론이요, 차를 사겠다는 새로운 고객을 소개도 해주는 것이다.

고객으로부터 택시비를 받았지만 그는 버스를 타고 집에 갈 것이 분명하다. 그날에 받은 택시비는 팁 통장과 정비 통장에 각각 입금했을 것이다. 이렇게 돈을 모은 지금의 최순호는 영업 부장이 되었고 집도 두 채는 있는 걸로 안다.

최순호가 정년 때까지 승승장구하길 바라는 마음이 크다. 외부 강의나 회사 카 마스터 신입 교육을 할 때면 나는 그의 얘기를 종종 들려준다.

목사님 미워도 다시 한번

사랑하는 사람과 힘들게 헤어지고 나면 미움이나 섭섭함이 남기도 한다. 이때 관계를 다시 이어가 보자고 하는 말이 '미워도 다시 한번'이다. 영화 제목이기도 하고 연속극에도 나오고 유행가 가사에도 있다. 영업을 하다 보면 이런 경우가 종종 있다.

신규 개척으로 서초동에 있는 대광교회를 몇 년 동안 다녔다. 그곳에 박종각 목사님이 당회장으로 계셨다. 내가 얼마나 자주 갔었는지 목사님이 아들 장가보낸다는 소식을 그 교회의 장로들보다 먼저 알 정도였다.

목사님이 차를 바꾼다기에 대한민국에 현대자동차가 있고 현대자동차에 강성노가 있으니 내게 차를 문의할 것이라고 철석같이 믿고 기다렸다. 무슨 영문인지 차일피일 미루기만 하더니 어느 날 교회 마당에 대우자동차의 로열 싸롱이 떡 버티고 있는 것이 아닌가.

어떤 차를 누구에게 사던 구매자 마음이지만 이런 경우는 또 처음이었다. 나는 좌절감과 약간의 배신감도 느꼈다. 교회 간판도 보기 싫고 죄 없는 하나님도 원망스러웠다. 가서 따지고 싶었지만 그럴 가치가 없다고 여겨 그냥 돌아왔다.

며칠을 씩씩거리다가 차에 둘 향수를 하나 사들고 교회로 찾아갔다. 부재중이라 책상에 두고 왔는데 저녁나절에 전화가 왔다. 평생 안 올 줄 알았는데 와줘서 고맙고 또 미안하다는 말을 전했다.

"내가 있음에도 목사님이 다른 사람에게 차를 구입해서 하나님도 미웠다"라고 하니 박장대소다. 그러면서 목사는 미워하더라도 하나님은 미워하지 말란다. 그야말로 미워도 다시 한번이다.

그 후로 우리의 관계는 더욱 찰떡같아지고 목사님은 나의 든든한 지원군이 되어주셨다.

형준 형 마지막으로 한 번만 더

현대자동차에 입사하기 전의 일이다. 엘지상사의 전신인 반도상사 부천공장 인사팀에서 천명이 넘는 사원들의 입사와 퇴사 인사기록 카드를 만드는 단순 작업을 밤낮으로 했다.

대한민국에 의료보험제도가 도입되었고 그 조합설립에 가담하게도 되었다.

입사 일 년 차인 내가 맡아 하기엔 쉽지 않은 일이었다. 실력을 인정받을 수 있는 좋은 기회라 생각했다.

의료보험연합회와 관공서와 병원 등으로 열심히 뛰어다니던 중에 다른 회사의 총무 과장인 김형준 형도 같은 일을 맡고 있어서 자주 만났다. 서로 형 아우 하며 친하게 지내게 되었다.

그 후 나는 현대자동차로 자리를 옮겼고 형은 그 회사에서 몇 년 더 일했는지 기억에는 없으나 우리는 꾸준히 연락하고 만났다. 형은 적극적인 나의 후원자가 되었고 250인의 법칙처럼 그를 통해 팔려나간 자동차가 수도 없다.

그는 지금 개인택시를 사서 낮에는 자고 밤에 영업을 뛰며 살고 있다. 왜 밤에만 일을 하냐니까 낮에는 길이 막혀 화딱지가 나서 밤에 다닌다고 하니 그의 성격을 짐작 할만 하지 않은가 말이다.

충청도 양반인 형이 택시운전을 하다 보니 성질이 급해진 것도 같다. 첫 만남 이후 사십 년이 후딱 지나갔지만 지금도 만나면 우리는 젊은 시절로 돌아가 객기를 부리며 산다.

마지막으로 택시 한 번만 더 바꾸고 택시기사 생활을 마무리하는 것이 어떠냐고 쪼는 중이다.

엉뚱하고 진귀한 인연, 홍기준

홍기준은 전남 해남에 사는 내 일급 고객이다. 그의 형제들까지 모두 내 고객이다. 하도 오래된 일이라 기억이 가물가물 하기는 하다. 이 친구가 어떻게 내게로 왔는지. 아무튼 나는 그에게 차를 팔았다.

최근에 와서야 이 친구와 길게 통화를 한 적이 있는데 까마득한 옛날 얘기를 꺼냈다. 그때의 내 무심함을 뒤늦게 깨달아 그에게 부끄럽고 미안했다.

홍기준이 취업 준비생이던 시절이었다. 상경한 자취방에서 텔레비전을 보는데 내가 방송에 나오더라는 것이다. 그는 빨리 돈을 벌어서 자가용을 살 것이고 그렇게 되면 꼭 저 사람에게 차를 사겠다고 나를 점찍어 두었단다.

그는 용인의 에버랜드에 취직했고 차 살 돈을 몇 년 동안 모은 후에 내게 전화했다. 내 이름 석 자를 그때에도 그는 기억했고 현대자동차 안에서 나를 모르는 사람이 없으니 나를 찾는 일은 쉬웠을 것이다.

그는 처음 만났을 때 이런 얘기를 나한테 해줬음에도 몇 번의 차를 바꾸고 세월이 지나면서 나는 그 얘기를 까맣게 잊었다. 돌이켜 생각하니 이보다 귀하고 좋은 고객이 또 어디 있단 말인가.

그는 그 후 몇 년을 더 서울에 살다가 귀향했다. 그곳에서 결혼을 하고 사업도 하고 있다.

내 사무실과는 먼 곳에 살기 때문에 등록도 본인이 해야 하고 남들은 다 받는 서비스 한번 제대로 받지 못함에도 몇십 년을 변함없이 나를 찾아준 고객님이시다.

방송에 나온 내가 취업 준비생이던 홍기준의 눈에는 남다르게 비쳤을 것이다. 자동차 판매인으로 방송에도 나오니 내게 차를 살 정도가 된다면 자신 또한 그런 위치에 올라 있을 것이라고 생각했는지도 모르겠다.

내게 차를 사겠다고 점찍어둔 젊은 날의 홍기준은 벌써 머리가 희끗희끗한 나이가 되었다. 나도 방송을 타던 그 옛날의 나는 아닌 것이다.

어느 날 문득 전화를 걸어와서는 직접 키운 도라지 삼년생과 배를 섞어 만든 즙을 택배로 보냈단다. 정말로 정이 많은 친구다. 교사인 그의 아내가 하얀색 그랜저를 또 주문하여 꽃바구니와 차를 같이 보내줬다.

언제 남도 여행길에 오르면 고향에 터를 잡은 홍기준 사장을 찾아 밥이나 한번 해야겠다.

소탐대실하지 않는 마음을 일깨워주는 이온님

우리 사무실에서 이온 사장님을 모르는 사람은 거의 없다. 그만큼 차를 자주 바꾸신다. 칠십 중반의 나이지만 수원 봉담에서 서울 강남까지 나에게 차를 구입하기 위해 오신다. 흰 바지에 스니커즈를 신고 힘찬 목소리로 "강 사장 있어요"하며 나를 찾는다.

"형님요, 이 나이에 우리가 바꿀 수 있는 게 차뿐이 더 있습니까? 형수

님을 바꾸시겠습니까?"

내 농담에 박수를 치며 웃는다. 고객과 영업 사원으로 만나서 참으로 오랜 세월을 변함없이 서로가 알뜰하게 챙기며 살아왔다.

사십일 년 전에 일이다. 서초동 신규 방문길에 조그만 전기 재료상을 하고 있던 그분을 만났다. 삼십 초중반에 있던 우리는 금방 친해졌다. 나는 일이 잘 안 풀리거나 특별히 할 일이 없으면 그의 가게에 들러 비슷한 또래의 아들을 키우고 있는 아버지로서의 얘기며 사업 얘기며 장래의 꿈이며 이런저런 대화를 주고받으면서 에너지를 재충전하기도 했다.

그분의 사업은 작은 구멍가게에서 시작했다. 하지만 날로 번창하여 큰 회사에 전기재료를 납품하고 드디어는 전기공사를 하게 되더니 어느 날은 서울의 집과 가게를 정리하고 봉담에 땅을 사고 공장을 짓고 기계를 들이면서 본격적인 사업을 시작했다. 지금은 동탄에 2 공장을 세울 정도로 회사 규모가 커졌고 천억 원 대의 재산가가 되었다.

그분은 지금도 부부가 삼 톤짜리 화물차를 몰고 앞서거니 뒤서거니 하면서 직접 제품을 납품하고 다니신다. 시간이 나면 고급 스포츠카를 타고 라이딩을 즐기는 낭만파이기도 하다.

이온 형은 지금까지 자신이 먼저 거래처를 바꿔 본 적이 없단다. 그동안 나한테서 수도 없이 차를 구입해 갔지만 단 한 번도 뭘 어떻게 해달라고 말한 적이 없다.

요즘은 인터넷에 밝은 직원도 있고 아들도 있고 조금만 발품을 팔면 더 좋은 조건으로 차를 구입할 수 있다는 것을 그도 잘 알 것이다. 그래 봤자 몇 푼이다. 서비스로 용품 몇 개 더 받아봤자 별 게 없다. 그의 이런 성품을 잘 아는지라 나 역시 많은 이문을 남기는 판매는 하지 않는다.

소탐대실은 이런 때 쓰는 말일 것이다. 작은 것을 탐해 큰 것을 잃는 우를 범하지 않았기에 그는 내 평생의 고객이 되었고 그 또한 같은 생각으로 산다.

나보다는 항상 한 수 앞서서 살아가는 내게는 귀한 형님이자 고객이다.

신나게 일을 만들어줬던 종원과 홍영

대리점을 오픈하고 얼마 되지 않았을 때 영업을 하겠다며 찾아온 이가 이종원과 이홍영이다. 둘은 부지런하고 예의도 바르고 재주도 참 많다. 게다가 대리점의 대소사에 솔선수범하는 분위기 맨이기도 했다.

종원은 나와 함께 지내면서 많은 추억을 쌓아왔다. 안나푸르나 등반도 함께하고 주말농장도 같이하고 골프도 다니고. 아무튼 종원은 글도 잘 쓰고 아이디어와 감성이 넘치는 친구다.

홍영도 나와 생각이 비슷해서 많은 일들을 함께했다. 그 역시 아이디어 맨이다.

항상 판촉 아이디어를 개발하고 판촉 행사도 많이 했다. 대리점 자체 행사로는 도저히 생각하기 어려운 KLPGA 정규 투어 행사에 팀장 이홍영과 김은엽 카 마스터의 노력으로 홀인원 상품 쏘나타를 걸고 언주로 대리점 협찬 판촉 행사를 성공리에 이뤄내기도 했다.

그 후로 종원은 아이들 교육문제로 가족 모두 미국으로 이민을 갔다. 홍영은 BMW로 자리를 옮겨 인천에 있는 모 지점장까지 지냈다.

홍영이 지점장으로 있던 시절에 인천으로 특강을 하러 가기도 했다. 그때 그가 준 강사료 몽블랑 만년필을 아직도 잘 사용하고 있다. 일선 영업이 체질이라며 BMW 지점장을 그만두고 다시 언주로로 와서 몇 년 더 나와 영업을 함께했는데 수입과 지출의 균형이 맞지 않는다며 회사를 관뒀다. 폴란드로 간다고 했는데 아직 소식이 없다.

하지만 종원과 홍영, 이 둘은 내 사무실 문을 언제든 박차고 들어설 것만 같은 생각이 든다.

판매 명인, 국승현과 김정기

둘은 동기생이며 자동차 판매의 달인들이다. 내게는 삼 개월 선임자들이기도 하다. 그들과 나는 동시대의 판매 달인 세 명으로 현대자동차의 전설에 속하는 급들이다. 강북에 국승현, 강남에 강성노, 지방에 김정기. 현대자동차에서 주는 최고 등급의 타이틀을 가진 이들이다.

국승현은 판매에 관해서는 나보다 한수 위다. 영업기술이나 마케팅에 있어서 그리고 부지런함, 그 어느 하나도 나무랄 것이 없다. 명실상부한 판매 명인이고 판매왕의 자리를 오랫동안 지켰다. 나와는 몇 년 동안 골프 모임도 같이 하며 왕성한 활동을 하다가 몇 해 전 다양한 사업의 확장으로 대리점을 접었다.

나는 국승현만큼 차를 판매하진 못했지만 그래도 많은 선후배들 사이에서 판매의 젠틀맨, 강남의 하리마오란 별명을 얻을 만큼 주변을 돌아보고 챙기는 소위 오지랖 넓은 인간에 속했다. 내게는 그런 오지랖이 지금의 나를 있게 한 힘이라고 여긴다.

김정기 부장은 내 고향 영천과 경주의 옆 동네 포항에서 자동차 영업을 했다. 참으로 대단한 친구다. 포항에서 택시를 타고 김정기를 만나러 간다고 하면 택시기사가 알아서 데려다준다고 하니 말 다했다.

그만큼 그 지역에서 김정기 하면 모르는 사람이 없을 정도다. 한번은 포상 휴가로 대만에 간 적이 있다. 그때 그와 같은 방을 사용했는데, 방에만 들어가면 잠을 자고 버스에서도 머리를 기댈 곳만 있으면 잠을 잔다. 무슨 병이 있어 그런가 하고 물어봤다.

이 친구 하는 말이 해외 포상 여행이 그의 휴가이고 평소에 못 잔 잠을 여행 중에 실컷 자는 것이란다. 김정기는 입시생처럼 쪽잠을 자고 밤낮으로 차를 팔았다. 참으로 눈시울이 시큰해지는 일인 것이다.

그는 지금 지방의 대경대학교 자동차 딜러 학과의 교수로 있다. 우연찮게 그의 제자 두 명이 내 사무실에서 카 마스터로 일하고 있다. 인연이 참으로 길고 질기다.

시대의 인물, 이주일과 최무룡

'이주일 투나잇 쇼' 출연을 위해서 등촌동 공개홀로 갔다. 보통 때는 방송국 스튜디오에서 생방송이든 녹화든 했는데 그 당시 최고의 시청률을 자랑하는 투나잇 쇼는 방청객도 많아서 공개홀에서 녹화 방송을 했다.

작가들과 방송할 대본을 간단히 점검하고 분장실로 갔다. 리허설을 한 번쯤 해볼 만한데 배 피디가 하는 말이 판매왕과 이주일 선생님 두 분 다 프로 선수이니 미리 입 맞추지 않고 리얼하게 가겠단다.

분장실에 들어서니 방송에서만 봐왔던 이주일 씨가 내 앞에 있었다. 당시 국회의원 신분이었던 그는 근엄해 보이면서도 웃겨 보이기도 했다. 내 인사를 받는 폼이 국회에서 몇 년은 지내신 폼이다.

인사만 나누고 구석 자리에서 분장을 하고 있는데 이번엔 최무룡 씨가 나타났다. 나도 모르게 벌떡 일어나서 인사를 했다. 이주일 씨 또한 내가 인사했을 때와는 전혀 다르게 벌떡 일어서서 허리 숙여 절을 했다.

최무룡 씨가 의자에 앉자마자 "야, 주일아, 담배 없냐?" 하니, 이주일 씨가 "아아, 네네, 형님 담배. 보좌관 담배? 담배?" 하는데 영락없는 코미디언이다.

그분들의 세계에 보이지 않는 군기 같은 것이 있었던 것인지, 선배를 예우하는 처세술이었는지는 알 수 없으나 보기 싫은 광경은 아니었다.

동네 친구로 지내보고 싶은 방송인 오한숙희

방송인 오숙희. 그는 아버지의 성인 '오'와 어머니의 성 '한'을 따 '오한숙희'로 개명했다.

1994년쯤인가. sbs에서 매주 방송했던 '남자를 위하여'라는 프로그램을 통해 방송 진행자와 패널로 만났다. '남자를 위하여'는 오늘을 살아가는 어깨가 무거운 남자 직장인들을 상대로 파이팅을 불어넣어 주는 얘기들을 사회자와 패널이 재밌게 풀어가는 프로그램이다. 슈퍼모델 이종희 씨와 공동 MC였으나 그가 주된 역할을 했다.

내가 그 방송에 첫 출연한 후 반응이 좋아선지 단골 게스트가 되어서 몇 번 더 출연하게 됐다. 한번은 아들딸과 아내도 함께했고 방청객 중 일부는 내 직장 후배들이 참석해 열렬한 박수부대가 되어주기도 했다.

온 가족이 나와 방송을 몇 차례 하다 보니 사회자인 오한숙희 씨와 친해졌다. 그는 친절하고 말도 잘해서 누구라도 금방 편하게 얘기할 수 있게 만들어주는 능력이 탁월했다. 책도 많이 썼는데 얼마나 맛깔나게 글을 쓰는지 모른다.

그와 친해지면서 집에 가서 밥도 얻어먹었다. 그의 어머니와 언니도 소탈하고 격의 없는 분들이라 지금도 가끔씩 연락을 하고 지낸다. 그의 어머니는 늘그막에 그림에 취미를 붙였는데 개인전을 열 정도로 대단한 열정을 가지신 분이다.

나도 그의 어머니 한숙자 님이 그린 백두산 풍경을 한 점 소장하고 있다.

2016년 이른 봄날에 오한숙희 씨의 어머니는 제주에서 돌아가셨다. 그는 제주에서 언니와 둘째 딸 희령과 함께 글도 쓰고 강연도 하고 전국을 오가며 토크쇼도 하면서 바쁘게 살아가고 있다.

내게는 제주 여행길에 간혹 만나서 따뜻한 밥을 함께하는 정다운 친구다. 요즘도 만나면 그때 방송했던 대원외고 다니던 아들과 마이크 앞에서 울던 딸의 소식을 묻곤 한다.

제주 한 달 살기를 언젠가는 해볼 참인데 그때가 되면 그가 사는 동네에 방을 구해볼 작정이다. 친구가 가까이에 사는 것도 행복한 일이 아닌가 싶다.

멋있는 중고차 딜러 송정헌

중고차를 판매하는 사람일수록 멋을 낼 줄 아는 사람이라야 믿고 맡길 수가 있다. 송정헌은 깔끔하고 참 멋을 아는 신사다.

내가 손님을 소개하면 송정헌은 손님 앞에서 내 자랑부터 늘어놓고 일을 보는 사람이다. 없는 일도 만들어서 칭찬을 하는 듯하다. 수많은 영업 사원 중에 강성노를 만난 것은 행운이라던가, 타던 차를 팔러 온 손님에게는 차를 잘 사용했다는 칭찬을 아끼지 않는다.

어떤 손님이든 그들은 자기가 탄 차에 좋은 가격을 매겨주는 것도 좋아하지만 차를 잘 사용했다는 말을 더 좋아한다.

가격을 내리려고 상품을 흠잡기 시작하면 손님의 기분이 상하고 그 결과도 좋지 않다. 하지만 그를 보내면 성공 확률이 아주 높다. 손님이 갖고 있는 헌 차를 팔아야 새 차를 내가 팔 수 있기 때문에 나는 중고차 딜러 송정헌에게 매번 내 고객을 보낸다.

그는 차를 보는 솜씨가 거의 신에 가깝다. 캄캄한 어두운 곳이라도 라이터 불 한번으로 칠 상태를 알아낸다. 심지어는 손으로 더듬어 칠이 제 칠인지 아닌지를 알아내는 중고차에 관해선 선수 중에 선수다.

더 놀라운 일은 그가 자신의 새 차를 항상 나한테 구입해서 타고 다닌다는 사실이다. 중고차 딜러이긴 하지만 자기는 새 차를 타고 다녀야 폼이 나는 사나이다. 때문에 내 손님이 쓸 만한 헌 차를 하나 구해 달라고 하면 나는 대번에 송 사장을 소개한다.

중고차를 사겠다는 사람에게 어지간하면 할부로라도 새 차를 사게 설득해서 다시 내게 돌려보내는 이상한 중고차 딜러.

어쨌거나 내가 판매 명장의 자리에 오르던 그때까지 송정헌 딜러는 나의 든든한 사업 파트너였다.

오래전에 중고차 사업을 접고 지금은 나한테서 구입한 노란 어린이 버스로 하남의 영어학원 아이들을 태우고 다니는 것으로 소일하며 살고 있다.

영업맨 슈산 보이와의 인연

눈이 오나 비가 오나 아침마다 내 사무실에 와서 구두를 걷어가는 소년이 있었다. 내가 영동영업소에서 일하던 시절이다. 아침마다 방긋 웃는 얼굴로 찾아오는 소년은 내 책상 앞에 무릎 꿇고 앉아서 구두를 달라고 한다. 바로 어제 닦은 것이라 반짝반짝한 데도 내 구두를 잡고 놓아주질 않는다.

그 소년 아니 정현은 내게 영업을 하는 중인 것이다. 정현의 성실함에 나는 단골이 되었고 그의 아버지가 내 사무실 건너편에서 일한다는 것도 알았다.

"제가 크면 우리 아버지한테 차를 사 드릴 거고 제 차도 살 겁니다. 그때는 부장님한테 차를 살 겁니다. 꼭 그럴 겁니다."

정현의 말에 나는 건성으로 "그래라, 그래야지"했다.

그리고 세월이 흘렀다. 소년이던 정현은 어느새 청년이 되었다. 정현은 구두 수선가게를 관두고 중개사 시험을 치르고 마포에 부동산을 개업했다. 황금알을 낳게 해 달라는 뜻으로 황금 부동산 간판을 내걸었다.

성업이라 그는 벌써 두 번째 차를 내게 샀고 세 번째 차를 구입할 생각을 하고 있다.

영동영업소 시절, 그 건물 일층 현관에 경비 아저씨가 계셨는데 나는 이분과도 친하게 지냈다. 하루에도 수십 번씩 사무실을 오르내리면서 그분을 볼 때마다 다정하게 눈을 맞추고 인사를 했다.

명절이나 계절이 바뀔 때마다 새로 나오는 판촉물을 나눠주며 관계를 이어갔다. 경비 아저씨는 늘 내게 고맙고 또 미안해했다. 차를 살 형편도 아닌데 매번 챙겨주니 신경이 몹시도 쓰였던 모양이다.

그리고 나는 그 건물을 나와 언주로에 대리점을 냈다. 어느 날인가 그로부터 연락이 왔다. 딸이 결혼을 했고 결혼한 딸과 사위가 차를 사고 싶어 한다며 나의 사무실에 나타난 것이다. 항상 고마워하던 그의 입장이 어느덧 내 입장이 되었다.

갑과 을. 어느 쪽이 갑이고 어느 쪽이 을인지 알 수 없다. 아니 처음부터 그런 것은 없었다. 우리는 동시대를 살아가는 언제, 어디서 서로를 필요로 할지 알 수 없는 사람들이다.

고객 삼대의 카 마스터가 되다

세월이 아무리 변해도 변하지 않는 것들이 있다. 영업 사원의 신규 방문은 내가 영업을 하는 한 지속적으로 해야 하는 일이다. 자동차 영업에 있어 불변의 철칙 같은 것인지도 모르겠다.

내가 김진익 선생님을 첨 뵌 것도 벌써 사십 년 전의 일이다. 신입으로 입사해서 신규 방문을 이어가던 때였다. 강남역 근처에 있는 주식회사 신성이란 큰 건설회사의 문을 박차고 들어가 총무 부장을 찾았다. 그쯤은 되어야 회사 업무용 차를 결정할 수 있는 권한이 있는 신분이었다.

그때 내가 찾아간 총무 부장이 지금 얘기하려는 김진익 부장님이다. 오랜 군생활로 다져진 폼이 군대 시절 공병감 정도의 위세다. 사실 그분은 야전 공병 부대장 출신이다. 과거 이력과 달리 온화한 성품을 지녔으며 영업 사원인 나를 대하는 매너가 신사 중의 신사다.

고향에 계신 나의 아버지와 흡사한 인상을 지녀 금방 가까워졌다. 건설 회사의 업무용 차를 수도 없이 팔았다. 그 회사를 내 안방처럼 드나들면서 급기야는 외국 현장에 가고 싶다는 동생의 취직까지 부탁할 만큼 돈독한 사이가 되었다.

부장님이 정년퇴직을 한 후에도 차로 맺어진 관계는 그의 딸들과 사위로 이어졌다. 흔치 않게 부장님은 사위 둘 모두를 판사로 맞이했다. 그분의 판사 사위 모두 내 고객이 됐다.

얼마 전에는 큰딸의 딸 차민정 양까지 내게 차를 구입함으로써 나는 그 집안에 삼대에 걸쳐 차를 판매한 사람이 되었다.

이보다 더 놀라운 일은 그분이 정년퇴직을 하고 시간이 좀 흘러 내가 운영하는 대리점에 오셔서 탁송 일을 하게 해달라고 부탁했다는 사실이다. 집에서 그냥 있는 것보다는 손님의 새 차를 배달해주는 일을 해보고 싶다는 생각을 본인의 차를 샀을 때부터 했다고 털어놓으셨다.

나는 흔쾌히 들어줬고 그분은 그 일을 한동안 즐겁게 하셨다.

의지할 곳 없던 시절, 순풍 형님을 만나다

돈암동 아리랑 고개 스카이웨이 주유소에서 아르바이트를 하던 시절에 만난 순풍 형님에 관한 이야기다. 대학생이던 때의 일이니 오십 년쯤 된 일이다. 서울로 상경하여 어려운 생활을 이어가던 때다.

나는 시골에서 자라긴 했지만 누나 셋에 동생 셋을 둔 한 집안의 장남이었다. 유년시절엔 아쉬움 없이 하고 싶은 거, 갖고 싶은 거 모든 특권을 누리면서 자랐다. 자갈논 팔고 송아지 팔아서 서울로 유학을 보냈을 정도로 나에 대한 부모님의 사랑은 각별했다.

그러나 유학생활은 만만치가 않아서 주유소 야간 경비를 아르바이트로 했다. 통금이 있던 때라 차들이 끊어진 열두 시부터 네 시까지 뜬눈으로 주유소를 지키는 일이었다.

훗날, 탤런트 연규진 님이 고향 친구를 찾아 가끔 그곳에 오셨다. 내게는 그분과 장기도 한 판씩 두던 추억 어린 곳이기도 하다.

아무튼 그 주유소에는 키 180cm가 넘는 아주 잘생기고 덩치 큰 원주에서 올라온 순풍 형이 매니저로 있었다. 총각이었던 형님은 숙식을 주유소에서 해결하며 그곳의 모든 일을 건사하며 지냈다. 그런 순풍 형은 의지할 데 없는 내게 많은 힘이 되어주었다. 주유소에서 몇 년을 일하고 헤어진 후에도 형은 늘 내 곁에 있었다.

대학을 졸업하고 군 제대를 하고 결혼해서 개포동 주공 아파트를 내 생애 첫 집으로 분양받을 때에 모자라는 돈을 형은 두말없이 보증을 서고

융자를 알선해 줬다.

석유 사업이 날로 번창한 형님은 한때 주유소를 세 개씩 운영하며 왕성한 사업을 이어갔다. 지금도 시시때때로 전화를 걸어와 어디에 있으니 밥이나 먹자는 말로 안부를 전한다.

내게는 고객이자 홍보 이사인 광호 형

몇십 년을 형 아우로 지내며 집안의 대소사를 다 챙기는 사이다. 노광호 형을 처음 만난 곳은 천호동 구사거리에 있는 어느 주차장 사무실이다. 그때 나는 영동지점의 영업 사원이었다. 내 관할은 천호동, 길동, 암사동, 상하일동 등 이런 외곽 지역이었다.

매일 아침 각종 카탈로그를 어깨에 짊어지고 버스를 타고 관할지로 출장을 나갔다. 걷고 또 걷고 정처 없이 이곳저곳을 찾아다녔다.

당시 광호 형이 있던 용달 주차장도 내가 매일 방문하는 곳 중의 하나였다. 나보다 연배가 있는 말쑥한 용달 기사 한 분을 만났는데 뜻밖에도 얘기가 잘 통했다. 기아 픽업 용달차를 처음 나온 포터 용달차로 바꾸는 작업은 쉽지 않았지만 그 후로 사십 년 동안 광호 형은 나의 고객이자 나의 홍보 이사 역을 충실히 해주었다.

용달에서 한시 택시로 그리고 개인 택시로 갈아탄 지금까지 광호 형과 나는 단 한 번의 외도도 없이 서로에게 든든한 지원군 노릇을 해주고 있다.

천호동 지역에서 개인택시를 하는 사장님들은 강성노 얼굴은 몰라도 이름 석 자 정도는 광호 형을 통해 수도 없이 들었을 것이다.

한번 형은 영원한 형, 강태우

반 백 년 동안 진주 강씨인 형에게 족보를 물어보지 않았다. 강가면 된다. 할아버지든 조카든 어쩌란 말인가. 그냥 지금처럼 형님으로 평생 의리를 지키며 살면 되는 진실한 형이다.

그는 구의동 시장 안쪽에서 나전칠기 자개농 공장 '미성칠기'를 운영하고 있었다. 1980년대만 해도 좀 산다 싶은 집에는 자개농 열두 자 짜리 정도는 들이고 살았다.

내 신혼시절, 자개농은 꿈도 꾸지 못했다. 신규 방문 길에 그를 만났고 같은 종씨라는 고리로 금방 친해졌다. 형님 아우 하면서 뻔질나게 나전칠기 공장을 드나들었다. 공장 사무실에서 짜장면으로 허기진 배를 채우기도 하고 늦은 저녁이면 구의동 근처 고기 집에서 그의 친구나 동업자, 재료상 등의 지인을 만났다.

그는 소위 구의동의 마당발이고 자연스럽게 '자동차 파는 내 동생'이라고 나를 소개했다. 앞으로 차는 무조건 강성노라는 말을 덧붙이는 것도 잊지 않았다. 이렇게 시작한 형과의 관계가 사십 년을 훌쩍 넘는 동안 계속 이어져 왔다. 형 친구들의 "강태우가 강성노를 진급시켰다"는 말이 허언이 아닐 만큼 나는 많은 차를 형을 통해 판매했다.

늦은 밤에도 누가 차에 관한 얘기를 하면 내게 전화를 해서 빨리 나와 계약하라고 했다. 친구들과 모여서 한 잔 마시다가 친구 중 누가 요즘 차 얼마나 하냐고 묻기만 해도 나한테 빨리 나오라고 성화하는 일은 부지기수다. 달려가 들어보면 이 년 짜리 마이카 적금을 오늘 들었으니 적금 타는 이 년 후에 사겠다는 내용이다. 그럼에도 당장 계약을 하란다. 돈이 없으니까 본인 가계수표로 계약금을 빌려 주는 형인 것이다. 그렇게라도 맺어지고 나면 그는 내 평생의 고객이 된다.

술값이라도 내가 낼라치면 큰일이 난다. 처음부터 끝까지 다 형인 자신이 해결한다고 나서신다.

요즘은 은퇴하셨지만 아직도 밥은 형인 자신이 산다고 고집이다. 이제는 내가 형을 모실 차례가 되었음에도 말이다.

자카르타의 하연수를 떠올리며

11월 말 서울에는 초겨울 비가 내렸다. 이 비가 전국적으로 확대된다는 일기 예보도 있었다. 겨울비라서 칙칙하다. 중국 출장길에 올랐다기에 서울을 다녀갈까 싶었다. 못 다녀가는 걸 보니 비즈니스가 바쁜 모양이다.

얼마 전에 나는 베트남 호찌민을 다녀왔다. 여행은 항상 즐겁고 흥분되는 것이라서 다녀오면 금방 또 떠나고 싶어진다. 날이 추워지니 이번엔 따뜻한 네팔의 포카라에 가고 싶다. 페와 호수에 잠긴 설산 히말라야를 보고 싶다.

자카르타 생활이 어떠한지 궁금하다. 오랜 이민 생활에 힘들거나 아픈 데는 없는 건가 모르겠다. 어쩌든지 건강해야 한다. 늦은 나이에 아프면 남는 것이 없다.

나는 오래전부터 도봉산 석굴암에 계신 정재 스님과 주일마다 담소를 나누며 지냈다. 지난 주말에는 절집의 김장을 거들고 겉절이로 점심 공양을 했다. 배낭 속에 숨겨둔 곡주를 몰래 꺼내자면 내게 손사래를 치시던 스님도 이내 반가운 눈길을 흘긴다.

정재 스님은 어릴 때 출가하여 도봉산 석굴암에 있다가 해인사의 해인 선방에 오랫동안 계셨다. 그는 그곳에서 생활하며 재무 스님으로 지내다가 큰스님이 되어서 석굴암으로 돌아온 속이 단단한 스님 같다. 지금은 석굴암을 떠나 지리산 기슭에 고운암이라는 암자를 짓고 열심히 수행생활을 하고 있다.

나는 한두 번 다녀오긴 했는데 연수 자네가 서울에 오면 남도 여행길에 한번 같이 가보고 싶다. 도봉산 자운봉 아래에 있는 석굴암이긴 하지만 우리가 어릴 적 올라 다니던 경주 불국사 뒤 토암산 석굴암을 생각나게 하니 더 정겨운 곳이다.

절집 밑에 도봉산 경찰 산악 구조대에 건달처럼 근무하고 있는 경주 동창 김병철 대장도 가끔 보았다만 그도 이제는 정년퇴직하고 속세로 나와 용인 어딘가에서 도를 닦고 있단다.

항상 자극제가 되어주는 최경주 프로

나는 골프 선수인 최경주 프로를 좋아하는 사람 중의 한 사람이다.

그의 도전정신은 영업을 하는 내게는 항상 자극제가 된다. 만 오십의 나이에도 그는 여전히 현역 선수로 필드에 나간다.

간혹 이 나이에 아직도 영업을 해야 하나 싶은 생각이 들다가도 그의 경기를 보고 나면 정신이 번쩍 든다.

그는 2000년에 Q스쿨을 통해서 미국 무대에 서고 그 이듬해에 134위를 함에 시드권을 잃었다. 다시 재도전한 그해부터 상금 랭킹 64위로 출전권을 얻은 그는 2002년 5월 한국 골프 역사 백년 만에 뉴올리언스 컴팩클래식에서 우승했다. 최경주, 그는 통상 8승에 빛나는 동양인 최다 우승을 달성한 레전드다.

골프를 좋아하는 내가 골프 갤러리로, 팬으로 최경주 프로를 따라나서는 것은 자연스러운 일이다. 왕의 자리는 늘 고독하고 힘들고 지켜야 하는 버거움이 있지만 그래도 인정해 주는 사람이 있을 때 존재 가치가 빛나는 법이다.

일 년에 한두 번쯤은 그가 경기하는 옆에서 그를 응원하며 마음속으로 그와 함께 라운딩을 한다. 감독도 하고 코치도 하면서 18홀을 걷곤 한다.

시합 중에 그를 가까이에서 지켜보자면 대 선배와 시합하는 어린 후배 선수들에게 따뜻한 눈길과 덕담과 농담을 나눈다.

세계적인 골프 선수 최경주가 아닌 그냥 동네 아저씨 같다. 그러다가도 홀을 보는 날카로운 눈빛은 먹잇감을 노리는 매의 매서운 눈매를 닮았다.

그가 2019년 PGA 정규 투어인 제주에서 하는 '더 CJ 나인 브릿지 컵'에 출전한다는 소식에 미리부터 입장권과 비행기표를 구해 놓고 기다렸다. 비행시간이 안 맞아 뒤늦게 도착해서는 뛰고 또 뛰어서 6홀에서 그를 겨우 따라잡았다.

땀을 뻘뻘 흘리는 내게 "여기까지 왔냐"며 반갑게 알아봐 준다. 그 한마디를 듣기 위해 나는 제주까지 온 것이다. 아들뻘의 후배 선수를 토닥이면서 자기 경기를 빈틈없이 해나가는 최 프로야 말로 진정한 프로이며 자동차 영업의 프로인 내가 전적으로 본받을 만한 사람이다.

한국 대표팀 감독이면서 KPGA 부회장이 된 그가 몇 년 더 현역 선수로 뛸 수 있기를 바란다. 그렇지 못하게 되더라도 걱정할 것은 없다. 시니어 프로게임도 있다. 종목은 다르지만 같은 프로로서 나도 그를 따라가야 할 내 길을 묵묵히 갈 참이다.

자동차 영업으로 판매 명장이 되어 봤으니 소위 하늘을 날아 봤으니 이제는 후배들에게도 날개를 달아주고 싶다.

평생에 내가 쌓아온 영업의 경험을 들려주는 재능 봉사라도 해야 하지 않을까 싶다.

영업 인생의 버팀목이 되어준 인연들

영업을 하면서 내게 쌓인 인맥이 좀 화려한 편이긴 하다.

김민하 중앙대학 총장을 위시하여 그분의 아들인 김재열 골프 해설위원, 이순자 전 영부인의 아버지와 동생 가족, 김홍일 의원, 김종필 총리의 보좌관을 통해 퇴임한 김시중 장관 등은 물론, 배우 이정재, 탤런트 최진실과 배우 강수연 등 정계와 연예계 안팎으로 수도 없이 많은 분들이 내게는 자동차 하나로 맺어진 인연들이다. 더불어 경주 중고등학교 선후배와 동국대학교 정치외교학과 선후배들 모두가 사십 년 넘게 내가 카 마스터로 있을 수 있게 해준 주인공들이며 판매 명장의 자리에 오를 수 있게 해준 사람들이다.

나의 화려한 인맥들을 돌아보자면 나 자신이 한 시대를 풍미한 카 마스터였다는 사실이 실감 나기도 한다. 자동차를 파는 일이 아니었다면 판매 명장이 되지 않았더라면 시대를 아우르는 유명인들과 어떻게 얼굴이나 마주했을 것인가 말이다.

화려한 인맥을 자랑하거나 연연하지 않는 것 또한 카 마스터의 직분을 충실히 이어가는 일이다. 노장이 되어도 신입사원 때의 신규 방문 개척은 초심처럼 이뤄져야 한다.

꽃
씨

편
지

마음을 담는다는 것,
마음을 나눈다는 것

:

꽃씨 편지

꽃씨 보내는 아저씨

해마다 삼월이 되면 고객에게 꽃씨를 보냈다. 한국 종묘에서 금년에는 꽃씨를 주문 안 하냐며 몇 개를 준비하면 되겠냐고 물어올 정도로 오랜 세월 동안 꽃씨를 보냈다.

처음에는 유명한 시(詩) 한 편과 함께 꽃씨를 보내다가 내가 쓴 봄 편지에 꽃씨를 동봉해서 보내기도 했다. 봄에 꽃씨를 보내고 가을엔 꽃이 잘 피었냐고 묻는 편지를 보내기도 했다. 첨단 과학의 집합체인 자동차를 파는 남자가 꽃씨로 고객의 감성을 깨우고 자신을 기억하도록 한 마케팅은 나의 판촉 심벌이 되었다.

친한 고객의 잔치에 초대를 받아서 간 적이 있다. 그분이 "아들아, 해마다 꽃씨 보내주는 자동차 아저씨 있지? 그분이 이분이다"라고 나를 소개했다.

그 아들은 "제가 초등학교 때부터 꽃씨 보내주시든 그분이세요?" 하며 또 반가운 얼굴을 한다.

그리고 얼마 후 고객의 아들이 예쁜 신부와 함께 내 사무실로 자동차를 사러 왔다.

전원주택을 짓고 있어요

강 대표, 꽃씨 잘 받고 있습니다. 정말 감사합니다.

용인 근처 양지에 와서 제가 살 전원주택을 하나 짓고 있습니다. 근데 요즘 일꾼들이 옛날과 달라서 일을 좀 해달라고 요청해도 잘 해주지 않는 상황입니다.

세상이 많이 달라졌지요. 제가 중동에서 일할 때만 해도 제발 일을 좀 시켜달라고 사정하고 애원했는데 말입니다. 언제부터인가 우리가 잘 살게 되긴 한 것 같습니다.

암튼 보내주신 채송화 씨는 새 집 앞뜰에 다 뿌려 놓겠습니다. 여름 지나고 집이 대충 정리되면 꽃도 보실 겸 한번 놀러 오세요. 촌에 와 사는 촌로를 잊지 않고 항상 꽃씨를 동봉한 편지를 보내주시니 감동입니다. 사업 번창하세요.

허동범 드림

딸이 차를 바꾼다기에

그간 안녕하셨습니까?

해마다 봄이 되면 꽃씨를 보내주셔서 아파트 화단에 심곤 했습니다. 올해도 변함없이 배달되어 왔으니 백일홍을 화단에 심겠습니다.

강 사장님으로부터 구입한 차가 십삼 년째 되는데 아직 아무런 탈이 없고 잘 타고 있습니다. 정비검사를 받으러 갔더니 검사관이 아직 새 차 같다며 몇 년 더 타도 괜찮겠다고 합니다.

좋은 차를 주셔서 고맙기는 합니다만 차를 팔아 드리지 못해 미안한 마음입니다. 제 딸이 차를 바꾼다는 말이 있어서 강 사장님한테 상의하라고는 했습니다.

모쪼록 건승하시길 바랍니다. 꽃씨 감사해요.

김진익 드림

에베레스트에 가고 싶다

종원아, 네 편지를 읽자니 네가 몹시 그립구나. 곁에 있으면 평생 좋은 친구가 되었을 텐데 아쉽다. 미국 생활에 익숙해지고 있다니 다행이다.

나는 잘 지낸다. 자동차 장사는 잘 되다가 주춤하다가 그러면서도 아웅다웅하며 잘 꾸려가고 있다. 직원들도 좀 바뀌고 인원은 많아졌다.

LA에 한번 간다는 것이 정말 쉽지 않구나. 세상에서 가장 아끼는 후배가 셋이나 있고 동창도 둘이나 그곳에 살고 있는데 해마다 계획만 세우고 왜 못 가는 것인지 모르겠다.

하기는 내가 간들 너나 다른 친구들이 시간이 나지도 않겠지. 이민자의 삶이 얼마나 힘들고 바쁘고 여유가 없는지 짐작은 한다. 그럼에도 앞서 보내준 네 가족사진을 보니 애들도 부인도 다 밝은 표정이라 보기 좋더라.

가장인 네가 힘든 건 당연하겠지만 애들이 좋아한다니 그 또한 보람일 테지. 힘들고 어렵더라도 잘 버텨라. 평생을 버티면서 살아온 우리잖니.

이제 곧 봄이다. 우리가 가꾸던 문호리 주말농장에 씨도 뿌려야 하고 봄 여행도 준비 중에 있다. 어디로 갈까 고민 중이다.

지난해 서운사에 다녀와서 너한테 보낸 편지 기억하지? 금년에도 마음이 동하면 어느 날 갑자기 떠날까 한다. 에베레스트에 가고 싶다.

이제 너도 오십이니 건강 잘 챙겨라. 금년에 내 책상 앞에 붙인 각오다. "꿈과 도전! 천 대 팔자!"

히말라야를 등반하던 때를 기억하며

형님을 꿈속에서 만났습니다. 따뜻하고 힘이 넘치는 목소리가 너무 좋았어요.

한국은 구정에 고향 산천 간다고 길이 막히는 체증에 짜증도 내겠지만 LA에 있는 저로서는 그것조차 부럽고 그립습니다. 이곳에서도 구정 축제는 하지만 미국인지라 분위기는 전혀 아닙니다.

한국을 떠나온 지 삼 년이란 세월이 화살처럼 지나갔습니다. 아이들이 저들끼리 영어로 말하는 것을 보면 기특하기도 하지만 내 삶은 아니다 싶기도 합니다.

어제는 한인 타운에 가서 돋보기도 맞추고 하얀 머리 염색도 하긴 했습니다. 이렇게 늙어가는 것이 안타깝지만 어찌하겠어요.

형님도 너무 스트레스 받지 마시고 이제 좀 천천히 가시지요. 인생 뭐 있을까요? 그냥 받아들이고 숨 한번 크게 쉬고 건너면 되는 것이 아닐까 싶네요.

이민자 생활로 허덕이며 살다 보니 제가 형님을 위로하는 처지가 되었습니다. 형님과는 늘 옆에서 좋은 파트너로 일하고 골프도 치고 여행도 다니면서 살고 싶었는데 뭐가 그리 급했는지 이민을 결정하고 삼 개월 만에 떠나오고 말았습니다.

반기는 사람도 없고 직장이 결정된 것도 아니었는데 미친 사람처럼 떠나왔네요. 헤어짐이 서글퍼서 인사도 제대로 못하고 왔습니다.

그러나 제 마음속에는 형님의 따뜻함이 마음 한 구석에 항상 자리하고 있습니다. 형님 같은 분을 제 평생 또 만나기란 쉽지 않을 겁니다. 늙어서 다시 만나게 되더라도 히말라야를 함께 올랐던 그때를 생각하면서 형님의 따뜻한 가슴에 안길 겁니다.

저는 요즘 골프에 빠져서 주변 지인들과 매주 라운딩을 나갑니다. 형님은 어떻게 핸디가 좀 줄었나요? 며칠 전에 팜 스프링에 있는 인디언 골프 스프링스에 가서 오버 열 개 치고 왔습니다.

금년에도 승승장구하시고 항상 말씀하시듯이 바람처럼 물처럼 사시길 바랍니다.

LA에서 종원 드림

기억력 좋은 유대인 아가씨

그 먼 길을 무사히 잘 다녀왔다니 고맙구나. 첨부한 사진 중에 안나푸르나 어느 산장에서 너와 어깨동무한 벨지움 아가씨 씨엔느는 참 매력적으로 보이더구나. 향긋한 내음도 나는 듯하고.

그 동네 가면 농사짓는 여자도 다 예쁘게만 생겼다. 덩치는 크지만 눈이 예쁘고 애교도 이만저만 아니다. 아담하면 금상첨화지만 그것까지 바라면 욕심이 과하지.

벨지움은 비즈니스 때문에 내가 거의 매일 교신하는 곳이다. 동부 스템

버트라는 곳에 우리 회사 비즈니스 파트너인 본텍스 공장이 있다. 공장에서 한 시간 정도 달리면 네덜란드와 독일의 국경 지대가 나오고 강 건너에 네덜란드 강변 도시인 마스트리흐트(Maastrcht)가 있지.

2차 대전 당시 독일과 가장 치열했던 격전지였다는데 독일도 이 동네만은 폭격을 하지 않아서 16~7세기의 모습이 그대로 보존되어 있더라. 보도블록이 깔린 도로를 끼고 골목 안으로 들어서면 이층 집들이 이어지고 집집마다 베란다에 건설 연대를 새겨놓은 역사 깊은 동네다.

그 가운데 유대인이 하는 분위기 죽이는 레스토랑이 하나 있고 까만 머리의 자그마한 예쁜 유대인 여자 종업원이 일하는데 기억력도 비상하지. 십여 명의 각자 다른 식사 주문을 기가 막히게 기억해서 주문한 음식을 가져오는 걸 보니 유대인은 머리가 정말 좋은 모양이다.

파트너 본텍스 회장이 수십 년 동안 개폼 잡고 자신의 단골집이라고 거들먹거리는 것이 그리 밉지가 않다. 음식 값은 다 내주니까. 하하.

입구에 있는 스탠드바에서 입가심으로 맥주를 마시지. 메인 디쉬는 피가 남아있는 유럽식 토끼 요리 빼고는 해산물 요리가 일품이다. 맥주나 포도주를 곁들이면 좋지.

벨지움 아가씨 때문에 얘기가 샛길로 빠졌다. 아무튼 건강한 강 사장의 멋진 여행에 다시 한번 박수를 보내고 언제 한번 같이 가보자.

어릴 때부터 우리 집을 들락거리던 내 조카 놈 친구가 거기 히말라야의 만년설에 잠들어 있어서 소주라도 한 잔 뿌리고 오고 싶다.

인니에서 친구 연수가

그 여름은 어디로 갔을까

여름 내내 비실거리다가 정신을 좀 차려보니 계절이 바뀌었구나. 세월이 너무 빨라 내 나이가 몇인지 네 나이가 몇인지 기억할 수 없다.

그래도 가을바람이 솔솔 불어오니 이제는 좀 살 것 같다. 여름은 참 길고 덥고 비도 많이 와서 오십 넘은 나이가 되다보니 텁텁한 여름을 넘기기가 쉽지 않구나.

가을이 오긴 했는데 별로 재미있는 것이 없어서 그런지 우중충한 하늘을 보고 있노라니 우울한 기분만 든다. 남자에게도 갱년기란 것이 있는지 모르겠다. 태안의 안면도 여행을 다녀온 뒤로 번개는 모른 척 안면 몰수하고 있다.

이기는 재취업을 해서 신입사원 노릇 하기가 만만치 않은가 보다. 이런 바쁜 중에도 이기는 안팎으로 경사가 겹쳐 자랑질이다. 며칠 전에는 홀인원을 했다고 소문이 파다하고 기념공도 만들었단다. 그 부인은 예술의 전당에서 전시회를 개최한다니 겹 경사지 뭐냐.

주말에 전시장에 한번 갈 테니 밥이나 같이 하자. 내가 한턱 내야겠다. 이기의 홀인원과 전시회 개최를 기념하며 축하하는 의미로다가.

와이리는 부산 가서 살더니 날개 활짝 펴고 동분서주하는 것 보니까 부럽더라. 손자 놈 재롱에다가 부산 친구들과 연일 파티를 벌이며 난리법석이다.

나는 신나는 일없이 조용히 지내고 있다. 장사도 신통치 않고 골프도 그렇고 친구도 멀리 있다. 문경 골프모임 끝내고 고향에 벌초를 가기로 한 그날만을 기다린다.

아침부터 웬 푸념이냐면 남자 갱년기에 친구 생각도 나고 가을이 왔으니 배낭 꾸려 도망갈 궁리하고 있다. 나는 평생을 도망갈 궁리만 하면서 살고 있다.

와이리야, 언제 서울 한번 올라올 기회를 만들어 보아라. 이기의 홀인원 기념 라운딩 한번 해야 된다. 홀인원과 겜은 다르니 잔돈들 많이 준비해라.

대리점을 오픈하면서

겨울입니다. 인동초의 고고함이 한껏 돋보이는 이 계절에 드디어 제가 판을 벌리고 말았습니다.

자동차 영업 외길 이십 년을 달려온 끝에 마침내 12월 21일 언주로에 대리점을 오픈하게 되었습니다. 성수대교에서 관세청으로 가는 길입니다. 옆에는 기아자동차와 삼원가든이 있고 앞쪽엔 청학 골프 연습장과 BMW 전시장, 시트로엥 자동차 전시장이 있습니다. 도산공원이 걸어서 2분 거리에 있고 뒤편에는 소망교회가 있으며 근처에 현대백화점과 갤러리아백화점이 있습니다.

제 단골 식당인 풀향기와 일식집 샤와, 만리장성, 뉴욕뉴욕 등 먹거리가 널려 있습니다. 제 사무실 대각선 건너에는 영화관 씨네하우스와 고기집 늘봄공원이 있습니다. 압구정 로데오 거리도 걸어서 5분이며 전시장 앞에는 언제든지 주차 가능한 공간이 있답니다.

한번 오세요. 아무 때나 오셔서 영화 한 편 보셔도 좋고 연습장에서 공 한 박스 같이 치시든가 아니면 풀향기에서 맛보는 된장찌개도 좋습니다.

시간 되시면 도산공원 벤치에서 폴라로이드 사진 한 장 찍어 드릴게요. 공원 근처에 분위기 좋은 찻집도 많습니다.

제 사무실에 오신다고 해서 차 한 대 가져 가시라고 하지는 않겠습니다. 오시면 그간에 제가 수억 벌어 놓은 돈으로 밥도 커피도 사겠습니다. 저녁때 오시면 따끈한 정종도 대접해 드리겠습니다.

강산이 두 번 변하도록 한 우물만 파온 제가 이제 다시 강산을 두 번 정도 더 바꿀 양으로 이 어려운 IMF 시기에 결단을 내리고 판을 폅니다. 막상 판을 펼치고 나니 겁이 좀 나기도 합니다.

그러나 아직 젊은 제게는 패기가 있습니다. 신입사원 시절을 떠올리며 더 부지런히 성실하게 일을 할 작정입니다. 지켜봐 주시고 격려해 주십시오.

언제나처럼 건강하시고 즐거운 성탄과 새해를 맞이하시고 행운이 가득하시길 빌겠습니다.

금년의 새해 인사는 이 편지로 대신합니다. 고맙습니다. * 1998년 12월 나만의 대리점을 시작하면서 고객에게 쓰다.

강화도 마니산에 봄이 왔어요

마니산 참성단(摩尼山塹星壇)에서 함허동천으로 가는 바윗길 곳곳에 봄이 널려 있습니다. 진달래 꽃망울과 파란 물푸레나무 줄기와 회색의 바위까지도 봄의 빛깔로 바뀌었습니다. 잔설과 빙벽 틈으로 흐르는 맑은 물소리가 길 가는 나그네의 옷자락을 잡고 놓질 않습니다.

산 정상에서 사방으로 보이는 바다의 색이 궁금하여 하산 길에 동막 해수욕장에 내려가 보았습니다.

바닷물은 물론이고 갯벌까지 봄의 색으로 바뀐 것을 보니 찌릿찌릿한 봄기운을 느낍니다. 파란 수초 때문인지 제 마음이 변했는지 아무튼 녹색의 바다는 가슴을 쿵쾅 거리게 합니다.

봄이 가까이에 와 있습니다. 금년에도 변함없이 봄 편지와 꽃씨를 동봉해 보내드립니다. 가까운 곳에 뿌려 두시고 오래 보시면서 건강하고 행복하십시오. * 2000년 봄, 강화 마니산을 다녀와서 봄 편지를 보내다.

비올라 소리를 닮은 옥류동 물소리

금강산 온정리에서 만물상으로 가는 길에 곱게 자란 소나무 친구들이 빽곡하게 서 있었습니다. 추운 겨울을 잘도 참고 넘긴 소나무들의 이름은 금송(金松)이랍니다.

그 숲길을 걷자면 강한 힘이 느껴집니다. 이른 봄 소나무 향기는 세상을 다 맑게 해주는 듯합니다. 소나무들 사이로 흐르는 옥류동 물소리는 비올라 소리 같습니다.

금강산 소나무 숲길을 다시 걷고 싶어서 배낭끈을 놓지 못합니다. 놓을 수가 없습니다. *1999년 이른 봄. 금강산에 다녀와서 고객에게 안부 편지를 쓰다.

봄날의 새재를 넘다

삼월 초순 주말에 새재(鳥嶺)를 생각했다. 영남의 선비들이 청운의 꿈을 안고 과거 보러 가기 위해 넘던 고개다. 낙향하는 관리들이 허전함을 달래며 쉬어가던 고개다. 사랑하는 사람을 따라 두려움과 흥분에 떨며 넘던 고개다.

백두대간의 등뼈를 이룬 고산 준령이 병풍처럼 이어져 새들만이 넘나들 수 있다는 문경새재를 찬바람과 진눈깨비를 뚫고 간다. 길 양편으로 흐르는 맑고 청아한 물소리를 들으며 친구 조용호의 넓은 등판을 보면서 조령관문에 든다.

전설을 곱씹으며 약수를 마시고 시(詩)를 읽으며 3 관문 조령 정상에 올라서니 멀리 뿌연 하늘 너머에 임금이 계신 한양 땅이 보인다. 그곳에 조선조 충신 점필재 김종직이 간신들의 모함으로 귀향을 갔다가 다시 임금의 부름을 받고 조령에 올라 임금이 계신 한양을 바라보며 임금과 나라를 걱정하며 지은 시비(詩碑)가 수 백 년 찬바람을 견디며 서 있다.

날이 저물어 곧장 되돌아올까 하다 산비탈에 비스듬히 보이는 오두막의 막걸리 어쩌고 하는 간판을 보고서는 누가 먼저랄 것도 없이 들어선다. 동동주 한 사발과 묻어둔 신김치 한 쪼가리를 씹고는 갈 길을 서둘렀다.

두 시간의 달빛을 맞으며 걸을 수 있는 황토 흙길. 조령관문을 넘을 수 있는 잘 다져진 흙길을 따라 수 백 년 전 조선의 선비들이 걸어서 넘던 그 길을 아직도 주흘산 정상에 남은 잔설과 얼음벽이 봄소식을 비켜가게 한다.

다정한 물소리와 물오른 버들과 봄색의 금송들이 길 떠나온 나그네의 마음을 큰 가슴으로 껴안는 새재를 뒤로 하고 뜨뜻한 온돌방으로 돌아왔다.

별 생각없이 찾아 나선 조령과 함께한 금년의 봄 편지다.

아직 밤바람은 차다. * 2007년 봄 편지

눈의 거처

오랫동안 갈증 내며 꿈꿔왔던 히말라야의 안나푸르나를 다녀왔습니다. 제가 산을 다니기 시작한 지 25년 만에 20일의 일정으로 '눈의 거처, 풍요의 여신'이라 일컬어지는 그곳에 다녀왔습니다.

이제는 아침마다 문안 전화를 드려야 하는 부모님도, 자녀의 합격을 기원하는 백일기도도 제게는 다 지나간 일이 되어 마음의 짐을 벗고 홀가분하게 배낭 하나 지고 떠났습니다.

해발 5천 미터 가까운 베이스 캠프가 까마득히 내려다보이는 빙하지대의 언덕에서는 숨이 목까지 차오르고 가슴은 터질 듯이 답답하였으나 8천 미터 정상을 올려다보면서 욕심에 애를 태웠습니다.

장엄한 산 앞에서 인간은 하찮은 존재일 뿐입니다. 욕심을 가진 인간에게 산은 그 어떤 것도 내주지 않습니다. 히말라야 등반이 욕심만으로 되지 않는다는 것을 배우고 돌아섰습니다.

산은 내게 그 어떤 것과도 비교할 수 없는 바꿀 수도 없는 그리움이자 동경입니다. 또한 제 자신의 자존심인 듯합니다. 가도 가도 끝이 없는 첩첩산중 산길을 열흘 동안 걷고 걸어 하산하는 길. 고라파니 푼힐 전망대에서 본 다울라기리, 안나푸르나 남봉, 히운출리, 강가푸르나, 마차푸차레 등의 설산들이 제 작은 가슴에 벅차게도 다가 왔습니다.

붉은 아침 햇살을 머리에 이고 있는 이들 앞에서 먼 곳으로 가신 어머님과 사랑하는 가족 그리고 친구들, 나의 조국과 지금 이 땅에 살고 있는 모든 이들에게 무한한 축복이 있기를 진심으로 기도하였습니다.

힘들고 어려운 고행의 길이었지만 이렇듯 마음이 평화롭고 풍요로운 것은 안나푸르나가 제게 주는 감동적인 선물인 것입니다. 깊은 산중에서 만나는 것은 오직 하얀 눈과 정글과 이름 모를 아름다운 꽃들과 순박한 히말라야 사람들뿐입니다.

제 마음도 순백으로 돌아왔고 이 순백의 마음을 많은 이들과 나누고 싶습니다. 금년에는 히말라야 얘기로 새해 인사를 올립니다. * 갑신년 새해 아침에 쓴 편지글 중에서

겨울이 지나면 봄은 오고

보리쌀 몇 되와 낡은 책 몇 권을 넣은 괴나리 봇짐을 멘 쪼그만 학생이 칙칙폭폭 기차를 타고 경주로 유학을 떠났습니다.

경주 유학시절, 서천해 강물이 파랗게 흘러가는 강가 외딴집에 자취방을 얻고 학교를 오가는 길에 시퍼런 파밭 둑길을 걸어가는데 어찌 그리도 파가 탐이 났는지 모릅니다.

워커 발로 툭 차서 몇 뿌리 훔쳐 왔습니다.

그 파를 넣고 어설픈 솜씨로 연탄불에 된장국을 끓이던 기억이 봄이 되면 가슴 저리게 올라옵니다.

엄마가 보고 싶어서 밤새 울고 베갯잇을 흠뻑 적셔 다음날이면 햇살 좋은 창가에 젖은 베개를 올려놓은 때도 삼사월의 봄날입니다.

봄이 되면 새싹이 솟아나듯이 기억이 온통 새롭습니다.

세상은 어수선하고 정리되지 않은 듯하지만 여전히 꽃은 피고 두꺼운 외투를 벗어두는 때가 자연의 법칙에 따라옵니다.

환절기에 건강 조심하세요.

* 2004년의 봄 편지 중에서

노사 분규의 뼈아픈 현실 속에서도

산과 바다가 그리운 푸른 칠월입니다.

세상이 급변하는데 해마다 치러야 하는 노사 분규가 저와 저희 회사를 아껴주시는 하늘 같은 고객님과 동문 선후배님들의 기대에 미치지 못하는 것 같아 죄송스럽고 너무 안타깝습니다.

세계 10대 자동차 회사 중의 하나인 현대자동차가 연초부터 상호 간의 이해 부족으로 삐거덕 거리며 파업과 협의를 거듭하고 있습니다. 불행 중 다행인 것은 공장 전 자동화 시스템으로 작은 하자라도 발생하면 다음 공정으로 넘어갈 수 없도록 철저한 제품 관리를 실시하고 있기 때문에 분규 중에 생산된 제품이라도 전혀 하자가 없다는 사실입니다.

단지 생산량의 절대 부족으로 인하여 제때에 공급해드리지 못하는 점, 이해해 주시기를 부탁드리는 바입니다. 고맙고 또 죄송합니다.

그러나 자신 있습니다. 오늘의 이러한 아픔은 현대자동차가 세계 제일의 자동차 회사로 나아가는 밑거름이 될 것이라고 확신합니다. 질책과 사랑으로 지켜봐 주시고 많이 격려해 주세요.

장마와 더위 그리고 방학과 휴가를 건강하게 보내시길 바랍니다. * 1993년 여름, 고객에게 보내는 편지 중에서

봄볕 쪼이는 엄마

제주에 가시면 한라산이 있고 성산 일출봉도 있습니다.

성산 건너에 보이는 곳에 편안히 누워있는 우도(牛島)에 한번 다녀오시는 건 어떨까요. 하연 등대, 이른 봄 푸른 보리밭, 모래밭에 핀 노란 유채꽃 한 포기, 단정하게 다듬어진 돌담길, 까만 모래 가득한 빈 해수욕장, 눈부신 산호모래 해수욕장도 있답니다.

바닷물이 너무 투명하여 신발이 잠기는 줄도 모를 겁니다.

멀리 보이는 한라산 배경으로 사진도 한 장 남기세요. 미역, 조개 줍는 할머니를 보시면 윙크 한 번 해주세요.

이렇게 또 봄이 왔습니다.

고향집 앞마당에 봄볕 쪼이는 엄마가 보고 싶습니다.

올해는 제주에서 편지를 씁니다. * 1996년 봄 편지 중에서

원하던 삶을 추구할 때

성노야, 나는 잘 지낸다.

네 편지를 받고 보니 서울의 봄이 생생하게 그려진다. 추운 겨울 뒤에 찾아오는 봄이 진짜 봄이구나 싶다. 봄꽃도 많이 피고 담벼락 구석구석에 돋은 푸른 풀들이 얼마나 예쁜지.

이곳은 사시사철 꽃이 있고 잔디도 늘 파래서 봄이 오는지 가는지도 모르겠다. 너의 편지가 내게는 봄이다.

자연의 봄은 왔다고 해도 세상이 어수선하면 춘래불사춘이지. 그래도 이곳 인도네시아는 나이 들어 살기 좋은 곳인 것 같다. 특히 밥하고 빨래하고 청소하기 싫어하고 골프 좋아하는 마누라들에게 천국 중의 천국이다.

너의 아내 영자 씨도 이제 새벽밥 하고 와이셔츠 다림질 하는 것이 싫은가 보다. 여기 살아본 사람들은 서울의 삶이 질적으로 형편없다고 야단들이다. 일을 접기에는 너무 젊다는 네 말을 이해 못하는 것은 아니지만 생업을 접는데 나이가 문제는 아닌 것 같다. 사람에 따라 생각이 다르니 뭐라고 딱히 단정 짓기도 애매하다.

어떤 부자는 삼대가 먹고살 재산이 있어도 죽을 때까지 부족하다고 여겨 돈에 매달려 살다가 돈에 깔려 죽는 이도 있고 또 어떤 사람은 가정과 사회적 책임을 다 할 수 있는 최소한의 여유만 확보하면 생업을 접고 하고 싶은 일을 하며 살다가는 이들도 주위에는 많고 많더라.

이제는 일이 너무 많아도 너무 없어도 안 되는 나이가 되기는 했지. 여유가 좀 된다면 이제는 생활비 보탬이 될 정도로 적당한 일거리만 만들어 놓고 진짜 하고 싶었던 일을 하면서 지내면 좋을 듯싶다.

경제적 여유가 좀 더 된다면 이웃에게 베푸는 마음으로 넉넉하게 살다가야 하지 않을까. 보따리 싸서 이곳으로 오겠다면 말리진 않겠다. 나도 친구가 오면 좋지.

연수로부터

주소를 이제야 제대로 알려드립니다

강성노 선배님의 편지는 잘 받아보고 있습니다.

사실 저와는 어떤 관계가 되는지 잘 알지 못했고 언젠가 텔레비전에서 직장인이 모여 토론하는 방송에서 얼굴을 처음 뵙고 그냥 대단하다, 라는 생각을 하긴 했었습니다.

그런데 오늘 보내주신 편지를 보고 경주가 고향이란 것을 알게 되었습니다. 저 역시 경주가 고향이고 자취를 하면서 학교 생활을 해온 터라 오늘 강성노 선배님의 경주 얘기며 자취 생활하던 어린 시절의 얘기가 가슴에 와 닿았습니다.

이제야 저의 주소를 제대로 알려드릴 수 있게 되었습니다. 선배님이 알고 있는 주소는 팔 년 전 제가 코오롱상사에서 근무하던 시절의 주소입니다.

지금은 충남 당진에 있는 코오롱마트 당진점의 점장으로 일하고 있습니다. 다시 한번 보내주신 편지에 감사드립니다.

나날이 좋은 발전하는 날 되시기를…….

박보묵 드림

* 십일 년 후배인 박보묵이 보내준 편지다. 보묵이가 서울 본사 근무 시절 주소로 내 편지가 팔 년 동안 갔을 것이고 이 친구는 어쩌다가 한 번씩 옛 동료들이 인편으로 전해주는 편지를 받아보니 내가 누구인지 연결이 안 된 것 같다. 나의 끈질긴 프러포즈가 팔 년 만에 후배에게 감동을 안겨 마음을 열게 해 주었을 것이라 미루어 짐작해 본다.

내 인생의 주치약사

해마다 향수를 불러일으키는 강 동문의 편지와 꽃씨를 매번 받고도 염치없이 오늘에야 조심스레 말문을 열어봅니다.

먼저 내 소개를 하자면 경주고 19회 졸업생으로 집은 안강이며, 포통 방면 열차 통학생이었던 정양훈이라고 합니다.

열차를 타고 다니던 시절의 강 동문도 어머니에 대한 효심이 절절했던지라 내게는 가슴 뭉클하게 다가왔습니다.

나는 개포동에서 작은 약국을 운영하고 있는 약사입니다. 지금 가지고 있는 차를 처분하고 새 차를 구입할 시에는 꼭 강 동문에게 부탁하겠습니다.

현재는 마르샤를 타고 다니는데 장거리 운행이 별로 없어서 주행거리는 많지 않으나 이곳저곳 손볼 곳이 좀 있습니다. 그동안은 동네 근처 정비소에 맡겨 손을 보고 있습니다만 강 동문이 좋은 곳을 소개해 주시면 그곳에서 바로 수리에 들어갈까 합니다.

하는 사업마다 날로 번창하시길 바랍니다.

정양훈 씀

* 얼굴도 모르고 동창회 명부를 보고 수도 없이 보낸 편지 덕에 반가운 답장을 받았다. 위 편지를 받고 나는 바로 양훈 선배를 찾아갔다. 그 후 선배는 마르샤를 제네시스로 바꾸고 한 번 더 바꿨다. 가족이 사용할 작은 차도 사고 차가 필요한 동네 어른도 소개해 줬다. 처방은 동창인 청담의원 이상동 원장이 내려주고 약을 살 일이 생기면 무조건 선배에게 달려갔다. 그렇게 양훈 형님은 나의 주치약사님이 되셨다. 누구보다 돈독한 선후배가 되었고 차츰 약이 더 많이 필요한 노후가 남았으니 내 인생의 마지막까지 함께 가지 않을까 싶다.

골프를 끊어, 말어?

강산바람아, 당신이 30, 21 골프 회장직을 넘겨 받아라.

나는 지난번 양평 티피시 게임 이후로 골프를 끊기로 작심했다. 골프를 끊기로 한 마당에 골프 회장이 무슨 소용이 있겠나.

힘이 부족해 거리도 안 나가지. 다리는 휘청휘청해 쌩크만 나지. 관절마다 근력이 떨어져 좌우 사방으로 공이 튕겨 굴러가지. 먼 거리 짧은 거리 가리지 않고 뒤땅을 쳐대지. 눈이 가물거려서 그 좋던 퍼팅 감각도 상실해 구멍에 제대로 넣지도 못하지. 상황이 이러한데 어찌 골프를 친다고 떠들고 다닐 수가 있겠는가 말이다.

전전번에도 한 접 백개 치고 한 소쿠리 더 쳤는데 이번에도 그때와 똑같은 일이 벌어졌으니 이래서야 골프를 안 끊고 되겠나. 끊어야지. 골프 채를 아예 집어던지든가 팔든가 아니면 한 삼 개월 연수원에서 숙식하며 재교육을 받든가 해야 할 것 같다.

이기는 입 삐딱하게 다물고 힘으로 밀어붙이지. 번개는 후다닥 쳐도 멀리 제대로 날리지. 강산바람 강성노는 살방살방 우드를 김미현이 같이 잘도 치지. 우짜겠노? 하지만 말이다.

촛불도 꺼지기 직전에 한번은 밝게 타 오른다고 했고, 배수진을 치고 나면 죽기 살기로 덤벼들어 싸우니 이긴다고 했고, 옛날 장수들은 목이 잘려나가도 두 눈 부릅뜨고 노려보다가 넘어진다고 했으니 와이리도 어찌 그냥이야 넘어지고 골프를 끊을 수가 있겠나. 방심하지들 말고 칼들

갈아라. 이 몸이 죽기 전에 꽥 소리라도 지르고 갈지 모른다.

골프란 것이 그렇다. 어느 날은 미친 듯이 잘 날아가고 잘 들어가다 가도 어느 때는 죽어라 안 되는 날이 있다. 그래서 매번 때려치운다고 하면서도 혹시나 싶어 또 해보고 다시 좌절하고 또 해보기를 반복하는 것이 인생살이와 흡사하다.

골프는 인생이다.

친구 와이리가 쓴다.

관악산 연주대에 찾아든 봄

무너미 고개에서 학바위 능선을 타고 연주대로 가는 아름다운 길이 있습니다. 바위틈 곳곳에 겨울 흔적이 남아 있지만 푸르게 변하는 소나무 가지와 뻥튀기처럼 터져 나올 것 같은 진달래 몽우리가 순서 없이 나올 채비를 다 마친 것 같습니다.

봄을 질투하는 싸늘한 바람이 없지는 않지만 달이 가고 세월이 가니 올 것은 기필코 오고야 마는 교과서 같은 일이 벌어집니다. 사람들도 가는 이는 가고 오는 이는 오며 남는 이는 남아서 이 엄숙한 질서 앞에서 다시 만나게 되는 아름다운 재회의 날들이 있습니다.

봄을 기다리는 설레는 마음으로 저는 항상 새로운 만남을 기다립니다. 봄날에 꽃씨를 파종하고 여름 가을날에 차례로 피어날 형형색색의 꽃들을 기다리듯이 그렇게 기다립니다.

신라 문무왕 때부터 자리 잡은 바위 벼랑 난간 위 연주대의 돌부처는 귀가 큽니다. 오고 가는 길손의 간절한 소망을 다 들어줄 모양입니다.

금년에는 관악산 연주대에서 봄소식을 전합니다. 고르지 못한 봄 날씨에 건강 잘 챙기시고 가족 모두 행복하시기를 기도합니다. * 2003년 봄 편지 중에서

위태롭던 어느 봄날 그리고 사십 년의 세월

얼핏 여자 이름 같지만 조영희는 강인한 남자다. 그를 생각하면 금방이라도 무슨 일이 터질 것 같은 긴박감이 흐른다.

이런 생각도 다 지난 옛일이 되어버렸다. 지금의 그는 환갑을 코앞에 둔 할아버지다.

내가 그를 처음 만난 때는 외나무다리를 건너던 위험한 시대였고 내 눈에는 청년 조영희도 위태로워 보였다. 사십 년 전 유신시절, 남산의 캠퍼스 안에는 경찰과 사복 보안 부대원들이 촘촘한 가운데 학생들의 데모가 한창이었다.

그때의 나는 정치외교학과 학생회장으로 법정연구소에서 유광진 선생님의 잔심부름을 하는 조교였다. 외무고시에 도전해 보겠다고 책과 씨름하던 어느 날, 일학년 학생 서너 명이 연구소를 찾아왔다. 조영희와 김동

성, 이윤훈, 정동호 이 넷이었던 것으로 기억한다.

그들은 현 시국과 우리 정치외교학과가 나아가야 할 길과 해야 할 일 등등으로 열변을 토했다. 당장 그날 오후에 석조관 옥상에서 유인물을 뿌리겠다며 내가 있는 연구소를 나갔다. 그 뒤로 나는 조영희를 오랫동안 학교에서 볼 수 없었다.

내가 그를 볼 수 없던 그동안 그는 민청학련 사건으로 고초를 당하고 피신 생활을 하느라 제적과 복학을 반복하면서 길고 긴 학교생활을 이어가고 있었다. 남들보다 유난히 긴 학교생활 때문일까. 그의 학교 사랑과 선후배 사랑은 유별난 편이다.

대학을 졸업한 후, 조영희는 충무로의 인쇄쟁이가 되었다. 그와 나의 인연은 그렇게 다시 시작되었다. 자동차 영업을 하는 나의 조력자로 고객에게 보내는 나의 인사장, 연하장, 광고물 등 내게 필요한 모든 인쇄물이 지금도 그의 손을 거쳐서 나온다.

조영희는 또 내가 등반한 산을 더듬어가는 산 후배이기도 하다. 백두대간을 중도에 포기한 나보다 더한 열정으로 산과 한 몸이 된 그를 보면 강인했던 젊은 날의 그가 절로 떠오른다.

환갑을 넘기며 사십 년 동안 이어져온 끈끈한 우정이다. 이제는 북한산 산허리를 천천히 걸어가는 동무가 되어 약속하지 않고도 우연히 만나게 되는 행운이 있기를 기대한다. * 영원한 청춘 조영희 회갑기념(2013) 수서집에 수록된 글

깨
달
음
의

삶

제6부

추억할 수 있는 삶, 아름답지 않은가

추억할 수 있는 삶,
아름답지 않은가

.
.
.

깨달음의 삶

배고픈 시절에 만난 교주와 진창이

암안동에서 시작한 서울살이는 자꾸 오르는 방값에 삼양동까지 밀려났
다. 대로의 언덕 밑에 있는 월세 방은 마당에 수도가 있고 연탄 아궁이와
방 하나가 전부다.

이삿짐이라고 해봐야 괴나리 봇짐이 전부지만 짐을 옮겨놓고 이불 보
따리를 베고 누우니 구들이 따끈해서 그대로 낮잠을 잤다.

인기척이 있어서 미닫이문을 열어보니 잘 생긴 청년이 할 말이 있는 듯

그 앞에서 머뭇거리고 있었다. 청년은 내게 오늘 이사를 왔냐고 말문을 열더니 자신은 옆방에 세 들어 산다고 했다. 예천이 고향인데 얼마 전에 서울로 이사와 할머니와 엄마랑 살고 있단다. 증조모가 아직 시골에 계시는데 곧 서울에 모셔올 것이라는 얘기들을 줄줄이 늘어놓았다.

엄마와 조모, 증조모만 있으니 삼대를 이은 과부가 사는 집이고 청년은 삼대독자였다. 귀한 집 아들로 시골에서 학교를 다녔고 예비고사를 통과하지 못해 소위 재수를 하는 중이다. 당구장에 출근해서 주인과 시간을 보내다가 저녁에 집에 와보니 또래 친구가 이사를 왔으니 반갑기도 했겠다.

전부터 알던 고향 친구를 만난 듯 청년은 내 손을 잡아끌고 옆방으로 들어갔다. 어머니가 삯바느질을 하는 터라 방에는 일거리가 어지럽게 널려 있었다. 청년을 위한 김치찌개와 뜨끈한 냄비밥도 있었다.

신교주와 나는 그날부터 한 식구가 되었다. 그는 내가 학교에서 돌아오기만을 기다렸고 당구장에 가는 횟수도 줄었다. 대학생활은 어떤지, 미팅은 해봤는지, 친한 여학생은 있는지 등등 그가 궁금해하는 것들을 나는 좀 부풀려서 재밌게 들려줬다. 나중에는 대학을 왜 가야 하는지에 대한 얘기로 이어졌고 그의 공부 방식도 조금씩 바뀌어갔다.

변해가는 아들을 본 교주의 엄마는 내가 구세주 같은 옆방 학생이라며 그 바쁜 일 틈에도 내가 오는 소리만 나면 밥을 챙기느라 분주했다. 그렇게 살다가 교주와 나는 한날한시에 방을 따로 얻어 이사를 했다. 3백 미터 떨어진 이웃으로 살게 되었다.

교주는 여전히 독서실에서 예비고사 준비를 했고 내가 학교에서 돌아올 시간이면 하루도 빼먹지 않고 몇 번이고 내가 사는 곳을 왔다 갔다 했다. 내 방에 불이 켜지길 기다렸다가 나타나곤 했다. 수박을 유별나게 좋아하는 터라 여름이면 큰 고무대야에 수박을 담가놓고 나를 기다리는 교주와 밥 대신 수박으로 배를 채우고 수박을 깔고 자기도 했다.

그랬던 그가 늦은 나이에 대학에 입학했고 졸업 후에는 현대중공업에 취직해 울산으로 내려갔다. 그곳에서 정년을 맞이할 때까지 근무했다.

요즘도 한 잔 하고 기분이 좀 좋은 날이면 밤낮없이 전화해서는 "친구야, 우째 사노? 보고 싶다"고 훌쩍거리는 할배가 되었다.

얘기가 나온 김에 교주 못지않게 특별한 이름을 가진 고진창이란 친구의 얘기를 하나 더 해본다. 진창은 내가 버스를 타고 다니는 미아리로 가는 길목에 있는 명륜동 우석대학병원 약국 조제실에서 조수로 일했다.

특별한 일이 없으면 저녁식사 시간에 맞춰서 진창을 찾아갔다. 내 딴에는 한 끼를 해결하자는 마음이 컸다. 갈 때마다 나를 반기는 진창은 내가 나타나길 기다렸다가 나를 구내식당으로 데려갔다. 혹여 내가 늦게 가면 본인이 식사를 한 후라도 나를 데려가 밥을 챙겨 먹였다.

자상하고 배려심이 많은 진창은 병원 내에서 인기가 많았다. 구내식당에 들어서면 이모들이 반기고 친구인 나까지 더 챙겨 먹이지 못해 안달이었다.

섬세한 진창이 어느 날 해병대를 간다고 해서 놀랐다. 철렁거리는 링을 차고 나타났을 때는 그가 멋지고 자랑스러워 보였다.

읽지도 않으면서 책 사재기만

예전부터 나는 책 욕심이 좀 많았다. 책을 많이 소장하고 있는 사람을 보면 절로 존경스럽고 품위가 있어 보였다.

한번은 자동차를 계약하기 위해서 서초동에 사는 허삼수 씨의 자택으로 찾아간 적이 있다. 응접실엔 장식장이며 가족사진이며 골동품이며 이런 것들이 있는 게 보통인데 그 집은 들어서자마자 벽마다 책으로 가득해서 깜짝 놀랐다.

전두환 시절에 허화평, 허문도와 함께 나는 새도 떨어뜨린다는 그 유명한 군 출신 인물이었다. 그때 그는 이미 군복을 벗은 상태였지만 대통령 사정수석 비서관을 지낸 무서운 분이라고만 생각했다. 그런 그를 책이 가득한 곳에서 만나게 되니 사람이 달라 보였다.

장식용인지 진짜 읽고 꽂아둔 책들인지 물어보지는 못했지만 아무튼 그분을 다시 보기 시작한 것만은 확실했다.

나도 개포동에 살 때 조그만 응접실을 책으로 가득 채울 때가 있었다. 아내는 읽지도 않는 책을 왜 이렇게 사들이냐며 야단했다. 이사 갈 때 어쩌려고 그러냐며 한숨을 내쉬지만 지금도 나는 읽지도 않을 책을 사서 모으는 일을 게을리하지 않고 있다.

요즘은 집엔 못 가져가고 사무실 구석구석에 쌓아놓고 있다. 젊었을 때는 차 팔고 노느라 못 읽었고 늙어서 읽으려니 한두 장만 읽어도 눈이 아파 못 읽겠다. 결국 내 책은 장식품이다. 내가 사다 모은 책은 값이 나가는 고서도 아니고 그저 그런 책들이다. 무겁기는 왜 또 그렇게 무거운지 이사를 갈 때마다 골칫거리이긴 하다.

도서관에 기증하기도 뭐한 책들이라 한참 밖에 내놓기도 했는데 집에 아직도 책이 많다. 다행히 사위가 아버지 책 좀 가져다 봐도 되냐고 조심스럽게 물어 와서 얼마든지 가져가 보라고 말을 하고 보니 괜히 아까운 생각이 든다.

보지도 않을 책을 왜 자꾸만 욕심을 내는지 모르겠다.

칼국수도 잔치국수도 아닌 우동의 첫 맛

성내에 장 보러 나갔던 사람들이 영천 장터에 있는 중국 음식집에서 뜨끈한 우동 한 그릇 하고 왔다는 말을 종종 듣고 자랐다. 국수 같이 생긴 음식으로 '우동'이 우리나라 말이고 우리 음식인 줄로만 알고 별 관심은 두지 않았다.

초등학교 수학여행 때 처음 타본 그 기차를 다시 타고 경주 중학에 입학시험을 보러 갔다. 당시 경주 중학은 경북 지방에서 몇 안 되는 사립명문으로 소문난 학교였다. 그것도 나중에 안 일이지만 어쨌든 나는 사촌들이 먼저 터를 잡은 경주로 보내졌다.

내 실력과 학교의 수준은 애당초 고려의 대상이 아니었다. 나도 아버지도 시험에 낙방하면 재수를 한다거나 2차 시험을 본다거나 하는 계획도 없었다. 내가 시험만 보면 모든 것이 그냥 굴러간다고 여긴 듯했다. 산과 하늘만 보이는 콩만 한 시골학교에서 나는 천재로 대접받았다. 그러니 내가 시험에 떨어질 것이라고는 그 누구도 생각하지 않았다.

시험 당일이 되어 시험장에 나타난 도시의 아이들을 보는 순간 나는 주눅이 들었다. 어떻게 시험을 치렀는지 하나도 생각나지 않았다. 시험은 모르는 것 투성이었고 시골 천재인 나는 한순간 절망감에 빠져들었다.

경주 시내에 있는 월성, 계림, 황남 등의 명문 초등학교와 외곽에 있는 불국사, 내남, 내동, 서악 등 이름도 다 외우기 힘든 학교들과 포항 쪽에 있는 안강, 기계, 울산 쪽의 입실, 호계 그리고 영천 쪽의 건천, 아화 등에서 내로라하는 인재가 다 모였다는 것도 시험장에 와서야 알았다.

그냥 시험만 보면 자동으로 경주 중학에 입학할 줄 알았던 나는 시험이 끝나고 불안한 날들을 보냈다. 그러다 학교 건물 외벽에 붙은 합격자 명단에서 내 이름을 발견했다.

아버지는 기쁨과 더불어 걱정의 빛이 감돌았다. 아들이 당신의 체면을 살려줘서 고맙기도 하고 객지에 어린 것을 혼자 두고 가자니 또 걱정이었던 것이다.

내게 자식이 생기고 아버지의 나이쯤 되니 그 마음을 알 것 같다. 아무튼 합격은 했고 저녁에 사촌 형들과 시청 옆 무슨 반점인가에 갔다. 나는 우동을 시켰고 그곳에서 처음으로 우동의 맛을 봤다.

그 우동의 맛이 참으로 묘했다. 내가 집에서 즐겨 먹던 칼국수도 잔치국수도 아닌 것이 미끈거리며 후루룩 넘어가는 그 맛이라니. 아직도 뇌리에 생생하다.

요즘은 일본식 가게 우동의 담백한 맛을 좋아한다.

눈칫밥 먹고 살던 돌이는

옆집에 살던 돌이는 내 어릴 적 친구이며 내게는 첫 친구다. '돌이'는 어디 가서 살든 아프지 말고 돌처럼 야무지게 살라는 뜻으로 집에서 막 부르던 별칭이다. '낙우'라는 호적 이름이 따로 있었지만 내게는 친구 '돌이'다.

그때만 해도 전쟁이 모든 것을 휩쓸고 간 후라 하루 세끼 밥 먹기가 쉽지 않았다. 더군다나 돌이는 조실부모했고 내 큰어머니의 젖을 먹고 자랐다. 형과 형수 밑에서 눈칫밥을 먹고 자랐으며 학교 갈 나이가 되어서도 학교는커녕 집안일을 도우며 살았다.

밭으로 일 나가는 엄마는 항상 솥에 내 밥을 두고 가셨다. 어느 날 학교에서 돌아와 보니 가마솥에 있어야 할 내 밥이 없었다. 돌이가 먹었다는 직감이 들었고 찾아 물으니 배가 너무 고파 먹었단다.

돌이는 솥에 내 밥이 있다는 걸 알았고 얻어맞을 것도 각오했다. 남의 밥을 훔쳐 먹을 만큼 굶주렸던 돌이를 나는 인정머리 없게도 발로 걷어차고 주먹질을 해댔다.

내 평생에 걸쳐 지금도 후회막급인 짓을 그때의 내가 저지르고야 말았다. 부족한 것 없이 부모의 돌봄을 받던 내가 고작 밥 한 그릇을 빼앗겼다고 그 마르고 힘없는 돌이를 발로 걷어차다니.

내가 경주로 유학을 떠난 뒤에도 돌이는 고향에 남아 지게를 지고 농사일을 거들며 살았다. 방학 때가 되어 교복을 입고 거들먹거리며 나타나는 나를 가장 먼저 나와 반겨주던 돌이.

경주에서 서울로 또다시 유학길에 올랐다. 대학을 다니면서 주유소에서 야간 경비 아르바이트를 하던 그때에 부산에 있다는 돌이로부터 연락이 왔다. 반가웠다.

돌이는 야간 경비를 하는 내 옆에서 밤새도록 지나간 얘기를 했다. 그날, 나는 돌이에게 진심으로 용서를 구했다. 오래전 나의 옹졸하고 야박했던 그날의 행동에 대하여.

돌이는 기억도 나지 않는다며 손사래를 쳤다. 부산에서 탁주 배달을 하며 자신은 잘 살고 있다며 미소 지었다.

그해 여름방학에 서울에 사는 친구와 무전여행을 했는데 동해안을 따라 부산까지 갔다. 그곳에서 만난 돌이는 막걸리 한 통을 갖고 나왔다. 우리는 셋이서 구토를 할 정도로 막걸리를 마셨다. 마당에 쓰러져 모기 밥이 된 줄도 모르고 잤다.

대학생 친구가 있다는 것이 자랑인 돌이는 다음날 부산진 역에 나와 박카스 두 병을 건네며 우리를 배웅했다.

글을 쓰다 보니 갑자기 돌이가 그립다. 아마도 내가 철이 든 까닭일 것이다.

절에 가면 부처님, 교회 가면 하나님

현대자동차 언주로 대리점 인근에 곽선희 목사가 세운 소망교회가 있다. 설교가 좋다는 소문에 판촉 행사를 하는 일요일, 잠시 설교를 들은 적도 있다. 과연 소문대로다.

스님의 졸리는 법문은 익숙하긴 한데 목사님의 현실감 있는 설교는 귀에 쏙쏙 들어왔다.

나는 불교가 모태 신앙이다. 어머니는 빡빡한 그 시절에 딸을 셋 낳고 아들을 얻기 위해서 보현산 거동사 돌부처 앞에서 빌고 또 빌어서 나를 얻었다. 원하던 아들을 얻었으니 부처님이 얼마나 고맙고 은혜로웠을까.

그런 인연으로 어릴 때의 나는 엄마 품에 안겨 절집을 수시로 드나들었다.

어머니에게 나는 귀한 아들이고 나는 평생 어머니의 말씀을 이행하며 살고 있다. 서울 유학길에 있을 때 어머니는 두 가지를 당부하셨다. 한양에는 차가 많다니 차 조심하고 개고기는 절대 먹지 말라는 것이었다.

차 조심은 차 파는 일로 평생을 지켜가고 있으며 개고기 또한 금하고 있다. 개고기가 아니더라도 지천에 맛있는 음식뿐인데 어머니와의 약속을 지키지 못할 일이 무엇인가 말이다.

교회 얘기를 하다가 다른 길로 빠질 뻔했다. 아무튼 소망교회에는 구내식당이 있는데 교인들을 위해 점심과 저녁을 실비로 제공했다.

나와 우리 직원들은 이곳의 단골이다. 집사람도 같이 가고 친구들도 간다.

한번은 미국에서 온 경주 동창 황수목이가 왔다고 하여 압구정동에서 식사 약속을 했다. 내가 한 턱 낸다며 교회 구내식당을 데려갔다. 밥 잘 사기로 소문난 내가 근사한 곳으로 갈 줄 알고 따라나선 친구들은 뜻밖의 장소에 놀랐다.

그러나 금방 만족감을 드러냈다. 무엇보다 밥상 앞에서 너무도 자연스럽게 기도하는 나를 보고 땡중이 무슨 변고냐고 뜨악해 했다. 교회밥을 먹으면서 기도를 하는 건 상식적인 예의다. 내 것이 소중하면 남의 것도 소중하게 여길 줄 알아야 한다.

교회 가서 설교 듣고 밥 놓고 기도하는 건 당연하다. 절집에 가서 부처님을 찾는 것이 당연한 것처럼 어쩌다가 교회 갈 일이 있으면 그곳에선 하나님을 찾아야 당연하지 않은가 말이다.

자유로운 영혼이지만 그래도 부처는 내 안에 있다고 말하고 다닌다. 그래도 교회에서 밥을 먹을 땐 항상 감사 기도를 잊지 않는다. 얼마나 고마운 일인가.

소망교회에는 소망풍경이라는 카페가 있는데 이곳에선 장애우들이 만든 따뜻한 빵과 맛있는 아메리카노를 판다.

친구들아, 언제든지 얼마든지 오너라.

밥도 사고 커피도 빵도 사 줄게.

그리고 기도도 함께 꼭 하자꾸나.

아버지의 호출이 늘어가다

휴대폰의 변천사를 생각해보니 길지는 않지만 변화는 굉장히 많았던 것 같다. 영업의 기본이 빠른 연락이므로 삐삐 시대에는 아침에 동전을 한 주먹 바꿔서 영업을 시작했다. 팀장 앞에 놓인 전화기 사용이 어려워 사무실 앞 공중전화 박스 앞에는 나 같은 신입들이 늘 줄을 서있기 다반사였다.

새로운 전화기가 판매되기 시작했는데 차에 달린 무선 전화기다. 나는 카폰이 나오자마자 제일 먼저 안테나를 차에 달고 정보부 요원처럼 차 안에서 통화를 하고 다녔다. 카폰의 가장 큰 용도는 고향집에 계신 연로한 부모님과의 통화다.

두 분은 서로를 의지하며 티격태격하면서도 객지에 나가 있는 자식들이 전화를 걸어오면 금방 반색하신다. 무선 전화기가 나오기 전에는 부모님이 계신 고향집 전화기에 큰아들 1번, 다음은 2번 이런 식으로 단축 다이얼을 설정해 드렸다.

카폰이 생기고는 출근길에 차에 앉기만 하면 부모님께 전화부터 하는 것이 일과의 시작이자 습관이 됐다.

어머니는 어제는 누구네 잔치였고 누구네 제사가 있었고 누구네 아들이 다녀갔다는 둥 전날의 동네 대소사를 내게 뉴스처럼 들려주시곤 했다. 어느 날은 아버지가 "야야, 네 엄마가 오늘은 밥도 안 먹고 눈을 딱 감고 일어나지도 않는다. 중병이 난 것 같다. 큰 병원에라도 가봐야 할 것 같다"며 내 정신을 홀딱 빼간다.

부랴부랴 일정을 정리한 나는 쉬지 않고 다섯 시간의 먼 길을 달려서 고향집에 도착한다. 아들 온다고 어머니는 두부를 만들고 계시거나 마실을 가 계실 때도 있으니 나로선 당황스럽기만 하다.

아들이 오고 있다는 소식에 어머니의 아픈 곳이 한순간 다 나으신 건지, 혼자 있게 될까 두려운 아버지의 염려 때문인지는 알 수 없다. 연세가 드실수록 내 혼을 쏙 빼놓은 이런 일이 늘어만 가니 걱정일 수밖에.

가끔은 부산에 있는 동생에게 긴급 통지문을 보내서 특사를 파견하기도 한다.

끝내는 여든셋의 어머니가 가신 그 이듬해 여든여덟의 아버지도 따라 하늘나라에 가셨다. 하얀 비둘기 한 쌍이 문을 열어놓고 나를 기다리시던 부모님도 고향에 안 계시고 내가 아침마다 문안 전화를 드리는 일도 없어졌다.

울보가 되었다고 소문이나 안 나면

'남자가 울긴 왜 울어'라는 노랫말도 있지만 말이다. 내게 눈물은 사치스럽고 쪽팔리는 것이라서 팍팍한 인생을 앞만 보고 달려왔다. 어릴 때부터 울면 지는 거라고 귀에 못이 박히도록 들으면서 자랐다. 그 때문인지 제대로 울어보지 못하고 아등바등 살아온 것 같다.

울 일이 왜 없겠냐마는 그런 일이 생기면 되레 크게 웃고 더 크게 소리질렀다. 머리를 쥐어박거나 스스로를 바보 멍청이라고 자책하면서 살아왔다. 그런 모진 삶을 극복하고 인생의 반환점에 서니 말랐던 눈물샘이 터진 모양이다.

안구 건조증으로 인해 인공 눈물을 주머니에 넣고 다니는데 눈물샘이 터질 때면 당황스럽기도 하다. 아내와 함께 연속극을 보다가도 훌쩍거리고 극장에서 영화를 보다가도 손수건을 넣다 뺐다 한다. 더 기가 막힌 것은 혼자 강변도로를 달리다가도 라디오에서 흘러나오는 유행가 가사에도 울고 시청자가 올린 사랑 얘기를 듣다가도 눈물을 쏟을 때가 있다는 사실이다.

늙어서 주책인가. 감정조절을 못하는 것인가. 그것도 아니면 젊은 시절에 참았던 눈물이 이제야 나오는 것인가. 일생에 흘려야 할 총량의 눈물 항아리가 따로 있는 것은 아닌지 궁금하기도 하다.

몇 해 전 어머니가 돌아가시고 며칠을 목 놓아 울었다. 이제 눈물은 다 말랐다고 여겼는데 끝없이 솟아나는 샘물처럼 자꾸만 흐른다.

한번은 텔레비전에 가수 린이 나와 최백호의 '애비'라는 노래를 불렀는데 방청객도 울고 집에서 보는 나도 펑펑 울었다. 함께 있던 아내도 훌쩍훌쩍, 우리는 한참을 그렇게 울고 나서 멋쩍게 서로를 바라보았다. 울다가 웃으면 어디에 털 난다고 했는데.

멀리 있는 손녀가 보고 싶다. 못 보면 보고 싶어서 울고, 보면 반가워서 울고, 가면 또 아쉬워서 울고 좌우지간 눈물샘을 틀어막느라 애써보지만 헛수고다. 참 주책바가지인 할아버지가 됐다.

울보가 되었다고 소문이나 내지 말아야지.

명동의 영양센터

휴가 나온 사촌 형의 귀대 길에 중앙선 야간열차를 함께 타고 영천을 출발했다. 영주, 제천, 원주를 거처 우리는 새벽녘에 청량리역에 내렸다. 차 조심하라는 엄마의 말처럼 차가 많기도 했다. 서울에는 와 본 적 없는 엄마가 서울에 이렇게 차가 많은지 어떻게 알았을까. 아마도 시골집 안방에 걸린 세종로 거리가 나온 달력을 보고 알았겠지 싶다.

역문을 나서자마자 쪽지에 적힌 돈암동 주소를 물어물어 걷기 시작했다. 책가방을 등에 메고 2월의 칼바람을 서울바람으로 여기며 걸었다. 한양 천리길을 밤새 달려온 시골 소년은 그때부터 걷는 데는 일가견이 있었다. 택시나 버스를 타는 것이 어려웠고 군인인 사촌과 나는 걷는 게 편하다며 청량리에서 돈암동까지 그 먼 길을 걸어갔다. 지금 와 생각하면 어떻게 그 먼 길을 걸어서 갔는지 알 수가 없다.

형은 나를 누나의 자취방에 데려다주고 전방 전차부대로 어떻게 귀대를 했는지 모르겠지만 군인은 참으로 용감한 존재였다. 저녁에 퇴근해서 집에 온 누나는 나를 명동에 있는 영양센터로 데려가 전기구이 통닭을 사줬다. 촌놈의 입에는 기가 막힐 정도로 맛있는 통닭이다.

그 후로 나는 무슨 특별한 날이면 전기구이 통닭을 먹으러 명동에 가곤 했다. 군에 입대해 전반기 교육을 끝내고 연신내 서오릉 근처에서 후반기 교육을 받기 위해 외박을 나왔는데 지금의 아내인 차영자 씨가 데려간 곳도 영양센터 바로 그 집이다.

어쨌거나 나는 돈암동과 보문동 근처에서 시작한 서울 생활에 그렇게 적응해 갔다. 시장도 보러 다니고 이곳저곳 기웃거리다가 나와 비슷한 처지의 이만재를 만났다. 그 친구의 집에서 밥도 먹고 쌀이 모자라면 꿔오기도 했는데 아직 갚지 못한 게 많다.

그럭저럭 몇 달을 살다 보니 서울 생활에 익숙은 해졌다만 내 사투리가 서울말과 섞여서 근본 없는 말투가 생겨나고 있었다.

나의 첫 서울 친구 만재가 건강이 좋지 않다. 내 마음도 좋지 않다.

종횡무진 세상을 누비고픈 마음

나의 역마살은 유난하다. 시시때때로 떠나고 싶은 마음이 든다. 떠나고 싶다고 보이지 않는 글씨를 내 등에 붙이고 다닌다. 가족도 친한 친구도 내 역마살을 못 말리겠다고 한다. 한때는 종군기자가 나의 꿈이었던 적도 있다.

군 제대 무렵, 신문사란 신문사에는 모조리 응시했다. 몽땅 낙방했다. 지금 생각하면 모자란 실력에 무모한 도전이었지만 내게는 기자가 되어 세상을 종횡무진 누비는 꿈이 있었더랬다. 하다 하다 조선일보 부산지국에 시험을 보고 겨우 합격했다. 부산에 말뚝을 박고 살아야 한다는 면접관의 말에 미련을 버렸다.

촌놈이 출세 좀 해볼까 하고 중앙선 밤차를 타고 서울에 왔는데, 종군기자나 특파원은 꿈도 못 꾸고 지방의 주재 기자로 말뚝을 박아? 그건 또 아니었다.

외교관이 되면 세계 방방곡곡을 다닐 수 있을 것 같았다. 외무고시에 도전했다. 도서관과 연구실에서 일년을 버렸다. 일차 시험 한 번 보고 내 실력을 알아챘다. 접었다. 이번엔 대한항공의 승무원에 도전했다. 어디든 돌아다닐 수만 있다면 기자든 승무원이든 괜찮을 것 같았다.

외무고시를 공부한 덕분인지 2차까지 무사히 통과했다. 마지막 영어 면접시험장에서 기절하고 말았다. 외국인 면접관이 영어로 쏼라쏼라 하는데 도대체 무슨 말인지 한마디도 알아듣지 못했다. 대답은 당연히 못하고 벙어리로 있다가 나가라는 손짓에 그 흔한 땡큐의 말도 못하고 쫓겨났다.

자동차 영업 사원으로 차를 사겠다는 사람이 있으면 어디든 가기는 한다. 새로운 고객을 찾아다니기는 한다지만 수십 년을 영업인으로 살며 지금도 떠나지 못해 안달이다.

강산바람. 나의 애칭이다.

강 따라 산 따라 바람처럼 다니고 싶은 마음에 내 스스로 붙인 이름이다. 친구들은 너무 길다며 '강풍(姜江風)'이라 부르기도 한다.

미국인을 비웃기 위한 이탈리아인의 아메리카노

일본에 긴자가 있다면 우리에겐 명동이 있다. 1970년대 명동에는 심지다방, 청자다방 등 유명한 음악다방이 있었고 그곳에 가려면 타임지나 라이프 잡지책을 옆구리에 끼고 버버리 코트자락이라도 좀 휘날려줘야 했다.

그때 명동에서 설탕과 프림을 넣고 홀짝거리며 마시던 커피가 내겐 처음의 커피였다. 그 맛을 알 턱이 없고 달콤한 설탕 맛으로 마셨다. 다리를 꼬고 앉아 귀청이 찢어질 듯한 음악소리에 신발 끝을 까딱거리며 맛도 모르면서 멋 부리기 위해 마시던 커피가 이제는 매일 마셔야 하는 그 무엇이 되었다.

일회용 믹스커피를 하루에도 예닐곱 번씩 많게는 열 번도 넘게 마셔댄다. 손님을 만나면 으레 일회용 믹스커피를 타 권하고 또 마시는 일이 일상이다. 지인들은 나의 이런 커피 사랑을 나무랐다. 집사람이 특히나 기겁을 한다.

좋지도 않은 프림과 설탕이 들어간 커피를 그렇게 마시다가는 빨리 죽을 거라고 으름장까지 놓는다. 쓴 커피는 내키지 않지만 빨리 죽는다는 집사람의 말에 블랙커피를 약 먹듯이 마시기 시작했다. 습관이란 이상한 것이어서 맛을 들이니 입맛이 돌고 이제는 쌉쌀한 것이 감칠맛까지 난다.

처음에는 미국에서 넘어온 미국인이 마시는 커피가 아메리카노인 줄 알았다. 그러다가 이탈리아의 전통 커피인 에스프레소를 물에 희석한 커피라는 것을 알게 되었다.

2차 세계대전 때 이탈리아에 갔던 미국 병사들이 에스프레소의 쓴맛에 충격을 받아 물을 섞어 마셨다. 유럽인들이 그것을 보고 커피도 마실 줄 모르는 미국인이라고 비웃을 목적으로 그들이 마시는 커피를 아메리카노라고 이름 붙였단다.

이탈리아에서는 지금도 현지에 있는 스타벅스를 제외하고는 아메리카노를 파는 곳이 없다고 하니 이태리 여행길에 아메리카노를 찾는 일은 없어야겠다.

요즘은 주말에 덕소나 양수리에 가면 카페 주차장에 아침 일찍부터 고급 차들이 꽉 찰 정도다. 전망 좋은 스타벅스에서 모닝커피를 마셔야 제맛이 나는지는 모르겠으나 커피가 대세이긴 한 것 같다.

칼칼한 아이스 아메리카노가 생각나는 아침이다.

서울 시내의 차를 전부 팔아야지

대학생활이 거의 끝나가던 1974년 초겨울이다. 졸업시험도 끝났고 해서 고향집에 잠깐 다녀왔는데 함께 살던 누나가 연탄가스로 갑자기 세상을 떠났다.

결혼 전이었던 누나는 나의 적극적인 보호자였고 나는 그런 누나를 잃었다. 그때의 막막함을 어떻게 말로 다 표현할 수 있을까. 몇 날 며칠을 눈물바람으로 다니면서 장례를 치렀다. 팔당 강가에 유골을 뿌리고 돌아와 삼양동 문간방을 정리했다.

간단히 짐을 꾸려 금호동에 사는 친구의 집에 옮겨 났다. 그 짐을 내가 군에 입대하고 제대할 때까지 맡아준 그 고마운 친구가 지금의 내 짝이자 아내인 차영자 씨다.

막막한 서울의 밤, 그때 해 넘는 남산 중턱에 앉아 저 많은 불빛 저 많은 집들 중에 내가 하루 편히 쉴 집이 없구나, 하는 생각을 했다. 그리고 또 성공해야겠다, 서울이 밉지만 너를 버리지는 않겠다는 뭐 그런 다짐을 했다.

남산의 불빛을 떠올리니 생각나는 사람이 한 사람 있다. 이광선. 나와는 다양한 인연으로 평생을 형 아우로 지내는 사이다. 나의 판매 과장에서 지점장으로 본부장으로 사장으로 긴 인연을 이어왔다.

광선 형이 판매 과장이던 시절에 북한산 등산을 함께했다. 산 정상에 앉아서 시내를 내려다보던 나는 도로의 저 수많은 차들을 다 내가 판 차들로 채우고 싶다는 생각을 했다.

광선 형 또한 나와 같은 생각을 하고 있었다. 우리는 하이 파이브로 결의를 다졌다.

그 후로 광선 형은 현대자동차 사장에 그로비스 사장까지 승승장구했다. 나는 자동차 판매왕과 판매 명장을 거쳐 지금도 가방 하나 들고 서울의 차를 다 팔 요량으로 열심히 활보하고 다닌다.

잔치국수가 좋다

나는 국수가 먹고 싶어서 죽으려도 죽을 수가 없다. 은퇴 후에 전국의 맛난 국숫집을 다니면서 맛집 투어 책을 쓰고 싶다는 게 내 오랜 소원 중의 하나다.

아침부터 국수를 먹는 사람은 별로 없겠으나 나는 아침부터 국수를 먹는다. 삼시 세 끼를 국수로 채우는 날도 많다. 나와 같은 식성을 가진 친구가 몇 더 있기는 하다.

지금은 미국으로 이민을 간 후배 용대와 막걸리에 국수 먹는 걸 좋아하는 이기, 국수만 좋아하는 중권, 어디서든 분위기 메이커인 와이리까지 이들은 나의 국수 여행에 기꺼이 동참할 국수 애호가들이다.

고기에 밥 실컷 먹고도 근처에 맛있는 잔치국숫집이 있다면 마다하지 않는다.

나는 집에서도 밥맛이 없거나 어중간한 시간이면 김치국수를 만든다. 다시 멸치 한 주먹 넣고 김장 김치를 듬성듬성 썰어놓고 물이 펄펄 끓으면 국수 넣고 끝이다. 어떤 친구는 마누라가 곰국을 한솥 끓여놓고 여행을 간다는데 우리 집은 멸치 육수를 양껏 만들어 냉장고에 넣어두고 가면 그저 고마울 따름이다.

마누라가 집에 없으면 나는 매일이 잔치국수로 잔칫날이다. 사위 찬영이 나처럼 잔치국수를 좋아하니 은근 사랑스럽다.

요리학원을 좀 다녀볼까

내게는 꿈이 있다.

일층은 자동차 전시장, 이층은 사무 공간, 삼층은 샤워실을 겸비한 휴게실과 직원들이 외근에서 돌아오면 언제든 따뜻한 밥을 먹을 수 있는 공간이 있는 건물을 하나 갖는 것이다.

칼칼한 김장 김치와 무짠지, 된장국과 속초에서 보내온 오징어 젓갈, 가끔은 양념불고기를 내 손으로 직접 준비해 직원들에게 먹이고 싶다.

혼밥의 시대이긴 하지만 그래도 혼자 사는 직원들의 밥 한끼를 함께 먹고 싶다.

오랜 자취 생활과 오랜 산행 생활 덕분에 엄마표의 간단한 요리는 할 줄 안다. 고등어조림, 된장 수제비(등산 길의 이것은 진짜 감동의 맛이다), 된장 칼국수, 김치칼국수 등등.

그럼에도 아내는 내게 요리학원을 좀 다니라고 잔소리다. 내가 하는 음식이 너무 촌스럽고 시각적인 모양이 빠진단다.

아내의 말처럼 요리학원에나 좀 다녀 볼까.

그곳에 가면 무채를 모양 나게 썰고 수제비를 모양 나게 뜨는 것도 알려주려나 모르겠다.

날라리 농사꾼의 수확

조상 대대로 논밭에서 살았으니 나의 뿌리는 농사꾼이다. 한때는 부친과 동생이 탕탕 소리 내는 방앗간을 할 때도 있긴 했다. 나의 서울 생활이 길어지면서 가끔은 시골 생활이 무던히도 그리웠다.

나이가 들면 회귀본능 같은 것이 생기는 것인지도 모르겠다. 어느 날 문득 상추 심고 배추 심고 그런 게 하고 싶어진다. 전원생활, 전원주택이 그리워진다. 그래서였다. 주말이면 전원 주택지를 찾아 양수리로 양평으로 옥천면 등지를 구석구석 돌아다녔다.

주말농장을 떠올린 건 그 무렵이었다. 그것도 땅을 사서 크게 하면 고생길에 접어든다는 선배의 말에 귀를 기울였다. 늦은 나이에 얻게 되는 전원주택과 첩은 생긴 그날로 걱정거리가 된다는 것이다.

서울시에서 해마다 분양하는 도시형 주말농장을 심심풀이 삼아 시작했다. 문호리와 수능리에서 이십 년째 농장 생활을 하고 있다. 강산이 두 번 바뀌었지만 농사 실력은 점점 더 퇴보했다.

실력 향상도 답보 상태지만 농사는 결국 정성이다. 해마다 상추와 배추 그리고 열무, 아욱 정도만 심는다. 그러고도 농사꾼이라고 동네방네 소문은 다 퍼뜨리고 다닌다. 직원들의 도움 없이는 주말농장 운영도 사실은 어렵다.

휴일에 직원들을 동원하면 노조 생긴다고 걱정하는 친구도 있다. 그래도 들인 정성에 비해 상추가 제법 잘 자라주면 해마다 직원들과 상추 파티를 벌인다. 간혹 친구들과 삼겹살 파티도 한다.

가을이면 무씨를 뿌리고 그 무로 아삭거리는 짠지를 만들기도 한다. 봄가을로 농장에서 기른 푸성귀를 집에 들여놓자면 일거리가 태산이다. 나는 마누라의 일만 더 늘려놓는다.

"내년에 또 하기만 해 봐! 이혼이야!"

엄포를 놓은지 벌써 십 년은 족히 된다.

그래도 난 몇 년 더 할 거다. 법대로 해라.

선물은 사 오지 말래도 참

영업의 세계에서 빠질 수 없는 것이 캠페인이다. 해마다 빠지지 않는 것이 동경 모터쇼 포상 캠페인이다. 동경 모터쇼가 매년 시월 말쯤에 이뤄지기에 캠페인은 칠팔월 비수기에 진행된다. 여름 삼복더위를 캠페인과 더불어 나게 된다.

여름휴가를 해마다 동경에서 보내게 되는 행운이 거저 얻어지는 것은 아니다. 캠페인 시작 전부터 단골 고객과 오피니언 리더들에게 편지와 전화로 올해도 잘 부탁한다는 당부를 하는 일로 여름 두 달을 온전히 판매에만 주력한다.

그렇게 동경 모터쇼 포상을 손에 넣고 모터쇼를 관람하고 돌아올 때는 무슨 선물을 해야 좋을지 갈등하는 일로 머리가 또 아프다.

동경에 간다고 고객과 응원해준 후배들, 가족에게까지 잔뜩 떠벌려 놓았으니 떠나기도 전부터 답례가 큰 고민거리다. 나뿐 아니고 여행을 같이 온 이들이 모두 하게 되는 고민이다.

상황이 이러하니 여행은 뒷전이고 가는 곳마다 선물이 될 만한 것을 찾기에 혈안이다.

어느 해는 선물로 일본산 손톱깎이 삼백 개를 사 온 적이 있다. 가격도 적당하고 부피도 작아서 좋았다.

돌아와 선물이라고 줄 때는 좀 낯간지러웠지만 집집마다 오랫동안 유용하게 고장도 없이 쓴다 하니 다행이다. 무엇보다 집에 두고 쓰는 물건이라 잊어버릴 염려도 없고 손톱깎이를 사용할 때마다 내 얘기를 하니 시쳇말로 가성비 갑인 선물인 것이다.

내가 대리점을 오픈하고 직원들을 위한 해외 여행 포상을 매년 실시하게 됐다. 누군가는 포상을 받아 여행을 떠난다. 잘 다녀오라는 말과 함께 내가 빼놓지 않고 하는 말이 있다.

"선물은 사 오지 마라. 선물 신경 쓰느라 정작 볼 것을 못 본다. 그냥 좀 더 즐겨라."

이런 나의 말에도 불구하고 동방예의지국의 후손들인지라 그들은 과자한 봉지라도 꼭 사들고 온다.

"그것 참, 사 오지 말라고 해도 말을 안 듣네. 그나저나 구경은 잘 했고?"

놀
이

인
간

제7부
일상을 즐기는 삶의 여정

일상을 즐기는
삶의 여정

.
.
.

놀이 인간

나의 우상 산악인 박영석

히말라야 등반에서 돌아온 후로 한동안 무릎이 아팠다. 올라갈 때보다 내려올 때가 더 문제다.

주말만 되면 온몸이 아프고 기분도 우울하고 가슴이 답답했다. 아내는 히말라야 병이라고 병명을 짓고 산에 그만 다니라는 처방을 내렸다. 내게는 그냥 죽으라는 말과도 같았다.

나는 키 만한 등산 배낭을 정리하고 필요하지도 않은 장비들을 손봤다.

주말이면 전과 다름없이 아침 일찍 집을 나섰다.

관악산이나 도봉산 기슭을 어슬렁거리며 걷다가 인적이 뜸한 곳으로 찾아든다. 적당한 곳에 매트를 펴고 배낭을 베고 누워 하늘의 구름을 본다. 몸은 관악산 산허리에 누워 있고 마음은 연주대, 관악 팔봉을 오른다. 끝내는 설악산 백담사를 지나 수렴동으로 오세암을 지나 공룡능선까지 오른다.

집을 나설 때는 설악산 종주라도 할 것 같은 폼으로 나서서 동네 산기슭에 누워 종일 책도 보고 잠도 자고 구름과 같이 새소리 들으며 흘러 다니다가 해질 무렵이면 집으로 오기를 몇 달. 겨울은 어느새 내 앞에 와 있었고 나는 예전처럼 정상의 몸으로 돌아왔다.

후배로부터 박영석 대장이 한라산 지옥 훈련을 간다는 전갈이 왔다. 박 대장은 이미 히말라야 14좌 완등을 끝내고 남극 정복을 한 상황이었다.

나의 대학 후배이긴 하지만 동문 행사장에서 가끔 인사나 하는 정도의 사이였다. 그러나 내가 하지 못하는 일을, 내가 하고 싶은 일을 하고 있는 박영석은 나의 우상이었다. 나는 미친 듯이 등산 준비를 해 제주로 갔다. 완만한 성악판 코스를 따라 한라산 등반에 나섰다.

박 대장이 이끄는 훈련대는 관음사 급경사 코스를 오르고 있었다. 한라산은 폭설로 상당한 높이의 눈이 쌓여 있었고 나는 관음사 하산 길에서 훈련대와 마주했다. 북극에서 사용할 만한 장비를 썰매에 싣고 오르는 그들을 보고 나는 기절하는 줄 알았다.

그들에게 아무런 도움도 되지 못하면서 뭣 때문에 따라나선 것인지 후배들에게 미안하기만 했다. 후원금 얼마 보태는 것으로 나 자신을 위안해야 했다.

그때의 박 대장은 북극 1차 도전에 실패하고 2차 도전을 앞에 두고 있었다. 그날의 한라산 등반 후 박 대장은 북극 재도전에 나섰고 성공해 돌아와 다음과 같은 말을 남겼다.

"북극에서 가장 무서웠던 것은 나 자신이었고 가장 힘들었던 것도 나 자신이었다. 그러나 이겨냈다."

마흔여덟 아까운 나이에 산악인 박영석은 그가 좋아하던 안나푸르나 그 어딘가에 영원히 잠들었다. 그리고 2011년 어느 늦은 가을날, 나는 서울대 병원 영안실에서 나의 우상을 영원히 떠나보냈다.

정처 없는 나의 영업 인생에 많은 용기와 힘을 실어주던 존경스럽고 자랑스러운 후배였다, 박영석은…….

역사를 통해 그 무엇도 못 배우는 정치꾼

역사 책에서만 봐오던 남한산성 주변을 구석구석 돌아볼 일이 생겼다. 남한산성이 올려다 보이는 위례 신도시 25층 아파트로 이사를 한 까닭이다.

주말만 되면 산성 인근의 길을 걸었다. 남문에서 서문, 북문으로 돌고 다음은 남문에서 남장대, 동문 동장대를 거쳐 북문으로 돌아오기를 몇 차례 반복했다. 어떤 때는 서장대를 지나 행궁과 망월사와 개원사를 걷다가 병자년의 겨울을 몸으로 느껴보기 위해 솔숲에 눈을 감고 누워본 적도 있다.

산성에 박힌 돌 하나하나에 역사가 살아 숨 쉬고 개구멍 안으로 들어서는 따뜻한 봄볕이 인조 14년 겨울에도 있지 않았을까.

소설가 김훈의 '남한산성'을 몇 날 꼬박 새우며 읽고 친한 후배들에게도 권했다. 때마침 영화가 개봉된 터라 첫날에 개봉관을 찾기도 했다.

내가 이처럼 남한산성에 푹 빠진 것은 정치꾼들의 정치 행태를 보면서 무릎을 탁 치게 만드는 부분들이 있어서다.

밖으로 싸우기보다 안에서 싸우기가 더욱 모진 형국이다. 조정의 신하들이 서로 아귀다툼을 벌이고 백성은 굶주려 죽어가는 그 시절이 지금 세상과 별반 다르지 않다는 생각이 들었다.

조선인이면서 명의 역관인 정명수의 배신. 그가 살아온 천민의 한이 얼마나 깊을까, 이해 못하는 바는 아니다. 그렇다고 개인의 원한으로 나라와 임금을 팔아먹는 것은 또 아니지 않은가 말이다.

청나라의 치욕스러운 공격에 끝까지 목숨 걸고 싸워서 대의를 지켜야 한다는 예판대감 김상헌과 순간의 치욕을 견디고 나라와 백성을 구해야 한다는 이조판서 최명길의 실리 정치 사이에서 인조의 번민이 깊어간다.

나갈 곳도 물러설 곳도 없는 고립무원의 남한산성에서 내가 인조였다면 난국을 어떻게 헤쳐 나갔을까 고민도 해본다. 서문 성곽 한쪽에 쪼그리고 앉아 해를 넘기던 날도 몇 번 있었다.

북문의 미끄러운 길이 다 녹는 봄이 오면 다시 한번 찾아가 봐야겠다.

가족의 탄생과 그 역사가 깃든 정동길

가을이면 그 정동길을 걷고 싶은 마음이 든다. 백년이 넘은 건물들이 즐비한 가로수 길을 걷자면 그야말로 아름다운 그림에 들어선 기분이다. 이토록 감성 터지는 덕수궁 돌담길을 연인이 함께 걸으면 이별한다는 설이 있다.

왜 그런 소문이 나게 되었는지 조사를 좀 해봤으나 특별한 이유는 없는 듯했다. 지금의 서울시립미술관 자리가 경성재판소였고 그 후 그곳에 가정법원이 들어섰다. 이혼한 사람들이 수속을 끝내고 쓸쓸하게 나와 걷게 되는 길이어서 그런 것 같다.

원래 덕수궁은 경운궁이라고 해서 근세기 조선 왕조의 복잡했던 역사의 현장이기도 하다. 고종이 일제의 강압으로 왕위를 내려놓고 이곳에 살면서 경운궁을 덕수궁(德壽宮)이라 불렀는데 정치를 그만두고 덕을 쌓으며 오래 살라는 뜻에서 붙인 이름이라는 설도 있다.

고종 21년 갑신정변 이후 영국, 미국, 러시아 등의 열강들에게 공관 터로 쓸 땅을 내어주고 분리하기 위해 담을 쌓고 길을 만들었는데 그 길이 지금의 덕수궁 돌담길이 되었다고 한다. 돌담길의 추억도 좋지만 그때 내줬던 공관 터를 돌려받아 돌담을 서쪽으로 더 물리고 예전 경운궁으로 복

원시키는 그날이 왔으면 싶다.

여자 친구가 서소문 변호사 사무실에서 근무하고 있던 시절이다. 군 복무 중이던 나는 외박을 나오면 무조건 그곳으로 향했다. 우리는 덕수궁 안팎을 걷기도 하고 근처 찻집과 우동집을 다니면서 데이트를 즐겼다.

그때의 아름다운 추억으로 우리는 결혼 후에도 몇십 년 동안 한 해도 거르지 않고 가을이 오면 연중 행사처럼 아이들을 데리고 덕수궁을 찾았다. 그곳에서 해마다 사진을 찍었다.

늙어가는 아내와 내가 있고 자라는 아이들이 그리고 그들의 아이가 사진 속에 있다. 우리 집안의 가족사가 덕수궁 돌담길에서 그렇게 해를 더했다.

가을이 무르익고 비바람이라도 몰아치면 노란 은행잎이 다 질지도 모른다는 조바심으로 서둘러 덕수궁을 찾아 나서기도 한다. 우리 가족의 소소한 나들이가 해마다 거듭되니 삼대를 이루게 되고 이제는 큰 물결을 이룬 듯하다.

분홍 일색인 진달래 능선길

일본에 벚꽃이 있으면 우리에겐 진달래가 있다. 봄이 되면 강토에 진달래가 만발한다. 진달래는 순 우리말로 참꽃이라 하고 한자로는 두견화(杜鵑花)라고 한다.

봄의 전령사인 진달래는 분홍빛의 꽃을 피우는데 선조들은 꽃잎을 따다가 화전을 만들어 먹으면서 봄을 맞이했다.

진달래가 피는 사월 중순경에는 북한산 진달래 능선길을 다녀와야만 그 해의 봄을 놓아줄 수 있다. 우이동 버스 종점에서 내려 도선사 가는 길로 한참을 걸어가면 소귀천 가는 길과 도선사로 가는 삼거리를 만나게 된다. 거기서 왼쪽 통곡의 벽이라는 기도처 쪽으로 들어서서 소귀천을 지나면 왼쪽으로 보이는 능선이 북한산 진달래 능선인데 진달래 꽃이 산허리를 둘러싸고 있어 사방이 분홍 일색이다.

한참 숨을 몰아쉬며 능선에 올라서면 용암봉, 만경대 암릉과 인수봉이 한눈에 들어오는 파노라마를 느낄 수 있다. 대동문에 들어서면 큰 공터가 있어서 길손들이 배낭을 내려놓고 잠시 쉬어가는 곳이다. 세상 편한 자세로 하늘을 향해 드러누워 3백 년 전 조선의 장수가 동장대에 올라 오랑캐를 물리치는 호령 소리를 느껴본다.

진달래 능선은 진달래를 감상하며 편하게 걸을 수도 있고 도전하고 싶게 만드는 힘든 코스도 있어서 산꾼들이 즐겨 찾는다. 젊은 시절에는 용암문 위로 만경대 릿지 산행을 자주 다니곤 했는데 요즘은 위험해 사고가 많은 구간이기도 했다. 입산통제 구역이 됐다.

대동문과 용암문을 돌고 위문에 들어서기까지는 가파른 길을 한참 걸어야 한다. 위문을 통과하면 백운대와 인수봉이 손에 잡힐 듯이 있고 그 아래에 백운산장이 있다. 백년 가까운 역사를 지닌 백운산장은 한국 등산의 희로애락을 함께한 역사의 현장이기도 하다.

산장의 따끈한 국수와 두부김치가 먼 길을 걸어온 산 손님의 피곤을 다 받아주는데 2019년을 마지막으로 아쉽게도 문을 닫고 현재는 대피소로만 남았다.

진달래에 취해 다니다가 막걸리 한잔에 또 취한 나른한 봄날이다.

남산 길 산책 끝에 먹는 명동 칼국수의 맛

나는 남산 길을 유난히 좋아한다. 오랜만에 대학 친구들과 남산길을 걸어보자고 늦은 가을날에 약속을 잡았다. 동대입구역 6번 출구로 나와 옛날에는 걸어 오르던 그 길을 에스컬레이터를 타고 오르면 청담 스님의 동상이 반갑게 기다리고 계신다.

친구 몇 명과 함께 교정을 휘익 둘러보면서 백상의 집이 어디에 있는지, 우체국 창가에서 향토 장학금 고지서와 연애편지를 보내던 우체국은 또 어디로 갔냐며 한바탕 소란을 피운다. 그리고는 눈에 익은 교정의 뒷길로 빠져나와 남산길에 오른다.

가을길이 되어 오가는 사람도 많고 서울 시가지와 멀리 보이는 북한산이 한 폭의 그림 같다. 남산 둘레길을 천천히 걸어서 남산 왕 돈가스 옆 중국 영사관으로 내려가면 퇴계로와 맞닿는 길이다. 길 건너가 바로 명동이다.

우리의 최종 목적지는 명동에 있는 칼국수집이다. '명동 교자'로 간판이 바뀌긴 했지만 우리가 아는 그 집이 그 집이다. 어떤 사람이 명동 칼국수를 상표로 등록하는 바람에 부득이 명동 교자로 바뀌게 되었다. 시중의 명동 칼국수라 이름 붙은 곳은 우리가 가는 명동 교자와는 다른 집인 것이다.

맵고 칼칼한 김치 맛과 닭 칼국수에 들어가는 육수 맛을 흉내 내기란 어려운 모양이다. 나는 이곳을 학교를 다닐 때도 데이트를 할 때도 내 아이들이 어릴 때에도 드나들었다. 나의 아들 딸이 결혼해 며느리, 사위, 손녀가 생긴 후에도 다 함께 일년에 몇 번씩은 다니는 왕 단골집이다.

회사 직원들과도 금요일 오후 조기 마감하고 남산 길과 명동 교자 집을 순례하기도 한다. 남산 길은 경주 향우회에서 매년 걷기 행사를 하는 길이기도 한다. 행사가 끝나면 칼국수를 먹으러 간다.

적당히 걷고 살짝 허기진 배를 입맛 도는 칼국수와 만두로 채운다. 서울의 멋과 맛을 한껏 느낄 수 있는 남산길과 명동 나들이는 갈 때마다 좋다.

흥선대원군의 별서 석파정 나들이

서울에 살면서도 가보지 못한 곳이 참 많다. 부암동 돌산 아래에 살고 있는 친구 종복의 추천으로 부부 동반 나들이 장소를 석파정이 있는 서울 미술관으로 정했다.

석파정(石坡亭)은 흥선대원군의 별장형 별서로 사용되던 곳인데 보기

드문 경치를 자랑하는 곳이다. 대원군이 아들 고종의 행차를 이용해 원주인으로부터 적당히 뺏었다는 말이 있을 정도로 좋은 곳에 자리 잡고 있다.

미술에 큰 조예가 없는 나는 전시실을 대충 지나 3층 밖으로 나왔다. 그곳에 물을 품고 구름이 발을 친 아름다운 사랑채가 날아갈 듯이 들어앉아 있다. 옆에는 노송 한 그루가 서있는데 이 나무가 천년 살기를 원한다는 바로 그 천세송(千歲松)이다.

수령 육칠백 년쯤 되었다고 설명되어 있다.

뒤로 올라서면 별채로 가는 길이 있고 그쪽에서 보이는 가을 풍경이 부암동 마을과 조화를 이뤄 또 아름답다. 별채에는 고종이 묵었다는 글과 함께 고종의 사진이 걸려 있다.

돌에 삼계동(三溪洞)이라 새겨져 있어 뭔 소리인가 찾아봤다.

대원군이 이 별장을 갖기 전에 당대 세력가인 김흥근이 주인이었는데 그때는 세 개의 시냇물이 이곳에서 만났다고 하여 삼계동 정사라고 불렀다 한다. 옆으로 돌아 내려오니 경주에서 왔다는 통일 신라시대의 삼층 석탑이 보인다.

익어가는 가을 풍경에 늙은 친구들의 수다가 시간 가는 줄도 모르고 이어진다. 해질 무렵, 자하 손만두 집으로 자리를 옮겼다. 미술관 나들이 덕분일까. 대화의 수준이 한층 격이 오른 듯하다.

부암동 친구 종복은 인왕산 기슭 산마루 집에서 34년 동안 아버님을 모시며 큰 개 한 마리를 키우며 살았다. 나이가 들면서 집도 개도 힘에 부쳤는지 처갓집 근처인 덕소로 이사했다.

서울 토박이로 살다가 덕소로 간 종복은 한강변의 봄여름 가을 겨울의 소식을 철철이 보내오고 있다.

부처님 진신사리가 모셔진 금강산 건봉사

푹푹 찌는 무더운 여름날에 골프를 치러 가자고 고용규 형이 연락을 해왔다. 속초에서 휴가 중이라는 말에 바다에만 가지 말고 속초 인근에 있는 건봉사(乾鳳寺)에 가보라고 권유했다.

날이 더워 잊고 있다가 다음날 해질 무렵 숲길을 좀 걸을까 하여 아내와 함께 금강산으로 향했다.

고성에 있는 건봉사는 금강산 가장 남쪽 자락에 자리 잡은 사찰이라 앞머리에 금강산이 붙어있는 것 같다.

38선이 그어지기 전에는 금강산의 3대 사찰로 한때는 신흥사와 낙산사, 백담사를 거느리는 큰 절이었으나 전쟁통에 거의 다 전소되고 지금은 설악동에 있는 신흥사(神興寺)의 말사로 되어있다.

천오백 년 고찰인 이곳은 조선왕실에서 소원을 빌기 위해 원당(願堂)으로 정하고 사방 십리를 절 땅으로 하사하여 융성기에는 3천1백83칸의 전각이 있을 정도로 전국에서 가장 큰 절이었고 그 세(勢)가 대단했음을 알 수 있다.

임진왜란 때 사명대사가 일본에 호통을 치고 돌려받은 부처님 진신사리가 모셔져 있기도 하다.

만일 동안 염불을 계속한다는 만일회(萬日會)의 시초가 된 절이기도 하다. 절에 들어서니 전쟁 중에도 불에 타지 않았다는 불이문(不二門)이 있다.

불법의 진리로 들어가면 선과 악, 유와 무, 깨끗함과 더러움 등 상대적인 것에 대한 모든 대상이 둘이 아니라 하나가 된다고 하는데 미천한 소생은 아직도 깨닫지 못한 채다.

아직 남아있는 것 중에는 무지개 모양의 능파교가 있는데 보물로 지정되어 있다. 이 다리는 대웅전과 극락전을 잇는 다리로 웅장하지는 않지만 역사의 흔적을 고스란히 담고 있다.

극락전 왼쪽 동산을 보니 예쁘고 귀하게 생긴 소나무가 고고하게 서있다. 전쟁통에 근처 나무들이 다 타고 없어졌지만 유일하게 불을 피해 삼백 년 세월 동안 살아 남았다. 그 자태가 너무 양반스러워서 더운 날이지만 올라가 한번 안아줬다.

진부령과 거진읍 사이에 자리한 천년 고찰 건봉사는 가을이면 더 운치가 있다.

고향이 간성인 최경남에게 자랑을 늘어놓았더니 자신이 어릴 때 뛰어놀던 곳이지만 건봉사 홍보대사를 내가 맡는 게 좋겠다고 너스레를 떤다.

고속버스 터미널의 새벽 풍경

　내 여행의 대부분은 고향의 어머니를 만나 뵙는 것으로부터 시작된다. 그날도 기차를 타고 시골 버스를 갈아타고 고향집에 도착했다. 좁은 마당에서 삐거덕 거리는 긴 의자에 기대고 누워서 산허리에 걸려 있는 초승달을 보면서 팔순의 노모와 옛날 얘기를 도란도란 나눈다.

　어릴 때 자식들을 키우면서 재미있었던 일이며 시집간 누이 얘기며 보릿고개 넘기가 힘들었다는 소설 같은 얘기로 밤이 깊은 줄도 모른다. 5월이지만 아직 밤바람이 차갑고 일찍 잠자리에 드신 아버지의 숨소리가 거칠게 들려온다.

　늦은 아침을 먹고 다시 버스를 타고 부산으로 갔다. 친구도 보고 바다도 보고 남포동과 자갈치시장 회국수도 먹고 막차를 타면 새벽 4시 강남 고속버스 터미널에 도착이다. 터미널에는 여행에 지친 사람들과 이른 시간에 마중 나온 사람들로 붐빈다. 그래도 표정만은 밝고 다들 다정해 보인다.

　젊은 연인들이 팔짱을 끼고 다정하게 대합실을 빠져나가는 모습을 보니 사랑스럽기까지 하다.

　나는 택시 정거장으로 바로 가지 않고 터미널 구석구석을 기웃거린다. 불을 밝힌 우동집으로 사람들이 모여든다. 돌아갈 집이 없는 것도 아닌데 나는 다시 대합실 의자에 앉아 오가는 사람들을 구경하며 새벽의 자유를 느낀다.

여행을 떠난 새벽의 그 시간에 터미널에 도착했음에도 나는 또다시 떠나고 싶은 충동에 시달린다.

자리를 박차고 일어난 나는 지하의 꽃상가로 가서 꽃대의 진이 마르지 않은 장미를 한아름 샀다. 시장 안은 다를 바쁘게 움직인다.

나는 새벽 귀가를 서두른다. 욕조의 따끈한 물에 몸을 풀고 다시 출근을 해야 한다.

산목련의 아름다움을 어찌 말로 표현할까

한식 때 골프를 치느라 성묘를 가지 못해 마음이 불편했다. 때마침 연휴를 맞이해 배낭을 꾸려 기차를 타고 고향인 영천으로 갔다. 시골 동네를 구석구석 다니는 버스를 타고 고향 산천을 휘휘 둘러보고 성묘도 마쳤다.

포항의 고속버스 터미널에서 속초행 심야버스를 탔다. 다섯 시간 반이라는 긴 시간을 흔들리는 버스에 몸을 맡기고 속초에 도착하니 새벽 세 시가 좀 넘은 시간이다.

바다가 보이는 찜질방에서 간단히 눈을 붙이고 설악동 소공원에 도착하니 일곱 시경이다. 김밥 두 줄을 배낭에 넣고 비선대를 거쳐 금강굴, 마등령으로 가는 코스 등정을 시작했다.

유월, 푸른 설악의 공룡능선과 엷은 구름에 가린 대청이며 봉정암 등 내내 마음에 그리던 설악이었다.

얼마쯤 올랐을까. 비선대와 울산바위들이 발 아래 보이고 공룡능선이 코앞에 있다. 그 뒤로 젊은 날 줄 하나에 매달려 죽을힘을 다해 올랐던 천화대와 범봉과 왕관봉이 있다. 다시 한번 저 암벽을 오를 수 있을까. 잠시 옛 추억에 잠겼다가 해 넘기 전에 가야 할 길이 있으니 다시 서둘렀다.

산에서만 피는 산목련의 파란 잎과 하얀 꽃잎, 보라색 꽃술이 얼마나 아름다운지 보지 않고는 모른다. 유월의 산목련을 사진 찍어 나의 무사 산행을 바라는 아내에게 전송했다.

점심때를 한참 넘기고 나서야 드디어 마등령 정상에 도착했다. 오세암으로 가는 길과 공룡을 타고 가는 갈림길에서 나는 오세암을 선택하고 걸음을 재촉했다.

공양 간에 가보니 미역국과 남은 밥이 있어 허기진 배를 채웠다. 건너에 있는 봉정암과 대청으로 가는 길이 그제야 보이기 시작했다.

배가 고프면 눈에 뵈는 게 없다. 수렴동 대피소와 영시암을 지나 백담사에 도착하니 저녁 여섯 시 반이다. 무려 열 시간을 쉬지 않고 걸었다.

날아갈 듯이 뛰어서 용대리로 가 민박집을 구하고 죽은 사람처럼 쓰러져 잤다. 다음날 일찍 일어나 두 시간을 걸어 백담사에 도착했다. 전날 늦은 하산으로 백담에 계시는 한용운 님과 미처 나누지 못한 얘기라도 있는 것처럼 다시 찾아간 백담사에서 컵라면으로 아침을 해결하고 법당에 앉아 '님의 침묵'을 노래한 한용운 시인과 마주했다.

몸과 마음이 깃털처럼 가벼웠다. 갑자기 집에 두고 온 식구들이 보고 싶다. 배낭 하나 달랑 메고 온다 간다는 말도 없이 떠나는 이 방랑벽이 언제쯤이면 주춤하게 될지 모르겠다.

산목련이 피면 목련이 피었다고 단풍이 들면 단풍이 들었다고 눈이 내리면 눈이 내렸다고 갔던 곳을 해마다 또 찾는다.

겨울이 되면 눈 내린 백담사에 가야겠다는 생각을 또 한다.

피로도 행복한 점봉산 눈길 산행

겨울 산행의 절정은 눈길 산행이다. 산꾼들은 적설기 산행이라고도 한다. 내가 다녀온 겨울 산행은 태백산 눈꽃 산행, 덕유산 종주 산행, 소백산 연화봉길, 방아다리 약수터를 지나는 개방산, 오색에서 가는 대청봉, 제왕산을 넘어가는 강릉 옛길, 상원사 적멸보궁을 지나는 오대산 비로봉 등이다.

수도 없이 다녀보지만 겨울산의 정점은 남설악 점봉산(點鳳山)이다. 한계령을 기준으로 해서 북쪽은 설악산, 남쪽은 점봉산이다. 설악은 대청봉을 중심으로 해서 서쪽 용대리와 백담사 쪽으로는 내설악이라 하고 속초 설악동 소공원 케이블카 쪽을 외설악이라 한다.

백두대간의 시작점인 점봉산은 한반도의 뿌리를 찾아 나서는 대간꾼들의 발걸음이 그칠 날이 없다. 이곳 점봉산은 우리나라에서는 그래도 원시림에 가까운 곳이고 아름드리 자작나무들과 여러 가지 야생화가 잘 관리되어 있는 유네스코 생태 보호지역이다. 입산을 통제하고 있어서 미리 입산 허가를 받아야만 산행이 가능하다.

어느 해 눈이 밤낮으로 내리던 이월 중순에 점봉산으로 산행을 나섰다. 우리 일행은 오색에 차를 주차하고 점봉산을 오르기 시작했다. 그날따라 차가운 눈보라가 앞을 볼 수 없을 정도로 퍼붓고 따귀를 때리는 매서운 바람에 속도를 내기가 어려웠다.

방한모와 스패치, 아이젠 등 완전 무장을 했지만 다들 힘든 산행길이었다. 그 와중에 선두에 나선 나는 표시기를 겨우 찾아가며 눈보라를 헤쳐 나가긴 했지만 돌아갈까 나아갈까를 내내 고민했다.

뒤따라오던 경원 군이 "형님, 이제 그만 가고 돌아가요. 귀때기가 떨어져 나갈 것 같아요"하며 울부짖는다. 그 말에 나는 "무슨 소리야, 고지가 바로 저긴데, 안돼! 가려면 너 혼자 가" 소리를 지르며 나아갔다.

산행길에 어려운 고비가 오면 리더는 판단과 결정을 해야 한다. 이곳 점봉은 능선길이 완만하고 계곡이나 바윗길이 없기 때문에 추위만 잘 버티면 사고가 날 위험이 없다. 나약한 산행의 동료들에게 목표 달성의 근성이 필요하다 여겨 오기로라도 강행했던 산행이다.

그들은 울면서 따라오고 앞서가는 나 또한 울면서 나아갔다. 눈물이 얼어 고드름이 되기도 한다는 걸 이때에 알았다.

에베레스트에서 며칠씩 무산소 등반을 하기도 하는데 고작 몇 시간 눈보라 때문에 목표 달성을 중도에 포기하고 돌아설 수는 없었다. 최소한 이곳에서는 조난 당하거나 동상을 입을 위험은 없지 않은가.

드디어 우리 일행은 점봉산 정상에 올랐다. 봉정암(鳳頂庵)에서 날아온 봉황이 이곳을 지나 가면서 점을 찍었다고 하여 붙여진 '점봉산(點鳳山)'이다. 우리도 여기 정상에서 울면서 점을 찍고 하산을 서둘렀다. 바람은 좀 잦아졌고 건너편 한계령 위로 대청봉이 보였다가 숨었다가를 거듭했다.

죽을 것만 같았던 점봉산 등정을 뒤로하고 오색에 내려와 온천물에 몸을 담근 순간, 우리는 내년에 다시 오자고 약속했다.

점봉산은 겨울눈 산행도 좋지만 정상을 넘어 남쪽 길 능선에 자리한 야생화의 천국 곰배령을 넘는 것도 좋다. 오뉴월에 천상의 화원이라고도 불리는 이곳에 가면 이름도 생소한 야생화가 지천으로 피어있고 곰취, 곤드레, 참나물 등이 밭을 이루고 있다.

이런 나물들로 밥집을 하는 점봉산 산채식당은 미시령을 지나서 속초로 내려가는 길 오른쪽 현대 휘미리 콘도 앞쪽에 있다. 속초 가는 길에는 늘 빼먹지 않고 가는 나의 단골집이다.

겨울 산행이 어려우면 초여름날에 점봉산 허리에 곰이 배를 깔고 누운 듯이 부드럽고 편안한 곰배령 산행도 더할 나위 없이 좋다.

백두산 천지 노란 만병초

남의 영토를 돌고 돌아 우리 민족의 영산 백두산에 간다. 직항 노선이 없던 때라 장춘 공항으로 입국하여 야간 침대 열차를 타고 연길로 갔다. 옥수수 밭은 왜 그리도 넓고 숱한지 달려도 달려도 그 끝이 좀처럼 보이질 않았다.

우리 땅이 될 수도 있었는데 어찌하다 보니 백두산도 반은 우리의 것이 아닌 게 되어버렸다. 통탄할 일이고 남은 반쪽의 산마저도 남의 땅을 거쳐야만 볼 수 있으니 분하고 원통한 마음이 든다.

광활한 옥수수 밭이 어둠에 묻히고 기차소리는 점점 크게 들려왔다. 침대열차는 처음 타보는 지라 놀며 자며 지루한 줄 모르고 갔다. 티베트로 가는 칭짱 열차를 타고 대륙을 횡단하여 라싸로 가는 꿈도 꿔본다.

이층 침대칸에 누운 아내는 옆 사람들의 코 고는 소리에 잠을 이루지 못하고 뒤척거린다. 그 소리를 들으면서 나는 깊은 잠에 든다.

연길에 내려서 버스를 타고 용정과 이도백하를 지나는 길은 넓은 과수원과 아름드리 미송이 눈길을 사로잡는다. 백두산 정상은 북파 코스를 걸어서 갈 수도 있고 차를 타고 갈 수도 있지만 우리는 현대자동차 산악회이니 무조건 걸어서 정상으로 가기로 했다.

흐린 날씨지만 산행에 별스런 문제는 없었다. 고도가 높아갈수록 나무의 키가 달라지더니 드디어는 키 큰 나무가 모두 사라졌다. 땅에 붙어 옆으로 뻗은 관목들뿐인 걸 보니 백두산 정상이 가깝다.

한여름인데도 2천7백 미터 지점에는 눈이 쌓여 있다. 눈을 비집고 나온 이름 모를 풀들과 봄꽃들이 피어 있는 것이 정말 신기했다. 몇 시간을 걸어 천문봉 정상에 올라서니 천지가 어딘지 분간이 되지를 않는다.

아침부터 흐린 하늘과 회색 구름들이 천지를 가리고 좀처럼 보여주지를 않는다. 우리 일행의 정성이 부족했던지 기다려 봐도 보여줄 기미가 없어 올라왔던 길을 다시 내려가는데 다리가 후들거린다.

허탈한 기분으로 하산하고 긴급 회의를 주도했다. 여기까지 오기도 힘들지만 여기까지 와서 천지를 못 보고 가면 천추의 한으로 남을 것이다. 그러니 내일 두만강 여행 코스를 생략하고 다시 올라가자고 강권했다. 이의를 다는 사람이 한 명도 없었다.

내일 다시 걸어서 오르기에는 시간도 힘도 부족해서 차편을 이용하기로 하고 온천을 즐기는데 완전 자연 온천이다. 땅에서 올라오는 뜨거운 물과 천지에서 내려오는 찬물이 동시에 탕으로 흘러들게 한 웅덩이가 온천장이 되었다. 이런 온천이 우리 땅에 있다면 정말 좋을 텐데 말이다.

다음날이 되어 다시 천지에 오르니 맑은 하늘에 바람도 없다. 천문봉에서 내려다보는 천지는 그야말로 세상천지에 없을 귀한 모습으로 우리를 반겨주는 듯했다.

김성현과 나의 눈이 동시에 마주쳤고 우리는 뛰었다. 강전형도 우리의 뒤를 따라 뛰기 시작했다. 우리는 이내 천지를 향해 미끄러져 내려갔고 순식간에 천지 인근에 닿았다. 하지만 사람의 발길이 닿지 않은 천상의 화원인 그 꽃길을 따라 천지에 닿는 길은 멀고도 멀었다.

노란 만병초(萬病草) 밭을 가로질러 천지 물에 발을 담그니 몇 초도 버티기 힘들 만큼 차가운 어름 물이다. 둥둥 뜨는 화산돌을 몇 개 주머니에 넣고 천지 물도 수통에 담았다. 그러고는 천천히 천상의 화원을 둘러보기 시작했다.

그 사이 우리를 찾지 못한 일행이 가이드만 남기고 다른 곳으로 떠나버렸다. 그런 줄도 모르고 만병을 낫게 한다는 만병초에 정신을 뺏긴 우리 셋은 되지도 않은 시를 읊어댔다. 시인이 아닌 게 또 천만다행이다.

무섭도록 깨끗한 천지의 물과 사람의 발길이 닿지 않은 만병초 그 밭을 지금도 잊을 수가 없다.

속초는 나의 네 번째 고향

나의 고향은 나의 유년기와 부모님 그리고 조상이 묻혀 있는 영천 보현산 아랫동네다.

경주는 나의 청소년기가 있는 두 번째 고향이라 할 수 있다. 세 번째는 내 인생의 대부분을 보낸 서울이다. 속초에는 내가 좋아하는 것들이 많으니 네 번째 고향이다. 설악산을 비롯해 바다가 있고 골프장도 많고 맛난 먹거리도 풍부하다.

속초는 내게 참 매력적인 곳이다. 혈기왕성했던 젊은 시절에 다녔던 설악산은 내 꿈을 고스란히 품고 있는 곳이기도 하다. 일주일 동안 정신없이 일하고 토요일 오후가 되면 나는 모든 것을 뒤로하고 설악산으로 향했다.

요즘처럼 고속도로도 없던 시절이고 왕복 이차선 도로를 달려 용대리를 지나 백담사 입구에 들어서면 벌써 어둑어둑하다. 백담사를 거쳐 수렴동 계곡을 네 시간 정도 걸으면 수렴동 산장에 도착하고 산장을 지키는 이경수 형이 나를 맞아준다.

경수 형과 설악에서 난 송이를 소금에 찍어 소주 몇 잔 하고 나면 일주일의 스트레스가 말끔히 씻긴다. 설악의 산골 밤에는 세상의 모든 별들이 이곳에 모여 한바탕 축제를 벌이고 가야동 계곡을 빠져나가는 물소리와 산천어 뛰는 소리가 자장가처럼 들려온다.

나는 짧지만 꿀잠을 이룬다. 내 젊은 시절의 이런 추억이 있어 틈만 나면 이웃과도 회사 동료들과도 친구들과도 설악을 찾아 나선다. 그러기를 수십 년 반복했음에도 항상 그립고 설레는 곳이다.

그러나 경수 형이 있던 산장은 2008년 경에 없어졌다. 이 자리에 말쑥한 새로운 수렴동 대피소가 지어졌다. 경수 형은 시내로 나갔고 내게는 추억만 남아있는 곳이 되었다.

밤새 걸어서 도착한 대청봉에서의 일출은 경험해본 사람만이 그 감동을 느낄 수 있다. 그때 내려다본 속초와 바다가 내 마음에 자리 잡고 있는지라 한치의 망설임도 없이 속초는 나의 네 번째 고향이 되었다.

급기야는 영랑호 호숫가에 있는 영랑호 리조트를 하나 장만했다. 리조트에서 나는 터줏대감이나 마찬가지다. 나이를 먹으니 마음을 크게 먹지 않으면 대청봉을 오르내리기가 쉽지 않다. 울산 바위가 올려다 보이는 이곳 호숫가에서 어영부영하면서 일년에 대여섯 번은 머물다가 온다.

중앙시장에 한일횟집도 있고 단천면옥도 있고 리조트 입구에 동명항생선구이집, 다리 밑 88생선구이집, 봉포 머구리물회집도 있고 감나무집 감자옹심이도 맛나다.

봄이 되면 영랑호 호숫가에 벚나무 꽃길이 아름답다. 집으로 오는 길에는 옛길로 가다가 인제에 있는 박가네 옹심이집에 들리는 것도 빼먹지 않는다.

새벽에 가본 오대산 적멸보궁

봄이 멀지 않은 2월, 유난히도 눈이 많은 해였다. 눈길을 엉금엉금 기다시피 해서 오대산 월정사 주차장에 차를 세워두고 상원사까지만 갈 생각으로 길을 나섰다.

여기까지 왔으니 월정사 경내에 들어가 교과서에서만 보던 8각9층 탑도 한 바퀴 돌고 신발을 신은 채로 대웅전 앞에 서서 잠시 합장하고는 상원사로 향했다. 워낙 많이 쌓인 눈길을 헤집고 걸어가자니 시간이 많이 걸리고 체력 소모도 만만치 않았다.

상원사는 하산 길에 둘러보기로 하고 중대 사자암으로 들어선다. 산중인지라 해도 빨리 넘어가고 날도 빠르게 어둑어둑해졌다. 사자암에서 비박을 하기로 결정하고 저녁 요기로 먹을 컵라면의 뜨거운 물을 얻기 위해 공양 간 앞을 서성거렸다.

어려서부터 어머니 치맛자락 잡고 반백년 동안 절집을 드나들었지만 낯선 절 공양 간에 넉살 좋게 들어서 지지가 않는다. 올 때마다 어색하고 어려운 마음이다.

보시 중에 밥 보시가 최고란다. 절집 공양 간 앞에서 쭈뼛쭈뼛 서성거리는 사람을 만나거든 반가운 목소리에 환한 표정으로 따뜻한 밥이 없으면 찬밥 덩어리로라도 허기진 배를 채울 수 있게 해 주면 그것이 곧 보시요, 진정한 포교다.

맘씨 좋아 보이는 보살님이 뛰어나오며 "뭐가 필요하시냐" 묻길래, 나는 "라면에 부을 뜨거운……" 말이 끝나기도 전에 보살님이 나를 공양 간으로 데려간다. 남은 밥과 국이 있다며 식사를 하라고 밥상을 차려준다.

이 추운 겨울 산사에서 그 따뜻한 마음에 어찌 마음이 녹아내리지 않을 수 있겠나. 처마 밑에서 침낭을 펴고 비박으로 잠시 눈만 붙이고 적멸보궁으로 올라갈 것이라 하니 이번엔 처사들이 자는 방에 칼잠이라도 자고 가라며 자리를 펴준다.

평소 산문에 들면 합장해서 절도 잘하고 복전함에 더러 넣어준 보시 때문에 이런 호강을 하는가 보다. 나는 잠시 어머니를 생각하다 잠이 들었다.

세 시에 일어나 적멸보궁으로 올라갔다. 밤이지만 백설이 천지를 뒤덮고 있어 랜턴을 켜지 않고 돌계단을 조심조심 한 시간 가량 오르다 보니 스님의 독경소리가 온 산에 울린다.

오대산 중대 적멸보궁(五臺山 中臺 寂滅寶宮)이라는 것은 부처님 진신 사리를 모신 건물로 불사리 자체가 신앙의 대상이므로 절 안에 불상을 따로 모시지 않는다. 이곳 외에도 통도사 적멸보궁, 설악산 봉정암, 법흥사, 정암사 적멸보궁 등이 불상이 없는 절로 통한다.

오대산에는 중대, 동대, 서대, 남대, 북대가 있는데 대학교 이름은 아니고 오대산을 두르고 있는 다섯 봉우리가 있다는 것이고 적멸보궁은 중앙에 있다 해서 중대라고 하며 그곳에 적멸보궁이 자리하고 있다.

온통 눈으로 덮인 적멸보궁을 독경을 하시는 스님을 따라 한 시간을 돌았다. 비로봉 정상 일출을 보러 가려던 길인데 정신없이 돌다 보니 발이 시리고 춥긴 했지만 마음은 깃털처럼 가벼워졌다.

오늘 이후의 그 어느 날에도 오대산 적멸보궁에서 하룻밤을 보내며 폭포처럼 쏟아지는 새벽 별빛을 가슴에 담아낼 날이 또다시 올 수 있을까. 비로봉 정상에 올라서니 눈보라와 찬바람이 거셌지만 마음만은 여전히 따뜻했다. 내가 하산해야 할 상왕봉 능선길과 멀리 있는 발왕산까지 한눈에 들어온다.

상왕산 능선길로 내려가자니 눈이 허리까지 빠질 정도다. 눈을 치우며 하산하자니 체력이 많이 소모되어 상원사 대웅전 앞 돌계단에 이르러 털썩 주저앉아버렸다. 정신을 차리고 보니 문수전 계단 아래쪽에 돌로 만든 작고 희미한 고양이 상 한쌍이 있다.

세조가 상원사를 찾아 기도를 하기 위해 대웅전에 들어가려고 할 때 고양이가 세조의 도포자락을 물고 놓아주질 않았다고 한다. 대웅전 안에 자객이 숨어있었는데 고양이 때문에 화를 면했다. 그리하여 세조가 이곳 상원사에 묘답을 내리고 고양이 동상을 만들어 고마움을 표했다는 전설 같은 얘기가 전해 온다.

상원사에 얽힌 얘기가 나온 김에 세조와 문수보살 얘기를 하나 더 적어볼까 한다. 세조가 이 절에서 기도하던 어느 날 오대천의 맑은 물이 너무 좋아서 혼자 웅덩이에 들어가 목욕을 하고 있었다. 그때 지나가는 동자승에게 등을 좀 밀어달라고 했다.

목욕을 마친 세조가 동자승을 보고 "어디 가든지 임금의 옥체를 씻었다고 말하지 말라"고 당부를 하였다는데, 그 말을 들은 동자승이 "어디를 가든 문수보살을 친견했다고는 말하지 마세요"하고는 홀연히 사라졌다고 한다.

놀란 세조가 주위를 돌아보았으나 동자승은 보이지 않았고 세조가 앓던 지병의 종기가 씻은 듯이 나았다고 한다.

문수보살의 가피로 불치병을 고친 세조는 크게 감화하여 화공으로 하여금 문수보살의 모습을 그리고 목각으로 문수보살 동자상을 만들었다. 목욕할 당시 관대를 걸어 두었던 그곳이 지금의 관대걸이라고 한다.

주차장까지는 아직도 두 시간 이상을 더 걸어야 한다. 진부로 나가 부림식당 손두부와 청국장 산나물 정식으로 배나 채워야지 하는 생각을 하며 발길을 서둘렀다.

동백은 겨울부터 봄까지

선운사의 동백꽃이 삼월이 가면 다 떨어져 버릴지도 모른다는 조바심으로 서해안 고속도로를 달렸다. 저녁 느지막이 선운사 동백장 모텔에 여장을 풀고 복분자를 반 병쯤 마셨다.

이른 아침에 일어나 선운사 동백을 보러 갔지만 동백꽃은 피지도 지지도 않았다.

사월까지 핀다는 동백꽃이야 뭐 그리 아름답겠습니까. 그때는 온갖 꽃들이 다투어 필 텐데…….

미당 서정주 시인은 이른 삼월 이때쯤 선운사 골짜기에 동백꽃을 보러 가셨는데 동백은 아직 일러 피지 않았다고 작부집 막걸리 육자배기 가락에 작년 것만 그것도 목이 쉬어 남았다고 시에 적었다.

차일피일 미루다가 그 시를 떠올리고 봄비에 눈물처럼 다 지지나 않았을까 싶은 마음에 서둘렀는데 노란 속을 보이는 동백꽃이 그대로다. 봉오리마다 피를 토하는 절규 같다.

십수 년 전에 본 도솔천 물안개를 잊지 못해 발길을 재촉했다. 물안개는 이미 걷히고 아름다운 새소리와 물소리, 6백 년을 넘은 갈참나무 속삭이는 소리만 들려온다. 도솔천 도랑 옆의 숲길은 걷자니 평온한 것이 천상을 걷는 기분이다.

도솔천 맑은 물에 탁해진 마음을 잠시 내려놓고 싶었지만 맑은 물이 더러워질 것 같아 얼른 주어 담고 다시 걸었다.

도솔암에 들러 풍상을 견디며 서있는 마애불 앞에서 길 잃은 나그네처럼 서성이다가 전에 미처 보지 못하고 지나친 내원궁(內院宮) 안내판을 따라 걸었다. 이른 아침 적막감마저 감도는 가파른 돌계단에 올라서니 새로운 세상이 그곳에 있는 듯했다.

작은 암자가 천인암 위에 날아갈 듯이 앉아있다. 건너편에는 하늘에서 금방 내려온 천마 바위와 멀리 보이는 사자바위가 손에 잡힐 듯 버티고 있다.

뒤편으로는 만월대 바위틈에 분홍색의 진달래가 만개해 있었다.

암자 앞의 수백 년 된 참솔나무는 그 오랜 세월 동안 비탈에 뿌리를 내리고 꼿꼿이 서서 푸르디푸른 솔잎을 사시사철 피우는 그 자태와 색이 열여덟 어여쁜 처녀 같다. 솔가지가 오동통 한 것이 아직 몇 백 년을 이곳에서 더 중생을 구원한다는 내원궁을 지켜줄 것만 같다.

동백은 겨울부터 봄까지 피는 꽃이다. 서두를 것도 미룰 것도 없이 마음이 움직이면 언제든지 떠나면 된다. 오가는 길에 풍천 민물장어와 복분자 한잔 아니 마실 수가 없다.

내 삶의 안식처 도봉산 석굴암

힘들고 무거운 인생의 짐을 잠시나마 내려놓고 쉴 수 있는 곳이 하나쯤 있다면 요즘처럼 어려운 시기에 위안을 얻을 수 있을 것이다. 스물네 시간 문이 열려 있는 그곳.

나에게는 도봉산 만장봉 아래에 있는 대한불교 조계종 사찰 석굴암이 바로 그런 곳이다. 한때 바위에 매달려 선인봉을 끼고 살던 청춘에는 늘 지나치기만 했던 석굴암이 불혹을 넘기고 아이들이 훌쩍 커버린 어느 해 정월 초하룻날 나는 문득 석굴암을 생각했다.

뭔가 간절하게 빌고 싶은 것이 있었던 것일까. 마음 한구석 무너진 것이 있어서였을까. 새로운 삶을 다잡아야 할 일이 있었던가. 아무튼 정초에 석굴암 돌부처 앞에 엎드려 한없이 절을 하고 싶어졌다.

절집의 정재 스님을 찾아 뵈었다. 세상과 타협이 안 될 듯한 강한 인상과 달리 보면 볼수록 따뜻한 온기가 느껴지는 분이다. 공양 간도 고향집 어머니의 방처럼 느껴졌다. 내가 마음을 내려놓을 수 있는 곳이 있다는 것이 참으로 다행이다.

나는 절집의 예절에 대해서는 아는 것이 별로 없다. 어려서부터 어머니의 치마폭에 싸여 절집 드나들기는 수십 년 했지만 절에 가면 그저 절 몇 번하고 공양 간을 기웃거리기 일쑤다.

어려운 염불은 대충 넘어가는데 부처님 앞에서 졸다 넘어지기도 하고 종각 옆에서 배낭을 베고 코를 골며 낮잠을 자기도 한다. 절 행사는 사월 초파일 정도로 알고 절을 좌우 어느 쪽부터 먼저 해야 하는지 조차 몰라 늘 옆에 사람 눈치를 봐가며 삼배를 하면서도 누가 종교가 뭐냐고 물으면 불교라고 말하는 참으로 뻔뻔한 불자다.

나의 무식이 도를 지나칠 때도 있어서 간혹 아내로부터 야단을 맞을 때도 있다. 나는 절집이 엄한 계율로 만들어진 무슨 사관학교 같은 곳이기 보다는 누구에게나 편안한 거처였으면 싶다.

석굴암은 나에게 그런 곳이다. 도봉산 경찰구조대 뒤편 가파른 계단에 올라서자면 석굴암의 작은 돌부처가 우선 반갑게 맞이한다. 그곳에 있는 작은 돌부처 앞에서 이런저런 속내를 털어놓고 나면 금세 마음의 평화를 얻는다.

손에 닿을 듯 가까이 앉아있는 이 부처님은 변치 않을 우정을 약속한 친구처럼 수줍은 미소를 내게 보인다. 절 마당에 나서면 탁 트인 전망에 온 세상이 다 내 것처럼 느껴지기도 한다. 뒤편의 웅장한 만장봉과 앞쪽 다락능선과 서울의 북쪽 마을들이 이룬 조화는 한 폭의 그림 같다.

석굴암은 신라시대에 창건되어 지금까지 여러 차례 중창과 폐사를 겪어온 천년 고찰이지만 전통 사찰 지정이 미뤄져 관리가 되지 않음에 내게는 아쉬움이 많은 절이다. 그렇더라도 이곳은 어느 누구라도 언제든 편하게 쉬어갈 수 있는 청정 도량이다.

무겁고 힘든 속세의 마음을 덜고 가시길 바란다. * 2009년 월간 「불광」 6월호에 게재된 글이다.

낯선 곳에서 한 달 살기

언제부터인가 한 달 살기란 말이 유행처럼 번졌다. 한 집안의 가장이거나 월급쟁이라면 언감생심인 일이다. 그럼에도 방랑기 탓인지 내게는 심장 뛰게 만드는 말인 것이다.

몇 해 전에 후배 서호근 사장이 잘되던 회사를 후배에게 물려주고 카메라 하나 달랑 메고 방랑길에 나선다고 해서 부럽기도 하고 한편으로 또 무모하다 싶기도 했다. 그런 그가 연초에 사진전을 개최한다는 연락을 받고 아내와 함께 인사동에서 그를 만났다.

오지를 돌아다니며 힘들게 찍은 사진을 설명해 주면서 또 출사를 떠난다고 했다. 출사를 가면 보통 한 달을 머무르고 다른 곳으로 옮겨가기 때문에 한 달 살기를 이어간다는 것이다.

아내는 어찌하고 혼자 다니냐고 했더니 출사가 힘든 일이라 아내를 고생시킬 수 없단다. 다만 한 달 살기가 끝날 무렵에 출사 지역으로 자신의 아내를 불러 며칠 함께 여행을 하고 귀국을 한단다.

나도 모르게 혹했다. 나의 버킷 리스트에 한 달 살기 지역을 열거했다. 우선 제주부터 시작해 가까운 이웃나라의 오사카, 삿포로, 마닐라, 치앙마이, 방콕, 보르네오 섬, 라오스를 거쳐 뉴질랜드 북섬, 하와이, 파리, 런던, 오타와, 시카고, 로스앤젤레스, 북동유럽 등등을 일 년에 두 차례씩 다녀오면 십 년 동안 스무 곳 정도는 살아볼 수 있지 않을까.

다리에 힘이 남아있어야 되는데 걱정스럽기도 했다. 나의 아내는 된장, 김치국수, 수제비 등을 좋아하는 토종 인간이 남의 땅에서 무슨 재주로 한 달씩 살겠다는 야무진 꿈을 꾸는지 이해를 못하겠다는 얼굴이다.

나도 사실 먹는 게 제일 걱정이기는 하다. 그래서 요즘은 햄버거 가게에 들락거리기도 하면서 입맛을 개조하는 중인데 쉽지 않다. 한 달 살이 비용을 감당하는 일도 고민 중의 하나다. 이제껏 내 주머니를 따로 마련해 둔 것도 없고 집을 팔아 한 달 살기에 나선다면 이혼당할 것이 뻔하지 않은가 말이다.

최소한의 비용으로 살아보는 수밖에 별도리가 없을 것 같다. 미리 예매하면 저렴한 항공권을 구입할 수 있을 것이고 한 달 동남아 숙식은 백만 원, 유럽이나 미주는 이백만 원에서 해결할 수 있지 않을까. 그렇다면 가능도 할 것 같은데 말이다.

서울에서 살아도 그 정도의 비용은 들어가니 말이다. 아내의 허락이 문제이긴 하나 꿈이야 내 마음대로 꿔보는 것이 뭐 어떠랴 싶다.

일본인의 우동 사랑은 우동학과가 대학에 있을 정도

통통한 면을 익혀 다양한 고명을 얹어서 먹는 일본식 요리가 우동이라고 네이버 사전에서 알려 준다. 우리말로는 가락국수라 한다. 아무튼 지역과 먹는 방법에 따라 유부, 파, 미역, 튀김 등을 곁들이는데 재료에 따라 유부우동, 카레우동, 튀김우동, 가케우동 등의 이름이 붙는다.

우동의 역사는 중국 당나라 시대에 다양한 중국 밀가루 음식을 지칭하는 '훈툰'이 일본으로 건너가 일본식 발음인 우동이 되었다는 설이 있다. 어떤 경로를 통해서 우동이 일본으로 간 것인지 대충 알아봤으니 우동 본고장으로의 여행을 계획했다.

아내와 아내의 고종사촌 동생 부부와 함께하는 여정이다. 조양례는 아내와 내가 연애하던 시절 초등학생으로 가까이 살면서 자라는 것을 봐왔던 예쁜 처제다. 이우성과 결혼해서 아들 둘을 다 키우고 이제는 함께 늙어가는 처지가 되었다.

시코쿠 카가와현의 도청 소재지인 다카마쓰는 우동의 대명사인 사누끼 우동의 본고장이다. 우동가게가 편의점보다 많고 우동 투어버스가 다닐 정도다. 이곳 다카마쓰에서 제일 유명한 우동집을 검색하고 택시로 찾아 갔다. 우동집이라기보다는 넓은 정원이 딸린 요정 같은 곳인데 우동의 종류도 많아서 헷갈렸지만 당초 계획했던 대로 우리는 사누끼 우동 정식을 시켰다.

사누끼 우동은 국물 없이 고명과 간장만 넣고 비벼 먹거나 간장에 찍어서 먹는다. 일본인들은 국물보다 면발의 맛으로 먹는다고 한다. 우동하면 나는 뜨끈한 국물을 먼저 떠올리기 때문에 나에겐 다소 생소한 우동이다. 여름철에 즐겨먹는 판 메밀 소바를 생각하면 얼른 이해가 될듯하다.

사누끼 우동의 면발 맛을 느끼기 위해 씹지 않고 목구멍으로 후루룩 넘겼다. 우동 국물과 함께 먹는 면과는 식감에 있어 현저한 차이가 느껴진다.

일본인의 우동 사랑이 어느 정도인지는 다카마쓰 대학에 우동학과가 있다는 것만으로도 충분히 알 수 있다.

몇 해 전, 오키나와에서 설을 보냈던 적이 있다. 자정이 되니 호텔 측에서 투숙객들을 식당으로 불러 따끈한 정종과 뜨거운 국물에 소바를 말아 주는 해넘이 국수를 대접받은 적이 있다. 아마도 우리나라의 설에 먹는 떡국처럼 그들은 국수를 먹는 모양이다. 해넘이 국수를 먹는 것은 가늘고 긴 소바처럼 장수하기를 바라는 뜻이라고 한다.

시코쿠의 우동도 좋지만 이곳에 오면 나오시마를 생각하지 않을 수 없다. 혼슈와 규슈 사이에 있는 삼천 개의 섬 중 하나에 불과했던 나오시마. 이곳은 일본의 안도 다다오라는 건축가를 만나 버려진 섬에서 새롭게 태어난 섬이 되었다.

세계적인 작품들을 보기 위해 관광객이 연 30만 명 이상이 찾아오는 곳으로 미국의 어느 여행 잡지에서 세계에서 꼭 가봐야 할 일곱 곳에 선정될 만큼 유명한 곳이다.

시코쿠에서 배를 타고 한 시간쯤 가면 나오시마의 랜드마크인 쿠사마 야요이의 작품 '붉은 호박'이 선착장 바로 앞에 떡하니 버티고 있다. 붉은 호박을 보는 것만으로도 예술의 섬에 도착했다는 것을 실감할 수 있다. 비릿한 바다 냄새가 나는 나오시마 선착장에서 보는 붉은 호박은 예술의 전당 전시회에서 본 것과는 확연히 달랐다.

우리의 우동 여행에 있어 절정은 도쿠시마(德島)다. 눈에 넣어도 아프지 않을 손녀 나리와 나나가 살고 있는 곳이다.

오사카에서 회사를 다니는 아들이 이곳 외할아버지 댁에 아이들을 맡겨놓고 주말마다 찾는다. 사돈은 일본의 건설회사 플랜트 설비 부장으로 정년퇴직을 했다. 안사돈 또한 요코하마 초등학교 교사로 퇴임을 한 후 남편과 함께 고향으로 내려와 은퇴 생활을 즐기고 있다. 느닷없이 애를 둘씩이나 돌봐야 할 처지에 놓였으나 그분들의 팔자 소관이다.

70만 명 정도의 인구가 사는 도쿠시마는 제주 면적의 두 배가 좀 넘는 섬 현청 소재지의 도시다. 요즘은 아카시해협 대교가 개통되어 차가 다니지만 이십 년 전만 해도 배를 타고 다녔다고 한다. 공항도 있긴 한데 국제선은 없고 국내선뿐이다. 고속열차도 없고 시코쿠로 다니는 기차가 있을 뿐이다.

상견례를 하기 위해 처음 갔을 때는 오사카에서 고속버스를 이용했다. 돌아올 때는 기념 삼아서 오사카만으로 배를 타고 나왔다.

한때는 이곳도 문화와 상업도시로 융성했던 곳이다. 도시 쏠림 현상으로 사람들이 동경이나 오사카로 빠져나갔다고 한다.

시코쿠 네 개의 현 중에서도 가장 인기 없는 도시다. 그래도 매년 팔월이 되면 아와오도리 축제가 열리는데 이때가 되면 사람들이 몰려드는 일본에서는 꽤나 유명한 축제다. 또 물의 도시라고 할 만큼 물이 깨끗하고 자연이 잘 보전되어 있어서 둘레길 걷기에도 좋다.

나는 다카마쓰에서 기차를 타고 도쿠시마에 도착해 몇 시간 동안 손녀들의 얼굴을 보고는 다시 기차를 타고 돌아왔다. 손녀들을 뒤로하고 떠나오자니 우동 여행인지 눈물 여행인지 모르겠다.

다시 가보고 싶은 후지산

'후지산(富士山)에 한 번도 오르지 않은 사람은 바보이며 두 번 올라가는 사람도 바보'라는 일본 속담이 있다. 일본 사람들에게 후지산은 동경의 대상이지만 막상 올라가 보면 별 것이 없다는 뜻일 것이다.

후지산은 멀리서 보는 것이 훨씬 아름답고 신비스러워 보인다. 후지산을 배경으로 달려가는 고속열차 사진을 보면 후지산을 홍보하기에도 손색이 없다.

시즈오카현 후지노미야시에 있는 이 산은 일본에서 가장 높은 산이다. 산마루가 하얀 눈으로 덮여 있어서 백 킬로미터 이상 떨어진 도쿄에서도 맑은 날에는 후지산을 볼 수 있다. 일본 사람들은 우리의 백두산처럼 후지산을 민족의 영산이라 여긴다.

도쿄에서 가는 길도 있지만 박경현과 나는 나고야 공항에서 버스를 타고 네 시간을 달려 후지산 근처에서 하룻밤을 묵었다.

다음날 이른 아침에 5고매(合目)에서 후지노 미아 코스로 오르기 시작했다. 화산재가 다져진 흙길에서 갈수록 경사가 가파른 돌길이다. 지그재그로 멀미가 날 것 같은 기분으로 올라갔다. 3천 미터 7고매에 도착하니 팔월 초임에도 서늘한 가을 날씨 같다.

산장을 둘러보니 숙소도 있고 물과 간단한 인스턴트 식품이 준비되어 있는데 한국인이 좋아하는 신라면도 한몫을 차지한다. 화장실 이용료는 200엔이라고 친절하게 한글로 적혀 있다. 나무 지팡이에 인두로 후지산 등정 기념 스탬프를 새기는 사람들도 더러 보였다.

고소증에 어느 정도 단련된 우리는 단숨에 3천4백 미터 지점인 8고매까지 올랐다. 여기서부터는 겨울바람이다.

팔월, 후지산의 정상 기온은 5도 정도지만 찬바람으로 체감 온도가 영하로 뚝 떨어진다.

나는 고어텍스 재킷을 꺼내 입고 털모자를 썼다. 3천7백60 미터 정상 표지석에서 인증 사진을 찍고 마지막 산장을 지나 무서운 바람에 휘청거리며 분화구를 향해 다가갔다. 2백 미터가 넘는 분화구 밑을 내려다보는 것은 위험천만이다.

서서 볼 수가 없어서 엎드린 채로 잠시 내려다봤다. 자칫하다가는 나까지 회오리바람과 함께 분화구 속으로 빨려들 것 같은 공포감에 휩싸였다. 사진은 고사하고 뒷걸음으로 얼른 물러섰다.

후지산은 칠팔월에만 일반인들의 입산이 허용된다. 산장의 숙소와 간이휴게소의 화장실을 이용하는 것도 이때만이다.

등산객들은 보통 점심식사를 하고 5고매에서 출발해 여섯 시간 정도 등반을 한 후에 정상 부근 산장에서 일박을 하고 일출을 감상하고 다음날 네 시간 정도 내려오는 일정으로 등산 계획을 짠다.

그러나 우리는 다섯 시간 등산과 두 시간의 하산으로 위 일정을 하루에 다 해치웠다.

한바탕 산행을 하고 나면 다음엔 어디를 갈까 생각한다. 후지산을 두 번 오르면 바보가 될 테니까 다음에는 올라가지 말고 후지산을 바라보며 느릿느릿 다니는 여행을 해볼까 싶기도 하다.

렌터카 한 대를 빌려 가와구찌(河口) 호반길을 달려도 보고 후지하코네이즈 국립공원을 어슬렁거려도 보고 온천 지역에서 하룻밤을 묵어보고도 싶다.

아름다운 호수와 우뚝 솟아있는 후지산을 멀리서 바라보는 여행을 하기 위해 꼭 다시 와야겠다.

언제까지 당신을 기다려야만 하나요

삿포로에서 기차를 탔다. 기차가 해안을 끼고 달렸다. 눈이 내리는 겨울바다를 바라보면서 오타루로 가는 여행은 감성적이다.

"오겡끼데스까?"

이와이 슌지 감독의 영화 '러브레터'의 주인공 나까야마 미호의 목소리가 들려오는 듯하다.

"이제 그만 내려오세요. 언제까지 당신을 기다려야만 하나요. 제 나이도 이제 사십을 넘었다고요."

산악등반 사고로 조난 당한 연인을 잊지 못해 목 놓아 울부짖던 여주인공의 애처로운 모습을 떠올리자니 지금도 가슴이 미어진다.

겨울에 와야 '러브레터'의 맛이 제대로 날 것 같은 이곳을 한여름에 찾아왔다. 달리는 기차에 기대어 나는 바다를 바라보았다. 한 시간을 달려오는 동안 처음부터 끝까지 영화 '러브레터'의 감상에 푹 빠진 채였다.

기차에서 내리자마자 오타루 운하로 향했다.

그 옛날, 석탄을 운반하기 위해 물류 운송 수단으로 이용하던 곳이다. 운하의 양 옆으로 늘어서 있던 창고 건물들을 원형 그대로 보존한 채로 식당, 카페, 상점들이 들어서 있다.

일본에는 이런 비슷한 곳이 더러 있다. 동경에 있는 요코하마에도 해변 선착장과 근처 창고들을 이용하여 관광의 거리로 꾸며 놓았다. 옛것이라고 무조건 철거하고 새 건물을 짓는 것이 다 좋은 것은 아닌 듯하다.

베이징에도 798예술의 거리가 있고 한국의 성수동 공장지대에 들어선 카페 거리 등을 보면 일본이 조금 앞선 듯도 하다.

노을이 내리는 해변을 바라보면서 나는 삿포로로 다시 돌아왔다. 우리에게 익숙한 삿포로는 동계 올림픽과 동계 아시안 게임이 몇 번 개최되던 곳이다. 2002년 한일 공동 월드컵 때에도 삿포로 돔에서 축구 경기가 이뤄졌다.

홋가이도(北海道)의 도청 소재지인 삿포로는 여름 기온이 평균 21도로 여행이나 골프를 즐기기에도 좋은 곳이다. 겨울의 삿포로 눈 축제 또한 두말할 나위 없이 환상적이다.

여름휴가를 이곳에서 보낸 적이 있는데 먹거리 중에는 게 요리가 단연 으뜸이다. 게 뷔페식당에서 털게와 게 사시미를 실컷 먹자면 여름이 좋다. 삿포로 맥주 또한 실컷 마실 수 있는데 바로 치바 맥주공장 나들이다.

아무튼 나의 한 달 살기 버킷 리스트에도 삿포로가 들어있다.

등산복 차림으로 참석한 유엔 회의장

여름날 북한산 인수봉으로 가는 하루재 고개를 주말마다 넘었다. 에베레스트를 가기 위한 훈련이 아니다. 그 전초전으로 보르네오 섬 북쪽에 있는 코타키나발루의 키나발루 산을 오르기 위해 한 달 동안 비지땀을 흘렸다.

처음 가는 해외 원정 산행이고 우리나라 산은 높아야 2천 미터 밑이라 그곳의 고소증이 어느 정도인지 가늠할 수 없어서 오직 연습만이 전부라고 여겼다.

현지 가이드를 통해 산장 예약을 하고 직항이 없던 때라 쿠알라룸푸를 경유해 갔다. 짐이 환승 비행기로 옮겨갔는데 우리는 엉뚱한 개찰구에서 노닥이다가 비행기를 못 탈 뻔했다.

영어가 짧아서 계속되는 방송도 알아듣지 못했다. 미타로 강(MR.강) 어쩌고 하는 말에 깜짝 놀라 뛰기 시작했다. 저 멀리서 우리의 비행기가 이륙을 준비하며 기다리고 있었다.

우여곡절 끝에 도마뱀이 벽을 타는 호텔이라고는 하지만 리조트 같은 허름한 곳에서 하룻밤을 보내고 산행 시작점인 해발 1천8백 미터 지점인 팀폰 게이트에서 우리는 입산 신고를 마쳤다. 산길에 들어서니 타잔이 나오는 영화에서나 봤음직한 열대 우림의 안으로 훅 들어온 느낌이다.

오버 페이스는 안 된다. 처음부터 천천히 가야 한다고 다짐을 했다. 1킬로미터 지점마다 있는 쉼터에 점을 찍으면서 3천 미터 근방에 다다르니 머리가 아프고 숨을 쉬기가 힘들뿐더러 한 걸음 떼기가 버거웠다.

산행 대장을 맡은 후배는 지난밤에 시바스 리갈 과음으로 인해 구토를 하고 사색이 되어 널브러졌다. 술에 장사가 없다는 말을 귓등으로 새긴 것이 화근이다.

고산 등정을 앞두고 아무리 젊고 강한 체력일지라도 술은 자제하고 잠은 푹 자야 한다고 등산 잡학사전에도 나와 있는데 말이다.

다행히 젊은 친구라 점차 고소 적응이 되어 팀폰을 출발한 지 다섯 시간 만에 라반 라타 산장에 도착했다. 우리보다 먼저 도착해 테라스에 앉아 여유롭게 쉬고 있는 각국의 등산객을 보니 등산복을 입고 유엔 회의장에 참석한 기분이다.

내가 키나발루를 다녀온 당시만 해도 동남아 사람들이나 한국 사람들은 많지 않았다. 유럽인들이 태반이었다.

3층 방을 배정받아 따뜻한 물에 샤워를 하고 히터 앞에 있으니 세상이 다 아름다웠다. 식당에서 알량미로 한 볶음밥 같은 나시고랭을 손으로 집어먹긴 했는데 그것으로는 양이 부족해 한국에서 가져온 라면과 김치를 먹느라 한바탕 난리를 피우고 밖으로 나갔다.

갑작스럽던 스콜이 지나가고 운무도 걷히기 시작했다.

각국에서 온 150명 가량의 사람들이 모두가 친구가 되었다. 한국의 현대자동차에서 왔다니까 그들은 나를 쏘나타라고 불렀다. 한국의 쏘나타가 세계로 나가고 있는 것이 느껴졌다.

산장에서 바라본 경치는 그야말로 경이로움 그 자체였다. 구름 안의 붉은 꼬리를 물고 내려가는 태양과 저녁노을 아래로 지나가는 경비행기가 산허리에 부딪힐 것만 같다.

스콜이 지나간 자리에 이런 영화 같은 장면을 보게 될 줄이야.

일출을 정상 로우 피크에서 맞이하기 위해서 산장의 사람들은 새벽 두 시부터 깨어 움직인다. 오버 트라우저를 꺼내 입고 헤드 랜턴을 챙겨 나섰다.

하늘에 달은 높이 떠있지만 캄캄한 밤이라 앞서가는 랜턴 불만 보고 4천 미터를 향해 올라가는 광경은 하늘에서 은하(銀河)가 내려오는 것만 같다.

사얏사얏 포인트를 올라서니 정상으로 가는 밧줄이 놓여 있다. 체감온도 영하 10도의 찬바람이 몰아친다. 태양이 떠오르기를 기다리는 동안은 춥고 지루했다. 해가 점점 더 높이 떠오르는 순간 웅장한 바위들의 모습이 파노라마처럼 펼쳐졌다.

산 아래는 찜통더위고 정상은 영하의 날씨다. 거대한 불덩이가 떠오른 후로는 차츰 기온도 높아졌다. 바위산을 딛고 올라선 멋진 일출을 보면서 우리는 무사 산행을 빌었다.

히말라야 등정을 위한 트레킹과 고소 적응을 위해 한번은 다녀올 만한 키나발루 로우 피크다.

계곡물에 손수건을 적시는 것도 금물

나고야 공항에서 야간에 출발하는 버스를 타고 밤새 달려 일본의 중부 산악지대인 가미고지 산장에 도착한 시간은 다음날 아침 여섯 시경이다. 가미고지를 향하는 좁고 낡은 산악도로는 일본답지 않아서 다소 의아했다.

그러나 가능하면 자연을 훼손하지 않고 자연을 있는 그대로 보존하겠다는 뜻을 이내 알아차릴 수 있다.

　그 비좁은 길에 마주 오는 차가 지나갈 때까지 비켜서서 기다려주는 버스기사의 편안한 얼굴을 보자니 이곳이 바로 일본이구나 싶었다. 버스에 안전벨트가 없어 다소 걱정이 되긴 했지만 버스기사는 장시간 동안 단 한 번의 덜컹거림도 없이 버스를 몰았다.

　팔월 한여름인데도 가미고지의 이른 아침은 쌀쌀했다. 눈앞에 펼쳐진 백설이 덮인 북 알프스의 높은 산들이 내게 잔잔한 흥분을 안겼다. 산장에서 준비한 따뜻한 장국으로 아침식사를 하고 배낭을 정리했다. 필요치 않은 짐들을 보관소에 보관하고 꿈에도 그리던 설산을 향해 가는 걸음은 밤새워 타고 온 버스의 피곤함도 잊은 채 신나기만 했다.

　울창한 수목들 사이로 난 평탄한 길을 따라 걸으며 우리 일행은 소풍 나온 아이들처럼 이곳저곳을 두리번거리며 이국의 산하를 감상했다. 한국의 설악산을 생각하면서.

　가라사와 산장과 야리가다께의 갈림길인 요코오 산장에서 준비해온 도시락으로 점심을 해결하고 본격적인 산행을 시작했다.

　좁은 길 양쪽으로 조릿대(山竹)가 점점 늘더니 고도가 더 높아지자 이번엔 고사목들이 보이기 시작했다. 만년설의 장엄한 광경이 눈앞에 그림처럼 펼쳐질 때는 누가 먼저랄 것도 없이 감탄사를 연발했다.

　계곡의 물이 너무 맑아서 흐르는지 멈춰있는지 확인하기 위해 손을 넣었다. 말로 표현하기 힘들 정도로 섬뜩했다.

　일본 사람들은 이러한 물을 오염시키지 않기 위해 물에 발을 담그는 것은 물론 손수건을 적시는 일조차 금한다는 말에 우리의 강산을 생각하니 부끄럽고 안타깝다.

완만한 경사를 세 시간 정도 걸어 그림 같은 가라사와 산장의 빨간 지붕과 펄럭이는 깃발이 아득히 보이는 곳에 도달하니 멋진 사진을 찍느라 다들 온갖 폼 잡기에 분주하다.

만년설이 덮인 개울가에는 봄을 알리는 버들강아지 같은 새싹들이 움트고 그 옆에는 이름을 알 수 없는 노란 꽃들이 만개했다. 그 인근으로 스키어들이 스키를 타고 내려오는 것을 보니 조물주가 일본에 지진 같은 재앙도 내리지만 자연의 축복도 주었구나, 싶었다.

오후 다섯 시 경, 가라사와 산장에 도착하니 먼저 온 이들이 서울에서 공수해 온 귀한 진로와 얼큰한 라면으로 벌써부터 판을 벌려놓고 있었다. 이 귀여운 진로 두꺼비는 이국땅 해발 3천 미터까지 따라와서 우리의 일행을 즐겁게 해주는구나 싶다.

눈밭의 형형색색 텐트로 부서져 내리는 붉은 노을을 보고 있노라니 어느 동화의 나라에 와 있는 것은 아닌지 착각이 든다. 김인서 부장님의 요들송이 고향을 떠나온 우리의 마음을 마구 뒤흔들어놓았다.

저녁 아홉 시가 되면 불을 끄고 자야 하는 산장의 엄한 규칙에 우리는 일찍 잠자리에 들었다.

다음날 아침 여섯 시. 우리는 모든 준비를 끝내고 해발 3천9백 미터의 오쿠오다케다카 정상을 향해 갔다. 만만한 산행은 결코 아니었다. 그래도 계속되는 눈길과 아름다운 꽃들 덕분에 우리는 가쁜 숨을 몰아쉬면서도 서둘러 고도를 높여갔다.

지난여름에 말레이시아, 동남아시아의 최고봉인 키나발루를 등반한 경험이 있어 고소증의 두려움은 없었지만 이번 등반에 동행한 아내가 여간 걱정이 아니었다. 잘 적응해줘서 너무 고마웠다.

눈길이 끝나고 바위와 너덜지대가 이어졌다. 가파르고 위험해서 무던히도 조심해야 했다. 아니나 다를까 일본인 한 사람이 넘어지면서 날카로운 바위에 무릎을 다치는 사고를 당했다. 마침 우리 대원 중에 군 위생병 출신인 김성현이 있어서 능숙한 솜씨로 다섯 바늘을 꿰매는 수술 실력을 발휘했다.

기다호다까 산장에 도착하니 물 1리터를 1백50엔에 팔고 있었다. 말이 잘 통하지 않으니 우리를 투숙객으로 안 산장 측에서 물 3리터를 공짜로 내주는 웃지 못할 행운도 누렸다.

이 산장은 규모가 굉장히 크고 서가와 음악시설, 특히 컴팩 디스크(CD)가 유독 많아 멋져 보였다. 설악산의 중청 산장이나 지리산의 장터목 산장과 비교되니 또 아쉬운 마음이 든다.

구름에 묻혀 있던 북 알프스의 연봉들이 본체를 보여주고 다시 감추는 일이 반복되고 그 사이 멀리 있는 야리카다케 정상이 모습을 드러냈다. 다음에는 저 산을 돌아오는 종주 코스를 택할 것이라는 다짐을 해본다.

오쿠오다카다케라는 팻말이 서있는 정상 3천9백 미터에서 돌과 바람을 피해 도시락으로 점심을 해결하고 잠시 쉬었다.

광호 선배는 지난밤의 두꺼비 탓인지 고소증 때문인지 얼굴색이 창백

했지만 고소 적응이 되면서 기력을 되찾았다.

다음 숙박지인 다케사와 산장까지는 줄곧 내리막길이자 좁은 능선길이다. 양쪽으로 깎아지른 듯한 절벽과 그 아래로 펼쳐진 하얀 골짜기에 오싹한 한기가 느껴졌다.

하산하는 길이 등정할 때보다 더 위험하다는 것은 진리다. 아침부터 앞서거니 뒤서거니 하던 일본인 신혼부부와 서투른 대화를 나누며 내려왔다.

나는 아내의 안전 산행을 위해 천천히 내려왔다. 오후 다섯 시쯤 산장에 도착하니 먼저 내려온 일행은 세상에서 가장 편안한 자세로 쉬고 있었다. 산행이 거의 끝나간다는 안도감에 나 또한 편히 잠을 청했다.

빗소리가 요란한 새벽. 자욱한 안개가 산장을 에워쌌다. 우리의 산행을 하늘이 도운 것만 같다. 가파른 바윗길에 비라도 왔다면 하산 길이 얼마나 위험했을까. 지금 내리는 비는 현대자동차 산악회의 등반을 축하하는 축복의 비가 틀림없다.

창립 20주년 첫 해외 등반에 참가한 27명의 악우는 하산하자니 아쉬운지 북 알프스를 자꾸 뒤돌아보았다. 그럼에도 우리 일행은 시냇가에 피어오르는 안개비를 맞으며 하산을 서둘렀다. * 사보 「현대자동차」 1993년 10월호에 게재된 글을 옮겼다.

김종복 작가의 여행후기로 대신하다

정치외교학과 입학 동기모임의 회장직을 35년 동안 맡아왔다. 아무래도 죽어야 임기가 끝날 것 같은 영구직이다. 졸업 후 48년 만에 일본의 북규슈로 가을 소풍을 가기로 했다.

몇 년을 연구하고 고민하고 미루고 하다가 드디어 2018년 11월 20일로 날을 잡았다. 1971년 삼성동 봉은사로 봄 소풍을 간 것을 시작으로 오랜만에 떠나는 소풍길이다.

당시의 봉은사는 시골이었다. 기억을 더듬자면 봉은사는 을지로쯤에서 과천으로 가는 시외버스를 타고 신사동쯤에 내려서 오솔길을 걷고 언덕을 오르고 호박밭 옆길을 걸어야 도착할 수 있는 곳이었다.

지금의 경기고등학교가 있는 산밑에 고즈넉하게 자리 잡는 1천2백 년의 역사가 서린 고찰이다. 봉은사 앞으로 모내기를 할 논이 넓게 펼쳐져 있었다. 그곳에 지금의 코엑스가 들어섰고 그 건너편으로 현대자동차 사옥이 들어설 예정이다.

원래의 얘기로 다시 돌아와 대학을 졸업한 후에도 우리는 학회장을 지낸 나를 중심으로 매년 부부동반 모임을 갖는 등 돈독한 우정을 나눴다. 일본으로 떠나는 가을 소풍을 나선 이는 김종복과 천석수 그리고 우리 부부 외 한길섭, 김선호, 최경남 모두 아홉 명이다.

당시의 일본 소풍이 어땠는지는 글쟁이 김종복(나는 그에게 작가라는 호칭을 붙여줬다)이 우리의 대화방에 올린 후기를 옮겨 적어본다.

「극일(克日)은 지일(知日)부터라고 했던가. 사십팔 년 만에 물 건너 일본 나들이를 했다. 3박 4일의 여정은 새로운 경험이었다.

일본의 농촌을 가로지르며 규슈와 혼슈의 끝자락에서 우리는 감탄과 시샘 그리고 자성의 시간을 보냈다. 야마구치 우베 공항은 고속버스 휴게소 수준으로 한국 관광객만을 위해 만든 공항일지도 모른다는 생각이 들 만큼 한국인 뿐이었다.

좁은 도로, 장난감 같은 차들, 담배꽁초 하나 없는 깨끗한 거리, 그림 같은 농가와 반듯한 주차장, 울창한 삼나무와 대나무 숲 등 기획 조림에 의한 산림 경영에 놀라움을 금치 못했다. 거기에 코가 뻥 뚫리는 상쾌한 공기가 내가 느낀 일본의 농촌 모습이다.

친구 왈, 농촌은 우리보다 이십 년은 앞선 것 같다는 말에 나 또한 동조했다. 일본의 저력은 이런 것인가 싶었다. 이들은 어떻게 해서 이렇게 살고 있는가. 우리가 외국의 문물과 싸우는 동안 일본은 신문물을 기꺼이 받아들여 오늘의 결과를 낳지 않았을까.

호텔 로비에 걸려 있는 조슈번 출신의 메이지유신 주축 오인방. 이들이 조선인들로 하여금 피눈물을 흘리게 했지만 일본의 입장에서 보면 그들은 분명 선각자였을 것이다. 지진, 해일, 태풍 등 끝없는 재해에도 의연하고 패전에도 다시 일어선 그들은 미래를 기획하며 지금의 모습을 가꾸어 왔나 보다.

종일 도로를 다녀도 단 한 번의 경적소리도 나지 않는다.

일본인들의 깍듯한 예의와 배려 그리고 인내심이 느껴졌다. 비록 참모습을 뒤로 감춰두고 있다고는 하나 우리의 시샘은 자성으로 돌아올 수밖에 없었다. 아무리 미워도 좋은 점은 배워야 하지 않겠나. 그것이 우리 자신을 위한 극일이 아닐까.」

"일본은 결과가 아니라 과정이 중요하다"는 가이드의 말이 뇌리에 각인된다. 우리도 과정을 중요시하며 멀리 내다보는 사회로 변해 가야 한다는 생각을 해보는 바다.

히말라야의 여신과 만나다

산꾼이라면 누구나 한 번은 가고 싶어 하는 설산 안나푸르나에 가기로 했다. 문제는 시간이었다. 출퇴근을 하는 직장인이 보름의 시간을 내기란 보통의 결심이 아니고는 힘들다.

나는 그냥 미친 듯이 떠났다. 직항 노선이 없는 때라 상해에서 카트만두로 가는 비행기로 갈아타야 하는데 푸동 공항에서 비행기가 연착하는 바람에 의자도 없는 바닥에서 일곱 시간을 보내야 했다. 국내선으로 바로 갈아타고 포카라로 가는 일정이었지만 하는 수 없이 네팔의 수도 카트만두에서 하루를 묵었다.

다음날 프로펠러 소리가 고막을 찢을 것 같은 소형 비행기로 히말라야 설산의 허리를 지나 포카라에 도착했다. 첫날은 등산장비도 구하고 카페에도 가보고 산악인 박영석의 게스트 하우스도 둘러보면서 삼겹살에 소주도 한 잔 하면서 여유롭게 지냈다.

트레킹 시발점인 나야폴에서 셰르파와 포터를 배정받았다. 무거운 짐은 그들에게 맡기고 소형 배낭에 비상식품과 카메라를 챙겼다. 또 네팔 아이들이라도 만나면 주려고 가져온 볼펜을 챙겼다.

베이스 캠프로 가는 길은 두 갈래인데 결국은 하나로 합쳐져 정상으로 가게 된다. 나는 가파르고 빠른 길로 올라가고 내려올 때는 완만하게 긴 코스를 택해 여유롭게 내려왔다. 그 길이 나야폴 세율리바자를 지나고 지누단다 촘롱으로 가는 길이다. 하루에 2천7백 미터를 치고 올라가야 하는 가파른 길이다.

촘롱에 도착하니 다른 코스로 온 산꾼들과 내려가는 사람들이 무리를 이뤘다. 포터와 셰르파의 도움으로 식사도 별 불편함 없이 했다. 오르막을 오르면서 잠시 쉬는 곳에 포터가 지고 가는 짐을 좀 도와주려고 하려다 지게에 깔리는 줄 알았다. 이토록 무거운 짐을 지고 변변한 신발도 없이 몇 날 며칠을 오르내리다니 참으로 대단하다.

우리의 갈 길은 아직 멀었다. 밤부를 지나 도반에서 하루 쉬고 다시 히말라야 롯지를 지나 데우랄리까지 강행군을 해야 한다. 가는 길에 하얀 눈을 머리에 가득 이고 있는 히말라야의 여신 안나푸르나 남봉과 마차푸차레 정상이 보였다가 숨었다가를 수십 번 반복했다. 그만큼 산이 높고 계곡이 깊다는 뜻이다.

해발 3천 미터를 넘어서니 고소증이 느껴지기 시작했다. 걷는 건 말할 것도 없고 서있는 것조차 힘들었다. 마차푸차레 베이스 캠프에 미리 도착한 포터가 뛰어내려 와서는 내 배낭을 들고 또 뛰어서 올라갔다.

먼저 간 포터들은 축구시합을 하는데 우리는 베이스 캠프에 도착하자마자 순서대로 널브러졌다. 신기하게도 몸이 고소에 적응하고 4일 동안 쉬지 않고 걸어서 도착한 베이스 캠프의 밤은 반짝이는 별들로 화려하기만 했다.

한낮의 안나푸르나는 강한 태양열에 만년설이 녹아 수증기를 하늘로 올려 보낸다. 오후가 되면 구름으로 뒤덮이고 한바탕 비가 쏟아진다. 그러다 밤이 되면 설산은 하늘로 올라가고 그 아래로 별들이 쏟아져 내리는 듯한 광경을 선사한다. 평생 잊히지 않을 광경이다.

안나푸르나 베이스 캠프로 가는 길은 완만한데 고소증으로 걷고 쉬고를 하다 보니 어느새 목적지 도착이다. 이곳의 빙하지대를 건너 8천91 미터 정상을 정복하려는 선수들의 캠프가 형형색색으로 마을을 이뤘다.

이제 하산이다. 올라왔던 길을 되돌아가기 때문에 여유를 가지고 오가는 트레커들과 인사도 나누고 메일 주소도 주고받는다. 느긋하게 차도 마시고 사진도 찍으면서 한가롭게 산을 내려왔다.

평생 목표를 설정하고 살아온 터라 히말라야 등정이라는 목표를 이루고나니 새삼 뿌듯하다. 산이 높다보니 일주일 사이에 봄여름 가을 겨울을 다 지나온 것 같다. 입산을 할 때는 여름이었고 이틀 사이에 가을이 와 낙엽을 밟으며 걷다가 이삼일은 또 한겨울을 보내고 등정을 마치고 내려가는 마을에는 봄이 한창이다.

내려오는 길에 촘롱 산장에서 뒤돌아보니 히운출리와 안나푸르나 남봉은 영화나 꿈길에서만 봐왔던 황홀한 풍경이다. 밤에는 조촐한 파티를 벌였다. 닭다리도 있고 우리의 술 막걸리와 같은 창도 있고 현지인들이 부르는 렛솜삐리리에 나는 아리랑으로 화답했다.

그리고 나는 가져온 명함 스티커를 산장 벽에 붙였다. 여기서 차를 팔겠다는 뜻은 아니고 행여나 나처럼 이 길을 지나는 한국인이 보게 되면 반가워하지 않을까 싶은 생각에서였다.

그로부터 한 이 년 흐른 후였다. 예전에 같이 근무했던 직원의 부인이 산장에 있는 내 명함을 보고 감격해서는 아니고 저 세상으로 간 남편 생각에 히말라야 안나푸르나에서 목 놓아 울었다는 말을 전해왔다.

그분은 둘째 아이 출산을 며칠 앞두고 교통사고로 남편을 잃었다. 그 절절한 마음을 담아 '노을에 당신을 묻고'라는 시집을 출간했는데 내게도 몇 권을 보내왔다. 그때 시집을 많이 팔아주는 건데 그러지 못한 것이 못내 안타깝다. 그 뒤로 시집 몇 권을 더 출간하고 지금은 등촌동에서 학원을 운영하고 있다.

아무튼 우리는 다시 하산을 시작해서 따토빠니를 지나 숙영지인 고라파니로 향했다. 따토빠니는 온천이라는 뜻의 산동네다. 노천 온천에 들어가고픈 마음이 들었지만 어두워지기 전에 고라파니 산장에 가야 해서 지체하지 못했다.

이곳은 티베트 상인들이 자리 잡을 만큼 상권이 활발하다. 롯지도 몇 군데 있고 당구를 즐길 수 있는 카페도 있다. 우리가 자리 잡은 롯지에 아가씨 자매가 있었는데 언니인 킴마야푼이 나를 졸졸 따라다니기에 맥주 한 잔을 샀다. 그녀는 내가 당구를 한 게임하고 롯지로 돌아오니 따뜻한 물과 마른 수건을 준비해 또 기다렸다. 일행들은 그게 또 부러운지 스캔들이라며 시샘하고 종원은 인증 사진을 찍으며 따라 다녔다.

이번 여행의 백미라 할 수 있는 일출을 보기 위해 푼힐 전망대에 올라서니 사람들이 많다. 나이 지긋한 일본인 단체와 유럽 여행객이 특히나 많다. 일출보다는 붉게 물드는 하얀 산을 보기 위해 푼힐에 온다는 게 더 맞을 듯했다.

오랜 시간이 지나고 도봉산의 정재 스님이 내가 다녀온 이곳에 간다고 하여 킴마야푼과 찍은 사진을 주면서 고라파니에 가서 꼭 찾아보고 내 안부를 전해달라고 했다. 농담 반 진담 반의 부탁을 받은 스님은 고라파니 그 롯지를 찾아가 그녀와 통화를 할 수 있게 해줬다. 하지만 우리의 대화는 고작 "안녕"과 "보고 싶다"가 전부다.

다시 히말라야를 가고 싶다는 내 불순한 마음을 모르는 아내는 별다른 반응이 없다. 모든 것이 다 지나간 추억이다.

샛길로 샜다. 다시 산행으로 돌아가 말을 타고 내려오는 코스가 있어 말안장에 올라 내리막 절벽을 가는데 서커스가 따로 없다. 지금 생각해도 오금이 저린다. 페와 호수에서는 보트를 타고 호수 밑을 내려다보니 안나푸르나 연봉들이 물속에 다 잠겨있는 것이 또 절경이다.

여행 초기는 휴대폰 소리가 환청으로 들려왔지만 휴대폰 없이 며칠을 살아보니 오늘이 며칠인지 무슨 요일인지도 다 잊고 현실 세상과는 동떨어져서 보낸 열흘은 내 생의 최고의 날들이었다.

참으로 먼 길을 걸어온 튼튼한 심장과 두 다리가 새삼 얼마나 고마운지 모른다. 나를 낳아주신 어머니께 또 새삼스레 감사하다.

골프 머리 올리기

몇 달 동안 골프 연습장에서 토닥토닥 연습을 하고 필드로 나가는데 이때를 머리 올린다고 표현한다. 옛날 관습에 머리를 틀어 올려야 성인이 되는 것처럼 이제 골프를 칠 수 있다는 의미이기도 하다.

대학 때부터 내 곁에서 항상 지켜봐 주신 순풍 형님은 내가 골프를 시작했다는 소식에 여간 반가워하지 않으셨다. 당장 머리를 올리자고 날짜를 잡았다. 필드에서 골프를 칠 생각을 하니 가슴이 두근거렸다. 골프 머리를 얹어본 사람만이 그 두근거림을 이해할 것이다.

밤새도록 흥분되고 조심스러운 마음으로 잠을 설쳤다. 첫 라운딩을 무사히 마쳤고 모든 비용을 형이 다 해결했다. 이렇게 골프를 시작한 나는 순풍 형님처럼 여러 후배들의 머리를 올려줬다.

한번은 마닐라 여행 중이었는데 친한 후배 정중과 경남에게 갑자기 골프를 하자고 했다. 그때의 나는 한창 골프에 재미 들려있을 때였지만 정중과 경남은 골프채를 한 번도 잡아보지 않은 상황이었다.

때마침 우리가 간 인트라무로스는 스페인 점령 시절에 감옥으로 사용했던 곳으로 여기에 18홀 규모의 퍼블릭 골프장이 있었다. 나는 이미 한 번 다녀간 곳이기도 해서 후배들을 이곳으로 데려갔다. 우선 인도어 연습장에서 몇 개씩 스윙 연습을 해보게 하고 바로 티 박스에 세웠다.

다들 나뭇잎을 연습 삼아 골프채를 몇 번 휘둘러보고 바로 라운딩을 시작했다. 생각보다 모두들 잘했고 또 즐거운 라운딩이었다.

그날의 머리 올리기는 대 성공이었다. 여기에 자신감을 얻은 후배들은 서울로 돌아와서 바로 정식 레슨을 받았다. 한동안 내 밥으로 지내다가 지금은 내가 그들의 밥 노릇을 하고 있다. 두 해 전에는 내 사무실의 팀장 셋을 인트라무로스로 데려가 그들의 머리를 올리고 왔다.

골프는 인생이다

100에서 시작해서 100으로 마무리한다고 했던가. 골프를 시작한 지 25년이나 되었다. 아직도 어렵다.

그래서 골프를 인생살이와 같다고들 한다. 오래된 골프에도 홀인원 한 번 못하고 언젠가는 홀인원을 할 수 있지 않을까 싶어 골프 보험만 십수 년째 들고 있다.

골프가 사람을 갖고 노는지라 매번 도전과 실망을 반복하면서도 골프채를 손에서 놓지 못한다. 이토록 아끼고 사랑하니 앞으로도 오랫동안 골프와 함께할 것이다.

골프는 멤버가 필요한 운동이다. 그렇다 보니 골프 동호회가 생겼다가 없어졌다가를 반복하는 일도 잦다. 하지만 내게는 오랫동안 꾸준히 이어 온 골프 모임 하나가 있다.

바로 계림회다. 경주 중고등학교 선후배들의 모임이다. 이정락 선배님이 이끌고 있다. 서울형사지방법원장을 지내고 현재도 왕성한 변호사 활동을 하며 골퍼들의 꿈인 에이지 슈트도 여러번 한 우리에게는 대단한 선배님이시다. 고현길 선배와 나의 영원한 등불 허돈, 진수현 선배, 일년 후배인 만화가 이현세 교수, 서울동창회 회장을 지낸 경제도 인품도 넉넉한 이지태, 향후회 수석부회장인 박성환 사장, 일년 선배인 탁구계의 거물 강문수 탁구감독 등이 그 멤버다.

지금은 몸이 불편하여 마음만 참석하는 왕선배·김정기 선배님이 계시는데 김정기 선배와 나의 인연은 매우 깊다. 나와 고향이 같은 영천 보현 사람이다.

내 선친께서는 "김정기처럼 돼라"고 항상 말씀하셨다.

우리 동네에서 공부를 가장 잘했고 출세를 한 사람이기도 하다. 경주로 유학해 경주 중학을 졸업하고 서울대학을 거쳐 고시에 합격했다. 서울지검 부장검사를 끝으로 지금은 변호사로 활동하는 선배님을 계림회에서 골프 선후배로 만났으니 내게는 꿈같은 일이다.

욕심이 빚어낸 골프 갱년기

사람들마다 정도의 차이는 있지만 갱년기는 지나가는 과정이다.

그러나 여자들의 갱년기는 때로 심각해서 남편의 각별한 마음과 신경이 필요하다.

그냥 바쁘기만 했던 나는 집안일은 아내가 다 알아서 하고 그렇게 하는 것이 또 당연한 것이라 여겼다. 그러던 어느 날 아내가 한강 고수부지로 나를 불러냈다. 사태가 심상찮아서 바로 꼬리를 내리긴 했지만 지금 생각해보니 내가 너무 철없고 여자에 대해 아는 것도 없으면서 무관심하기만 했던 것 같다.

영업으로 바쁜 데다가 수시로 찾아오는 나의 슬럼프를 견디는 것만으로도 버거웠다. 그 사이 아내는 갱년기를 맞이했고 나는 모른 채로 지내왔던 것이다.

고수부지로 불려간 후로 나는 정신을 차렸다. 아내의 갱년기에 관심을 가졌고 극복할 수 있도록 함께 노력했다.

그 뒤로는 친구나 가족들에게 아내 혹은 엄마의 갱년기를 극복하도록 전도사 역할을 한답시고 콩 놔라 팥 놔라 한 적이 있다. 하지만 갱년기가 여자에게만 있는 것은 아니다. 남자에게도 갱년기가 있다.

나는 골프를 통해서 왔다.

오십견도 오고 골프에 대한 열정도 식었다. 화려한 골프의 계절에 특별한 약속을 빼고는 모든 일정을 다 취소했다. 친구들과의 모임도, 오랫동안 해오던 계림회 모임도 한 일년 쉬겠다고 했다. 친구들이 골프를 다녀오면 밥 먹는 곳에 가서 같이 먹을 때도 있기는 했다.

어깨가 아프니 스윙이 마음대로 안 되고 게임은 매번 허접하게 돌아가니 짜증이 났다. 골프가 안 되는 날은 유난히 더 피곤하고 이걸 내가 왜 하나 싶은 생각까지 든다.

이것이 나의 갱년기인가 싶었지만 부인들이 겪는 신체적인 이상 증후가 아니라 골프에 대한 나의 순전한 욕심 때문이었다.

마음을 비우니 스윙도 간결해지고 어깨도 안 아프고 골프가 다시 즐거워졌다.

판매

명
장

벼는 익을수록
고개를 숙이고

∶

판매 명장

'7월의 현대인'_강성노 판매부 대리

세일즈에 흥미가 있어 판매사원의 길로 접어든 지 만 육년째. 현대자동차 영동영업소 강성노 대리는 기대했던 바처럼 한치의 어긋남이 없는 말쑥하고 세련된 매너를 지니고 있었다.

"다른 세일즈도 마찬가지겠지만 특히 자동차 세일즈는 공부를 많이 해야 합니다."

그가 판매한 자동차 대수는 현재까지 줄잡아 9백80여 대다. 일 년에 약

1백60여 대, 한 달에 평균 14대쯤 팔았다는 결론이다. 자동차 대수로 14 대라면 뭐 그렇게 대단하냐고 생각할 사우가 혹 있을 법도 하지만 자동차는 고가품이므로 판매액을 셈해 보면 별 것 아닌 게 결코 아니다.

"이 일에 종사하고 있는 게 자랑스럽습니다. 처음에는 쑥스럽기도 하고 창피함도 좀 느꼈습니다만 지금은 오히려 떳떳할뿐더러 일말의 자부심까지도 가지고 있습니다."

그는 스스로를 '전문 경영인'이라 칭했다. 세일즈 부문에서는 이미 아마추어 경지를 넘어서 프로급에 달했다는 얘기다. 그러나 프로의 고지를 점령하기란 쉽지 않은 일. 프로야구 게임의 화려함 속에 감춰진 선수들의 각고를 보아도 능히 알 수 있는 일이다.

"제가 입사한 79년 당시만 해도 승용차를 구입하는 대상은 일부에 지나지 않았습니다."

그래서 그는 가가호호 방문 형식을 취하는 신규 개척 방식을 택했다. 일단 신규 판매에 성공하면 고객 관리를 누구보다도 철저히 했다는 게 그의 판매 비결. 자신만의 완전한 고객이 되기까지에는 공을 많이 드려야 한다는 게 그의 지론이다.

"차를 출고시킨 후 꼭 감사의 편지를 띄웁니다. 고객이 잘 모르고 넘어가기 쉬운 사항이나 자동차 검사 관계, 세금 관계 점검 등을 상세히 알려주고 또 수시로 차에 대한 안부 전화를 합니다. 연말연시에는 카드에 일일이 감사함을 적어서 띄웁니다."

쉬울 것 같지만 해마다 고객이 자꾸자꾸 늘어나게 되면 그 달에 체크할 고객 리스트를 뽑는데 또 하루해가 모자랄 지경이요, 경비도 만만치 않게 지출된다. 판매 업무가 타 직종에 비해 힘들고 어렵다는 것은 이런 정성이 꼭 필요하기 때문에 아닐까.

"스텔라 CXL이 국내에서 시판된 이래 호응도가 퍽 높습니다. 통계적으로 우리나라 중형 자동차 시장의 55% 점유율을 보였습니다."

외국인 기관의 안전도 테스트에서 합격점을 받은 캐나다 수출용 스텔라와 똑같게 제작된 스텔라 CXL은 겉모습부터 구매욕을 불러일으키기에 충분하다며 스텔라의 든든한 범퍼 앞에서 장점을 쏟아놓는 강 대리. 그가 일천 대째 승용차 판매를 성공시킨 자축 파티의 뜨락에 기자가 초청될 날도 멀지 않은 듯하다. * 「현대자동차」 사보 1985년 7월호 기사 발췌

TOP 세일즈맨에게 듣는다_강성노 과장

기자가 영동영업소를 찾은 것은 '비 내리는 영동교'가 생각나도록 비가 부슬부슬 내리는 9월 3일 오전 11시 30분. 들어서자마자 고객의 질문에 낭랑한 목소리로 답하며 한 손으로는 견적서를 작성하는 모습이 한눈에 들어왔다.

강남의 자존심 강성노 과장. 기자로 하여금 '벼는 익을수록 고개를 숙인다'는 말의 의미를 다시 한번 깨닫게 해 준 사람. 그는 과연 어떤 생각으로 판매를 하고 있는지, 그리고 앞으로 그의 포부는 무엇인지 인터뷰를

통해 알아보기로 한다.

1. 신상명세와 가족관계는?

보시다시피, 좀 마른 편입니다. 취미는 암벽등반인데 한 번 다녀오면 새로운 힘이 솟습니다. 아내(차영자)와 결혼해서 아들 세구가 지금 중학교 1학년이고, 딸 희정이는 초등학교 4학년입니다.

2. 월 급여와 저축액은 얼마나 됩니까?

월 급여는 말씀드리기 곤란하고 올해 수입 목표 4천만 원인데 8월까지 3천만 원 달성했습니다. 저축은 생각보다 많이 못하고 월 40여 만원 합니다.

3. 일생에 기회가 세 번 주어진다는 말에 대해?

한 번은 입사하기 전에 놓쳐버렸고, 지금 두 번째 기회를 맞고 있다고 생각합니다. 마지막 세 번째 기회는 고향으로 돌아가 사회에 봉사하는 시간을 갖고 싶습니다.

4. 입사해서 지금까지 판매 활동의 변화를 요약해서 말한다면?

신입사원 시절은 자세히 기억할 수는 없습니다만 밤낮없이 돌아다녔습니다. 그때 내가 맡았던 강동구 전체 지역을 대상으로 매일 육십에서 백 군데 정도 신규 방문을 했고, 주임이 된 후 약 3년 동안 한 달에 구두 한 켤레씩 갈아 신을 정도였습니다. 대리 시절에는 그동안 발로 뛰어서 확보한 고객의 관리에 많은 비중을 뒀습니다. 과장 진급해서는 1989년도에 컴퓨터를 구입해 고객을 체계적으로 관리했습니다. 더 이상 노트만 갖고는 체계적인 관리가 불가능했기 때문이죠. 지금은 주로 근무시간에 최대한 집중하여 효율적인 생활을 하려고 합니다.

5. 현재 컴퓨터로 관리하고 있는 고객이 1,200여 명, 차량 판매 대수가 2,300여 대라고 말씀하셨는데요, 판매에서 가장 중요한 것은 무엇인지요?

판매에 대한 의욕과 한번 팔겠다고 마음먹은 고객을 발견하면 끝까지 팔겠다는 각오로 근성을 발휘하는 것이라고 생각합니다.

6. 나름대로 판매에 비결이 있을 것 같은데요?

고객이 나를 신뢰할 수 있도록 진솔한 모습을 보여주는 것이고, 다음은 자연스럽게 상대 쪽에서 나를 찾도록 하는 것이죠. 그리고 열성을 다하는 자세와 꾸준한 판매 활동이 필요합니다. 다음으로는 신입사원 시절 열심히 발로 뛰어 확보한 고객을 평생 고객으로 확보하는 것이죠. 특별한 기법보다 세일즈는 한마디로 일생을 다하는 꾸준한 노력이라 할 수 있습니다.

7. 세일즈맨이라는 직업에 대해서는?

처음엔 별다른 생각 없이 시작했습니다만 하면 할수록 매력이 있다는 생각입니다. 사람을 대할 때마다 새롭고 권태를 느낄 수가 없습니다. 고객과 상담하는 도중 순간순간 내려야 하는 수많은 결정들, 그 속에 재치 있고 순발력 있게 잘 대처할 때 특히 보람과 긍지를 느낍니다.

8. 요즘같이 출고 사정이 어려워 문제가 생겼을 때는 어떻게 합니까?

사전 예방이 제일입니다. 예를 들어 쏘나타의 납기가 60일인데 고객은 30일 내에 차를 달라고 할 때는 그 중간선에서 절충을 합니다. 40일이나 45일이면 드릴 수 있다고 구두 약속을 하지요. 그리고 약속을 지킬 수 없을 경우, 출고 약속일 10일 전에 미리 전화를 해서 사정 얘기를 하고 고객의 양해를 구합니다.

9. 프로정신은 무엇이라고 생각합니까?

프로는 스스로 계획하고 실행하며 결과에 대해 철저히 책임을 져야 합니다. 그래서 가끔 외롭기도 하고 고독하기도 합니다.

10. 앞으로 계획이나 포부가 있다면?

지금 제 나이가 불혹의 마흔입니다. 앞으로 5년 간은 자동차 세일즈에 승부를 걸고 그 후에는 자동차 세일즈를 가르치는 교육기관을 하나 운영해서 나름대로 우리 실정에 맞는 이론을 가지고 실질적인 판매기법을 전수하고 싶습니다. * 「판매 아카데미」 1991년 9월호

'현대自 산악 동호회'_매주 근교 산 누비며 동료사랑 달구질

현대자동차 산악동호회는 울산 공장과 서울 본사의 산악 동호회로 운영되고 있다. 20년 역사를 자랑하고 있으며 특히 공장 산악회는 세계 최고봉을 오른 전문 등반가도 여럿이 있을 정도로 유명하다.

필자가 속해 있는 본사 산악 동호회는 주로 아마추어들이 모여 매월 1회의 1박2일 코스의 정기 산행을 하며 매주 뜻을 같이 하는 산 친구들이 모여서 서울 인근의 산들을 구석구석 찾아 누비며 우정과 사랑을 쌓아가고 있다.

우리 회사와 같이 조직이 방대한 회사 내에서는 취미를 같이하는 동호

인들의 모임이란 즐거운 회사 생활을 할 수 있는 활력소가 될 뿐만 아니라 인생을 살아가는데 큰 도움이 된다. 어렵고 힘든 산행을 통해 자기 자신을 극복하며 또 동료를 이해하고 사랑하게 된다.

특히 공장 산악회와의 연 2회 합동 산행은 공장 사람들과 호흡을 같이 하고 부서 간의 업무를 이해하는 데 큰 도움이 된다.

지난해 여름에는 우리 동호인 중에서 뜻을 같이하는 윤동렬 과장(대학로영업소)과 강경원 대리, 박경현, 김성현 주임 그리고 필자의 암벽 등반을 가르치는 선생이자 자일파트너인 황인태 주임등과 함께 말레이시아의 키나바루 산(해발 4천1백 미터)을 다녀왔다.

고된 등반이었지만 많은 아름다운 추억과 산을 어떻게 보전 관리해야 하는가를 보고 배웠다. 말레이시아는 우리보다 생활수준이나 국민 소득이 뒤진 나라이지만 산을 아끼고 관리하는 노력만큼은 대단하다. 국립공원 감시반원의 동행 없이는 입산이 금지되어 있었으며 휴지조각이나 담배꽁초 하나 찾아볼 수 없을 정도로 잘 가꾸어져 있었다.

우리 모임은 등산뿐만 아니라 스키나 패러글라이딩 강습 등 산과 관계되는 각종 스포츠를 배우고 즐길 수 있는 종합 스포츠 교실과도 같다.

최일선에서 자동차 영업을 15년 간 해오고 있는 입장에서 크고 작은 시시비비로 인하여 다소간의 스트레스가 없다고 할 수만은 없다. 그럼에도 찾아갈 수 있는 영원한 산과 산 친구들을 생각하면 정신이 맑아지고 기분이 좋아져 모든 일이 순조롭다. 의욕적이 되고 새로운 힘이 막 솟아나는 것만 같다.

각자 다른 일을 하면서도 같은 취미를 가지고 있는 동호인 모임이 우리의 삶을 보람되게 만들어준다. 나아가 작으나마 우리의 동호회가 사회에 보탬이 되는 좋은 일을 할 수 있는 계기도 만들어질 것이라 여긴다. * 「한국경제신문」 1993년 4월 11일(일요일)

늘 새롭게 태어나는 판매의 신사, 강성노

"한마디로 기쁘고 영광스럽습니다"라고 짧게 수상 소감을 밝힌 강남지역 전 영업인들의 대부 강성노 차장. 이제 또 하나의 목표인 명인을 달성하기 위해 신입사원 시절을 생각하며 보다 열심히 노력하고 싶다는 그의 말에서 프로인의 정열이 느껴진다.

강 차장은 영업이란 "스스로 개척하고 판단하여 실천하며 결과에 대해 책임을 지는 작은 행정부"라고 한다.

"남들은 쉽게 판매하는 줄만 아는데 혼자서 새벽까지 잠 못 이루고 고민하는 모습을 볼 때면 가슴이 메어질 때가 많아요"라는 부인의 말에서 그의 오늘이 각고의 산물임을 느낄 수 있다.

"어려운 일 때문에 힘들어하는 후배를 보면 아무리 바빠도 꼭 용기를 북돋아주고 조언을 해 줍니다. 한마디로 저희 정신적인 지주라고 할 수 있습니다."

후배 직원들은 강 차장을 진심으로 존경해 마지않는다.

"저하고는 피할 수 없는 인연으로 맺어졌지요. 저와 생년월일 똑같다는 사실을 알고부터 호형호제하며 서로 많은 도움을 주고받았습니다. 이제는 동반자가 되어버렸습니다."

강 차장의 절친한 고객이자 유명 헤어디자이너 박준 씨의 자랑이다.

강 차장에게는 이제 또 다른 정상에의 도전이 있을 뿐이다. * 「판매뉴스」

1996년 3월 25일(월요일)

강성노의 영업 전략_인간적 신뢰만이 영업의 결실

산을 오르는데 힘들지 않은 사람은 아무도 없다. 산에 가는 목적을 단순히 땀을 흘리고 건강을 생각해서만 산으로 간다면 금방 지치고 싫증을 내게 될 것이다. 산은 참으로 많은 색깔과 인간이 가질 수 없는 풍요로움과 오묘함을 가지고 있음으로 언제 어느 곳의 산을 가더라도 늘 새로운 것을 발견할 수 있어서 좋다.

자동차 영업도 산을 오르는 것과 조금도 다를 바 없다. 사람 만나는 것을 두려워하지 말고 오로지 자동차 파는 것에만 집착하지 않고 정상을 향해 산에 오르듯이 인간적인 신뢰를 하나하나 쌓아가다 보면 드디어 정상에 도착하게 될 것이고 다시 내려가야 하는 겸손함과 또다시 올라가야 하는 도전의식을 배우게 될 것이다. 높은 산을 오르다 보면 많은 사람의 도움이 있듯이 영업을 하다 보면 알게 모르게 많은 주위 사람들의 도움을 받게 될 것이다.

나는 자동차 영업을 시작한 지 올해로 만 16년을 넘기고 있다. 오직 이한 길을 천직으로 알며 미련하리 만큼 우직스럽게 한 우물만 고집하고 있지만 언제나 늘 새롭게 시작한다.

긴 세월을 오로지 판매만을 고집해 오는 동안 수많은 우여곡절이 있기도 했다. 오로지 건강을 위해서 산을 오른다거나 단지 돈을 벌기 위해서 영업을 한다면 지금 내가 하고 있는 일이 얼마나 따분하고 지루하겠는가.

아침에 출근할 때마다 늘 가슴이 설렌다. 오늘 만날 새로운 사람을 위해서 산행 준비를 하듯이 차곡차곡 준비하고 메모하여 새로운 일을 만들어 내는 기분은 영업을 해보지 않은 사람은 잘 모를 것이다.

영업은 작은 행정부다. 나는 그곳의 대통령이다. 혼자서 연구하고 계획을 세우고 실천에 옮기고 그 결과에 승복할 줄 알고 또 책임질 줄 아는 것이 진정한 영업을 아는 나는 프로다.

영업을 하면서 한시도 간과하지 않는 좌우명이 하나 있다. 역지사지란 말이다. 상대편의 입장이 되어서 생각해 볼 수 있는 지혜야말로 고객을 진정으로 아끼고 나 자신을 살찌게 하는 철학이다.

내일 또 새로운 사람을 만날 수 있다는 기대감으로 다시 한번 거울 앞에 서보고 또 새롭게 출발하기 위해 준비를 서둘러야 한다. * 「교통신문」 1996년 5월 6일(월요일)

강성노, 반짝 스타로의 변신

아침에 자고 일어나니 갑자기 유명해져 버렸다. 바로 지난밤에 출연한 '이주일 투나잇 쇼' 위력 때문이다.

출근길 승용차 안에서 옆 차 속의 눈길이 내 차의 창문에 꽂히는가 하면 수군대기도 하고 급기야 성질 급한 사람은 신호 대기에서 창문을 내리고 '명함 한장 달라', '실물이 더 괜찮다'는 등 노골적인 표현도 서슴지 않는다.

차 속의 거울을 내렸다. 넥타이는 바로 되어 있나, 머리카락은 단정한가, 교통법규는 잘 지키면서 운전하고 있는가, 인상을 찡그리고 있지는 않은가 등등 여러 가지로 생각이 복잡해지기 시작하였다.

사무실에 도착하니 전화가 쇄도했다. 출연료를 얼마 받았으며 언제 술을 살 것인가로 시작해서 직업을 바꿀 생각인가, 이주일 씨와 며칠 연습을 했는가, 자동차를 3천대 이상 팔았다는데 일년만에 어떻게 그렇게 팔수가 있나, 한 대 판매 수입이 12만 원이면 일년에 3억6천만 원을 벌어들였다는 계산인데 사실인가 등의 터무니없는 얘기들로 하루 종일 전화에 시달려야 했다. 그런 중에도 20년 이상을 잊어버리고 살아온 이의 정말 반가운 전화도 있었고 판매 명장에게 자동차를 사고 싶다는 고마운 사람도 있었다. 강사 초빙은 물론 특히 5천대의 자동차를 판매하여 자동차 영업인의 최고의 꿈인 '판매 명인'에 도전하겠다는 나의 다부지고 확고한 의지에 일조하겠다는 격려의 전화도 많았다.

방송 대기 며칠 전 녹화를 하기 위하여 서울방송 등촌동 스튜디오에 가면서 많은 걱정을 했다. 이주일 씨와 함께한 많은 초대 손님들 대부분이 내로라하는 재계의 회장님들인데 비해 나는 지명도 없는 한낱 영업 사원에 불과했기 때문이다. 방송국에 가면서도 그냥 돌아가버릴까를 여러 번 생각했는데 더 큰 걱정은 녹화가 끝나고 난 후였다.

　방송 중에 사기꾼의 유형에 대해서 너무 적나라하게 얘기를 하였기 때문에 사기꾼들의 항의 전화가 오면 어떻게 할까 하는 걱정을 많이 하였다. 전국 사기꾼 연합회가 있었다면 심한 항의를 받았을 텐데 아직까지는 그런 일이 일어나지 않았다.

　많은 사람들이 궁금해하는 것 중의 하나가 어떻게 내가 방송에 출연하게 됐는지에 관해서였다. 그 많은 유명 인사들을 제치고 내가 출연하게 된 연유는 이렇다. 주요 일간신문에 회사 신입사원 모집 광고에 실린 판매 명장인 내 얼굴을 본 방송국 관계자 분이 정식으로 회사 홍보실을 통해서 섭외를 해 와서 응했을 뿐인데 어떤 사람은 '방송국 프로듀서가 친구인가, 이주일 씨에게 차를 싸게 팔았는가' 등의 농담마저 건넨다.

　얼굴이 조금 알려지고 부터는 행동이 조심스러워졌고 내가 한 말에 대한 책임을 지기 위해서 뿐만 아니라 나를 아는 수많은 후배들의 모범이 되기 위해서 지금보다 더 열심히 살 작정이다. 열심히 살다 보면 더 좋은 프로그램이 기다리고 있으리라 믿으면서 끝으로 나의 왕 주름살을 감추기 위해 애써주신 분장사 경상도 청년에게 감사드린다. * 월간 「방송과 시청자」 1996년 7월호

판매에 기술자는 없다

인간적 신뢰만이 영업의 결실이며 판매엔 기술자가 없다고 단언하는 사람. 그저 열심히 발로 뛰는 것만이 최선의 방법이라고 말하는 사람이 있다.

현대자동차 판매 명장(3,162대 판매) 강성노(46) 차장.

고객을 친구처럼, 형제처럼 생각하는 강 차장은 대를 잇는 영업 전략을 구사한다. 아버지가 고객이면 그 자녀들까지도 섭렵한다. 그의 전술은 전술이란 말이 무색할 정도로 인간미가 넘친다. 주 고객인 아버지가 자녀들을 설득하는 정도란다. 강 차장은 씨를 잘 뿌려, 열매를 거둬들이는 것뿐이라고 너스레.

영업을 시작하고 5년 동안은 신발이 닳도록 뛰어다녔다. 이곳저곳 씨를 뿌리고 거둬들일 날을 고대하면서.

"남들은 노하우가 뭐냐고 자꾸 물어보지만 정말 없습니다. 처음부터 잘하는 사람이 어디 있겠습니까? 피나는 노력이 비결이라면 비결이지요. 아무리 화가 나도 친절하고 책임감 있는 고객 관리가 판매와 연결이 됩니다."

강 차장은 산을 오르는 데도 프로다. 그의 인생에 중요한 것을 고르라면 영업과 등산이다. 어느 한쪽을 포기할 수 없을 정도다. 그는 산을 좋아하는 사람으로 유명하다.

국내의 산뿐만 아니라 국외의 유명한 산은 거의 다 등반에 성공했다. 내년에는 히말라야를 등반할 계획이라고.

16년째 영업을 해오고 있지만 그는 아침마다 가슴이 설렌다고 한다. 오늘 만날 새로운 사람을 위해 차곡차곡 준비를 하기 때문이라고.

젊은 사람 못지않은 세련된 의상과 유난히 깔끔한 외모의 강성노 차장. 날카로운 인상 뒤에 숨겨진 푸근함이 영업에 딱 맞춘 듯하다. 신세대들이 좋아하는 최신 음악이 무엇인지, 뭐가 유행을 하는지도 전부 알고 있는 강 차장은 퇴근길에 압구정동이나 명동을 둘러본다. 사람 사는 것도 느끼고 젊은이들을 파악하기 위해서다.

"요즘은 신승훈과 김건모 노래가 인기가 있는 것 같더군요. 나이 들었다고 옛것만 고집하면 영업에 전혀 도움이 안 돼요. 젊은 사람을 제외한 영업이란 있을 수가 없어요."

자동차 하면 '강성노'가 바로 떠오를 정도로 이미지를 다져놓은 사람. 앞으로 10년은 영업을 계속할 것이고 그 후로는 전문교육기관을 만들어 후배를 양성하고 싶다는 강성노 차장. 현대자동차 판매 명장답게 여유 있는 그의 모습에서 자신감을 엿볼 수 있었다.

"전직은 안 할 겁니다. 월급쟁이가 되려면 영업을 시작하지도 않았죠. 누구나 만날 수 있고 내 의도대로 일할 수 있는 영업이 좋습니다." * 월간 「영업소장」 1997년 5월호

현자인 대상 수상 '회사와 고객을 제 가족같이 사랑합니다'

현대자동차(대표 정몽규)는 11일 '97년도 자랑스런 현자인(現自人)' 다섯 명을 선정, 발표했다. 직원들의 근로의욕 고취 등을 목적으로 시작돼 올해로 4회째를 맞는 자랑스런 현자인의 대상은 경주가 고향인 영동영업소의 강성노 부장이 받았다. 다음은 그와의 인터뷰 내용이다.

1. 먼저 자랑스런 현자인 대상 수상을 축하드립니다. 소감을 말씀해 주십시오.

정말 형언할 수 없을 만큼 기쁩니다. 먼저 이런 영광스러운 상을 주신 회사에 감사드립니다. 그리고 오늘의 제가 있게 해준 수천여 명의 고객들께도 감사드리고 묵묵히 내조해 준 아내와 가족들에게 이 영광을 돌리고 싶습니다. 함께 동고동락한 국내 영업 본부 모든 직원들께도 감사드립니다.

2. 자랑스런 현자인 상 시상은 올해로 네 번째입니다. 국내 영업 본부에서는 처음으로 현자인 대상에 선정되었는데…….

사실 그 점이 부담스럽습니다. 우리 회사는 물론이고 국가적으로 경제 상황이 매우 어렵습니다. 특히 자동차 업계는 그 어느 때보다 힘든 상황이지요. 어려운 상황을 극복하는 선봉장이 바로 영업일 수밖에 없고요. 그중에서 국내 영업이 우선해야겠지요. 그런 의미에서 제 개인에 대한 수상이라기보다 국내 영업본부 모든 직원을 대신해서 받은 것이라 생각합니다.

3. 현자인 대상 수상을 예측하셨습니까? 또 소식을 처음 들었을 때 무슨 일을 하고 있었습니까?

전혀 생각지도 않았습니다. 그날도 변함없이 신규 방문을 하고 있었지요. 본사로 연락 바란다는 영업소로부터 연락을 받고 잘못된 것일 거라 생각했지요. 한참 후에 본사에서 다시 연락이 왔어요. 그리고는 잘 알지 못하는 각종 매스컴에서 인터뷰 요청이 오더군요. 그제야 실감했습니다.

4. 자랑스런 현자인은 문자 그대로 대외적으로 우리 회사를 대표할 수 있는 상징적 인물입니다. 앞으로 자랑스런 현자인으로서 달라질 자신의 모습의 있다면?

저는 지난 18년 동안 영업에 몸 담으면서 상을 받기 위해 일한 적은 없었습니다. 캠페인이 있을 경우에도 상을 받기 위해서라기보다 제 자신의 능력을 인정받기 위해 했을 뿐입니다. 나름대로 뚜렷한 목표를 설정한 후, 나 자신이 돌이켜봐서 후회 없을 만큼 열심히 하루하루를 살아왔다고 자부합니다. 현자인 대상을 수상했다고 해서 특별히 달라질 것은 없지 않을까요? 더욱 열심히 본연의 임무인 판매에 정진할 따름입니다.

5. 지난해 판매 명예제도에 의거 판매 명장을 수상했고 이번에 현자인 대상까지 수상했는데…….

물론 둘 다 제겐 돈으로 가치를 환산할 수 없는 소중한 상입니다. 판매 명장은 오로지 판매 대수에 한정된 것이기에 열심히 하면 누구나 오를 수 있는 것입니다. 그러나 현자인 상은 판매 대수가 많다고 해서 다 수상할 수는 없는 것이기에 큰 책임감을 느낍니다. 이제 판매 명인에 도전해야지요.

6. 앞으로 포부나 꿈이 있으면 말씀해 주십시오.

고객과 회사가 저를 필요로 하는 한 영업을 계속할 것입니다. 청춘을 다 바쳐 일해 온 자랑스러운 회사 현대자동차와 오늘의 저를 있게 해 준 수 많은 고객들을 저는 제 가족과 같이 사랑합니다. 이제껏 저는 그들로부터 사랑과 보살핌을 받고만 살아왔습니다. 이제부터 더 많은 시간과 노력으로 그들을 사랑할 것입니다. * 「서라벌신문」 1997년 3월 28일(금요일)

등산가의 마음으로 판매에 임하는 판매 신사

"산을 오르는데 힘들지 않은 사람은 아마 아무도 없을 것입니다. 그럼에도 산을 사랑하고 등산을 즐기는 사람들은 지칠 줄 모르고 변함없이 산을 찾아 나섭니다. 산에 가는 목적이 단순이 정복이나 운동 삼아서라면 누구나 금방 지치고 싫증을 내게 될 것입니다. 그러나 자연과의 친화를 목적으로 산을 오른다면 많은 색깔의 오묘함과 대자연의 웅장함 그리고 자연의 품으로 몸을 만끽하다 보면 어느새 정상에 올라 있을 것이며 언제 어느 곳에 산을 가더라도 늘 새로운 것을 발견할 수 있을 것입니다."

자동차 영업도 산을 오르는 것과 조금도 다름이 없어 삶에 대한 사랑과 풍요로움 속의 일부분으로 엮어 서로의 조화를 꾀한다.

현대자동차 영동영업소 강성노(46) 차장.

그는 사람 만나는 것을 두려워하지 않고 오로지 자동차 파는 것에만 집착하지도 않으며 정상을 향해 산을 오르듯이 인간적인 신뢰를 자동차 판매라는 것 속에 쌓아가다 보면 어느새 정상에 도착하게 되고 다시 내려가야 하는 겸손함과 또다시 올라가야 하는 도전의식을 배우게 될 것이라 조언한다.

1979년 현대자동차에 입사한 아래 1986년부터 상승 곡선을 타고 판매가도를 달렸던 강 차장은 전화를 받을 때마다 컴퓨터 안으로 들어가 업무를 보기 시작한다. 그의 손가락을 통해 커서가 움직일 때마다 그의 무르익은 대화가 술술 이어진다. 전화번호의 메모노트 대신 전자수첩을 펼쳐 그의 검지가 또 활동을 시작한다. 그야말로 문명의 이기를 잘 활용하는 문명인의 한 장면을 실감케 한다.

3천5백여 대의 자동차 판매. 말로 표현하자니 간단한 것 같다. 하지만 자동차 한 대 한 대를 팔기 위해 그가 만났던 사람들과 횟수를 헤아려 보려니 수많은 시간과 행동의 노력에 놀라움을 자아내게 한다.

현재 하루 평균 5명의 사람과 만나고 하루 평균 30명과 전화 통화를 한다는 강성노 차장. 전화로 많은 대화를 나누다 보니 청각이 발달해서인지 아님 선천적으로 뛰어난 감각인지는 몰라도 통화가 끊긴 지 사오 년 된 사람도 어쩌다 전화가 걸려오면 목소리의 주인공을 감지해 낼 수 있는 청각적인 재능을 발휘한다.

그러나 일을 하면 무조건이 아닌 등산을 즐기듯 일과 인생의 멋을 겸할 줄 아는 그의 모습에서 자칭 판매 신사라는 말이 허당은 아님을 느낀다. 꾸준히 걸어오면서 인생의 묘미와 활력을 가미해 온 지난날이기에 결코 지루하거나 권태롭지 않다는 그의 삶의 방식이 싱그럽기도 하다.

그는 또 평소 상대편의 입장이 되어서 한번쯤 생각해봄으로써 고객을 진정으로 아끼게 되고 자신도 살찌울 기회가 되기에 역지사지란 단어를 생활의 좌우명으로 삼고 있다고 한다.

"삶이란 빨리 끝나는 것이 아닙니다. 때문에 오로지 차라는 생각은 접어두고 삽니다. 그러니 이 일을 그만둔다는 생각도 못하고 있습니다. 지금까지 해오던 일인 만큼 향후에도 지속적으로 하면서 후배들에게 현장감 있는 교육과 강의를 하고 싶습니다. 그동안의 경험을 바탕으로 책도 쓸 계획이고요."

여건이 허락한다면 국내의 2만2천여 명에 달하는 차 세일즈맨들을 모두 교육시킬 수 있는 전문 교육기관의 설립을 꿈꾸고 있는 강성노 차장. 그러나 그는 어떠한 경우에도 욕심부리는 것을 자제한다. 욕심은 화를 부르는 일이기 때문이다.

계약자가 '호텔이나 친구 사무실, 다방 등지에서 만나기를 청한다면 이들 대부분이 진실한 계약자'가 아님을 후배들을 위해 충고해준다.

세일 초창기에 호텔에서 만나자는 고객과 함께 비싼 음식을 먹고 계약의 순간만을 기다렸으나 화장실에 다녀오겠다던 고객은 음식만 먹고 나타나지 않았다. 그날 돈도 없어 음식값도 내지 못하고 쩔쩔매던 본인의 경험이 있기에.

사람을 매일같이 대하다 보니 이제는 첫인상만 보고도 차를 살 사람인지 아닌지 혹은 사기꾼인지도 감이 올 정도로 능란한 사람이 되었다고 밝히는 강 차장. 그는 사람 만나는 일이 좋아 새로운 사람을 만나야 하는 설렘과 기대감으로 하루의 아침을 맞이한다.

자신의 모습을 거울에 되새기며 하루의 출발을 서두르는 그의 설렘에서 여름날의 무더위도 잊을 수 있을 것 같다.

그저 산에 취해 등산을 하듯 일을 하고 권태롭지 않은 삶의 여유로움을 위해 등산을 즐기는 그는 산이 있는 곳이면 그곳이 어디든 떠날 채비를 한다. 국내는 물론 동남아의 산도 정복하고 다녔다는 그는 내년 11월쯤에 히말라야에 오를 계획을 세우고 있다. 겸허한 마음의 준비와 함께.

경북 영천이 고향이라는 그는 현재 아내 차영자 씨와의 사이에 1남 1녀를 두고 있다. * 월간 「국제화보」 1996년 7월호

'자랑스런 현자인' 대상 수상

월급쟁이로서 최고의 자리에 오를 수 있는 것은 어디까지 일까? 직장에서 근속을 하고 능력을 인정받는다는 것 그것은 월급쟁이들에겐 최고의 기쁨이자 보람이랄 수 있다. 그래서인지 회사에 근무하면서 보람을 찾을 수 있도록 우수하고 모범적인 직원에게 각 회사 나름대로 포상을 하는 제도가 마련되어 있기도 하다.

현자인 역시 현대자동차에서 모범 근로자들을 대상으로 다섯 명을 선정 상금과 포상을 주는 제도이다. 일하는 기업 풍토를 조성하고 직원들의 사기를 높이기 위해 지난 1994년부터 '자랑스런 현자인'을 선정해 온 현대자동차는 금년에도 지난 11일 현자인을 선정 포상의 행사를 가졌다.

그러나 그동안 공장의 기술직 부분에서 다 차지하던 수상과는 달리 올해로 4회째를 맞은 현자인 수상식에는 이례적으로 영업 부문의 사람이 대상에 올라 현대인들 틈에 새로운 자극제가 되고 있다.

"전에는 판다는 개념보다는 만든다는 개념이 앞섰던 것에서 요즘은 불경기인 만큼 판매의 비중이 더 큰 폭을 차지하게 된 시대적 배경 때문에 이런 상황이 생긴 게 아닌가 싶어요."

그동안 현자인의 수상이 기술직에 한정되어 수상되었던 것에 비해 영업 부문에서 이루어졌다는 사실에 대해 이번 대상 수상자인 강성노(영동 영업소) 부장은 이렇게 답했다.

국내 경제의 불경기를 반영하는 일례라는 것이 그의 생각. 또 "축하를 해주는 전화도 있지만 상금을 탔다고 하니 여기저기서 성금을 내달라는 전화가 많았다"는 그는 아무튼 "월급쟁이에게 이보다 더 큰 상이 없을 것"이라며 인정을 받았다는 것에 대한 기쁨을 감추지 못했다.

대상에는 5백만 원의 상금과 승용차 한 대가 부상으로 전해졌는데 이의 쓰임새에 대해 강 부장은 나름대로 어떻게 쓸 것인가에 대해 다 계획을 세워 놓았다고 털어놓는다. * 월간 「국제화보」 1997년 3월호

가망 고객이 없으면 판매 명장 · 명인도 살아남을 수 없다

요즘 잠에서 깨어나서 다시 잠자리에 들기까지 하루 내내 들리는 말 중의 하나가 '위기'라는 말이다. 어떤 이는 한국 경제가 위기라고 하고 어떤 사람은 사업이 잘 되지 않아 일생 중 가장 위기라고 하고 또 다른 고객들은 돈이 돌지 않아 부도가 날 정도로 재정이 위기 상태라고 한다.

과연 위기란 무엇인가? 하늘의 색깔이 파란색에서 갑자기 빨간색으로 변한 것도 아니고 전쟁이 일어난 것도 아닌데 도대체 왜 사람들은 이구동성으로 위기, 위기 하는 것일까?

그렇다. 분명 위기다. 지금의 한국 경제가 그렇고 내가 속해 있는 우리 회사가 그렇다. 아니 구태여 그렇게 크게 보지 않더라도 당장 나의 이번 달 생활비가 그렇다. 한마디로 총체적 위기라는 얘기다.

위기라는 말의 사전적 의미가 어떻고 철학적 의미가 어떤 것인지 우리는 모른다. 아니 알아야 할 필요조차 없다. 우리 모두는 지난해 가을 겨울을 그렇게 살아왔다.

바로 그것이 문제다. 세상이 변하고 고객이 변하는데 우리만 그대로 있지 않았는가 깊이 반성해 보자. 공무원들에게 복지부동이라 욕을 해온 우리 자신이 복지부동은 아니었나 싶다.

지금까지 20여 년을 영업에 몸담아온 세상을 조금 먼저 살아온 선배로서 후배들에게 아니 나 자신에게 참회하는 마음으로 이 글을 쓴다.

나는 숱하게 많은 위기를 겪었다. 매달 찾아오는 슬럼프와 숱한 싸움을 해왔고 매일 나 자신과의 처절한 싸움을 해왔다. 오늘 하루는 정말 쉬고 싶다. 이번 주말에는 가까운 온천에라도 다녀와야지. 설마, 오늘 술 한 잔 먹는다고 세상이 바뀌기야 하겠어. 나 혼자만이 겪는 일은 아니다.

영업 일선에 있는 우리 모두가 겪고 있는 일이다. 다만 그것이 위기라는 생각을 하지 못한 채 그저 그렇게 살아왔을 뿐이다. 두 번에 걸친 오일 쇼크로 입에 겨우 풀칠만 하고도 살았다. 민주화라는 미명 하에 화염병을 맞으면서도 판매했고 파업으로 몇 달씩 굶주리면서도 영업을 했다.

나는 소위 남들이 말하는 위기 때마다 사전에 예측하고 치밀한 준비를 했다. 위기에 닥쳐서는 남과는 다른 방법으로 판촉 활동을 했다. 그 와중에도 변하지 않고 일관되게 지켜온 것이 있으니 바로 신규 방문이다.

다소 진부한 얘기가 될지 모르지만 신규 방문에 관한 얘기를 해보기로 하자. 내가 추구하는 신규 방문의 핵심은 지역 관리다. '등잔 밑이 어둡다'는 속담이 있듯이 고객은 의외로 가까운 곳에 있다. 내가 살고 있는 아파트 주차장에서 어느 날 아침 출근 시간에 눈에 띄는 임시 운행 차량을 보며 속상한 게 어디 한두 번인가.

가까운 곳에서부터 찾자. 가까운 곳부터 신규 방문을 시작하자. 여러분들은 영업소 반경 2km 이내에 모두 몇 개의 상점, 몇 개의 점포, 몇 개의 중소기업이 있는지 알고 있는가. 조그만 골목길까지 모두 다 지도로 그릴 수 있는 사람이 있는가.

이것이 내가 지금 하고 있는 지역 관리 신규 방문이다. 그렇다면 왜 이렇게 신규 방문을 강조하는가. 답은 간단하다. 신규 방문은 자연스럽게 가망 고객으로 이어지기 때문이다.

여러분들은 가망고객이 과연 몇 명이나 되는가. 내 경우는 지난 연말까지 내게 차를 구매한 고객이 3천3백 명이 넘는다. 그럼에도 불구하고 나는 항상 가망고객을 찾아 신규 방문을 하고 있다.

내 나이 벌써 마흔다섯이다. 나는 오늘도 변함없이 신규 방문을 20여 군데 다녀왔다. 오래하면 할수록 영업의 참맛을 느끼게 해주는 것, 그것은 바로 신규 방문이다.

신규 지역 관리를 강조하는 또 하나의 결정적인 이유가 있다. 지금 우리 현실에 있는 위기라는 것이 과거처럼 일시적 현상으로 지나가는 것이 아니라 앞으로 계속된다는 점이다. 한마디로 표현하면 현재의 위기는 지금까지 겪어왔던 위기와는 사뭇 다른 형태다.

지금까지는 주로 외부적 요인에 의한 위기였다. 정치적, 사회현상적 그리고 해외 원재료 인상 등이 주된 원인이다. 그러나 지금은 그 무엇도 아닌 내부적, 구조적 문제라는 것에 그 심각성이 있다.

정치적인 문제로 파업을 하고 있지만 그것이 문제가 아니다. 차가 정상적으로 생산되어 나오면 더 큰 문제인 것이다. 산업은 구조적 성숙기에 접어들었고 생산규모는 갈수록 늘고 게다가 수입차마저 활개를 치고 있다. 이런 상황들은 기름값이 몇 푼 내린다고, 정치적으로 안정된다고 하루아침에 해결되는 문제가 전혀 아니라는 것이다.

지금부터 차근차근 지역 관리와 신규 방문으로 가망고객을 늘려놓지 않는다면 더블 스타, 트리플 스타가 아니라 판매 명장일지라도 미래의 치열한 경쟁에서 결코 살아남을 수 없다.

이제 생존을 위한 처절한 싸움을 벌여야 한다. 위기라고 말하지만 말고 지금부터 신규 방문을 시작해 보라. 피와 땀을 흘리지 않고서는 당신의 미래는 그 누구도 보장해 주지 않는다.

영업인들이여! 자랑스러운 현대자동차를 후배들에게 영광의 산물로 물려줘야 할 의무가 우리에게 있지 않은가. *「판매뉴스」 1997년 1월 20일(월요일)

뜨문뜨문, 오랜 벗에게_방송인 오한숙희

그 남자의 첫인상은 매우 강렬했다. 짧은 파마머리에 헤어 젤을 바르고 목과 손목에는 금으로 된 장신구를 하고 있었다. 활짝 웃을 때는 큰 눈과 함께 시원한 느낌을 풍겼다.

티브이 화면에 그가 클로즈업되었을 때 나의 소개가 없었다면 사람들은 그를 연예인이라고 생각했을지도 모른다.

"세일즈를 하자면 젊은 감각이 필요합니다. 차를 바꾸는 고객들의 심리는 '변화'에 있거든요. 더구나 신차를 선호하는 층은 아무래도 젊은 사람들이라 친근감을 위해서도 어느 정도의 패션이 필요하죠."

원래 '날라리'과가 아니라 치열한 프로 의식의 소산임을 말하는 순간, 판매왕이 된다는 것이 사람만 많이 알아서 되는 것이 아니라 치밀한 소통 능력에 달려있음이 드러났다. 그는 말하는 내내 웃었다. 말을 하면서 신이 나는 것 같았다. 그렇다고 흥분하는 것도 아니었다.

생방송이 진행되는 동안 시청자들이 보내온 '저 사람에게 차를 사겠다'는 연락에서 그는 열한 표를 얻었다. 함께 출연한 다른 두 메이커의 판매왕보다 많았다.

방송이 끝나고 피디와 스튜디오를 나서다가 우리는 다소 충격적인 장면을 목격했다. 그가 자신이 받은 열한 명의 명단을 스튜디오 객석에 앉아있던 세일즈 후배들에게 한 명씩 나눠주고 있었다.

피디가 말했다. "와, 차 한 대 팔면 수당이 얼만데, 저걸 다 나눠주시네."

후배들의 입장에서는 판매왕으로 잘 나가는 선배의 방송 출연에 구경 왔다가 '한 건' 올리고 가니 그 기분이 얼마나 좋을 것인가. 누구는 판매왕인데 나는 뭔가. 저들은 세일즈가 저리 쉽다고 하는데 나는 왜 이리 어려운가. 착잡했을 그들의 기분을 그는 알고 있었던 걸까.

갑자기 그가 돈만 아는 사람이 아닐 것 같다는 세일즈맨에 대해 내가 갖고 있던 프레임 밖의 그가 보였다. 그가 가진 소통 능력이 어쩌면 세일즈를 위해 훈련된 것이라기보다 타고난 것이 아닐까.

이십여 년이 지난 지금 나는 그와 '벗'이 되어있다. 물론 그에게 세 번 차를 샀지만 차를 사면서 친해진 게 아니라 친해져 있었기 때문에 그에게 차를 사는 것이 자연스러웠다. 친해졌다고 해서 자주 만나거나 수시로 연락을 한 것도 아니다. 그가 가끔 자신이 고객들에게 보내는 편지를 나에게도 보내왔을 뿐이다. 안나푸르나를 다녀왔다는 소식에 나도 안나푸르나를 가보고 싶다고, 자폐성향이 강한 내 딸과 가는 버킷 리스트가 있다고 답신을 했더니 그럼 다 같이 한번 가보자고 맞장구를 쳐주었다. 그것만으로도 괜히 신이 났다.

그는 나를 '숙희 씨'라 불렀다. 방송 진행자와 게스트로 만났으니 사회적 호칭으로 부르기 십상이건만 '계급장' 떼고 사람과 사람으로 소통하는 대단한 능력이 그에게 있었다.

한참 시간이 흐른 어느 날, 일을 보러 갔던 근처가 그의 영업점이라 잠깐 들렀다. 얼굴 전체로 웃는 그의 에너지가 용건 없이도 그를 찾아가게 했다.

"잘 지내시죠?"

그의 인사말은 단순했다.

"네, 그러믄요."

번쩍번쩍 빛나는 멋진 차들, 살 것도 아니면서 이런저런 자동차에 호기심이 발동하는 나에게 그는 팔려는 마음 없이 자신이 아는 것을 이것저것 말해주었다. 박물관에 온 것 같은 부담 없는 재미.

또 한참 세월이 지나 내가 서울을 떠나 지방으로 거처를 옮긴 다음 오랜만에 상경한 날. 나의 안부 전화에 그는 굳이 밥을 먹자고 했다. 지방에서 올라온 사람에 대한 그의 '인사'는 밥이었다. 그러마했는데 일을 보다 보니 정작 그를 만났을 때는 점심시간이 한참 지나 있었다.

"아, 기막히게 맛있는 집이 있다니까요"하고 단골 백반집으로 안내한 그는 이미 점심을 먹었고 내 밥상 맞은편에 밥 친구로 앉았다.

"나는 여행 가방을 쌀 때가 세상에서 제일 행복해요."

하긴, 사람 상대하는 일처럼 힘든 게 또 있을까. 인독(人毒)을 빼는데 여행만한 것도 드물지.

"그럼, 불행할 때는 언제에요?"

"그야 당연히, 여행 가방 풀 때지요."

빵, 터졌다.

그런데 웃자고 하는 소리가 아닌 것이 그의 표정에 웃음기가 없었다.

방랑벽. 그에게는 타고난 방랑벽이 있는 듯했다. 어쩌면 그가 웃을 수 있고 나눌 수 있는 것도 지구별에 잠깐 머물 뿐 그 어떤 것도 영원하지 않음을 알기 때문인지 모른다.

어쩌면 웃음 가득한 얼굴로 무거운 먼지를 털어내듯 내게 손사래를 칠 것이 뻔하다. "아니, 난 그런 것 몰라요. 그냥 하루하루 살아갈 뿐이에요. 그리고 이왕 살 거면 웃으며 살자는 거지"라면서.

그러나 자신을 둘러싼 일들. 더구나 아들 딸에 대한 이야기까지 '3인칭 관찰자'의 시점으로 남의 이야기하듯 툭툭 던지는 그에게서 결코 얕다고 할 수 없는 내공이 느껴진다.

지난해, 서귀포에 골프 구경을 왔다며 그가 번개처럼 내 앞에 나타났다. 여전히 웃는 얼굴로 가족들의 안부를 묻고 '밥' 한 그릇을 나누었다. 은퇴를 앞두고 있다는 말에 깜짝 놀랐다. 어느새 세월이 이렇게 흘렀단 말인가. 갑자기 그가 살아온 시간 속에, 그가 차와 함께 만났던 사람들과 사연들 속에 인생의 무언가가 녹아 있을 거라는 확신이 들면서 그 진액을 맛보고 싶어졌다.

책을 쓰시라!

그리고 그는 글을 썼다. 그의 글은 '사진'이었다. 사진 컷 같이 짧게 객관적 풍경으로 그려진 사람들과 인연의 무늬들. 그다웠다. 직업, 나이, 성별, 모든 계급장의 벽을 넘어 곧장 사람에게 관심을 갖는 그의 특별한 능력이 사진마다에서 숨 쉬고 있었다.

그렇다. 내가 몇 번 만나지 않았으면서도 그를 나 혼자 '벗'으로 여기는 까닭은 단순함, 솔직함, 명랑함, 다정함이라는 덕목을 세월 속에서도 잃지 않은 '소년'이 그에게 있기 때문이다.

시인 워즈워드가 '아이는 어른의 스승'이라고 했던 천진함에 닿아있는 소년, 뜨문뜨문 만났어도 오랜 세월 이워온 그 벗의 이름은

강성노.

이천이십 년 오월 오한숙희